JN135208

イギリスの対独「宥和」
一九二四–一九三〇年
ヨーロッパ国際秩序の再編

藤山一樹
FUJIYAMA Kazuki

慶應義塾大学出版会

目次

秩序を、物質による物質の強制だけに基礎づけうる権力など、どこにも存在しない。それには擬制の力が必要である。

ポール・ヴァレリー『ペルシア人の手紙』に寄せる序文

序論

第一次世界大戦後のヨーロッパとイギリス外交

一　本書のあらまし

本書は、第一次世界大戦後に連合国とドイツの間で調印された講和条約（以下「ヴェルサイユ条約」と表記）、その中でも敗戦国ドイツの直接的な弱体化を狙った占領・軍縮・非武装化の三条項の執行について、一九二〇年代後半に展開されたイギリス政府の政策決定ならびに対外交渉過程を実証する。

一九二〇年代後半はヨーロッパの主要大国であるイギリス・フランス・ドイツの関係がようやく安定を取り戻した時代であった。そうした時代に連合国がイギリスの主導で右記三条項の執行を相次いで緩和したことは、三〇年代後半のナチ・ドイツによる一連の条約破棄と結びつけられ、さらには第二次世界大戦の遠因と示唆されるなど、歴史家によってしばしば否定的に論じられてきた。このように、後から見れば愚かな失敗と思われる二〇年代後半のヨーロッパ外交だが、実のところ第一次大戦の戦勝国がいかなる考えからヴェルサイユ条約を修正したのかについて、一次史料に基づく実証分析は未だ道半ばの段階にある。

本書では一九二〇年代後半に対独「宥和（appeasement）」――ドイツの要求に沿ったヴェルサイユ条約の修正――を推進し、同条約の中でもドイツの直接的な弱体化を企図した占領・軍縮・非武装化の執行を緩和するため、もう一つの主要戦勝国であるフランスおよび敗戦国ドイツとの間に活発な外交をくり広げた、イギリスに注目する。そして先行研究で見落とされがちであった、政策を最終的に決定する内閣（政治レベル）ならびに政策を立案する官僚機構（事務レベル）を分析の射程に収め、当時の政府内に存在した対外認識を広く再構成することで、対独宥和という選択に至ったイギリスの論理を明らかにする。その上で、かかる戦後処理の再調整が第一次大戦後のヨーロッパ国際秩序にどのような影響を与えたのかについて、イギリス外交の視点から検討することが本書の目的である。

本書における対独宥和の定義、すなわち「ドイツの要求に沿ったヴェルサイユ条約の修正」は、あくまで第一次大戦後のイギリスが有していた政策オプションを表現したもので、そこに当時の政府への道徳的批判が含まれているわけではないことを確認しておきたい。対独宥和という言葉から読者の多くが連想するのは、本書で取り上げる一九二〇年代後半ではなく、三八年九月末に行われたミュンヘン会談ではないだろうか。英仏伊三カ国がドイツによるチェコスロヴァキア北西部の国境一帯、いわゆるズデーテン地方の併合を容認した同会議は、大国協調による平和の再建どころかドイツの領土拡張の一里塚にしかならず、結果として翌三九年九月には第二次大戦が勃発してしまう。[†1] これ以降、宥和は現状打破勢力に対する不毛で屈辱的、かつ道徳的に恥ずべき政策であるとの理解が一般的になった。[†2] しかし、他国との紛争が軍事衝突に発展しないよう対立相手に何らかの誘因を与える手法は、いつの時代にも国際場裏で試みられてきたことであり、繁栄の絶頂にあった一九世紀半ば以降、イギリスにとっては特に重要な外交上の切り札であった。[†3]

本書では、イギリスの政策決定者たちが抱いていた国際秩序構想や対外認識を、時に彼らの肉声を交えつつ一次史料から再構成することで、ミュンヘン会談との類推からは惨めな失敗と片付けられがちな対独宥和が、少なくとも一九二〇年代後半においてはヨーロッパ国際秩序の再建に貢献したことを論じてみたい。その上で、当該期のイギリス外交に内包される中長期的限界についても、結論で改めて検討する。

本書の構成は、以下の通りである。序論ではヴェルサイユ条約の特質ならびに一九二〇年代前半における主要大国の対外政策を概観した後、先行研究との関連から本書の学術的意義を明確にする。第一章では本論を理解するための背景として、イギリスの対外政策決定メカニズムや主要政策決定者たちの経歴、また彼らが共有していた外交に関する基本的価値を素描する。続く第二章から第四章が、ヴェルサイユ条約をめぐる二〇年代後半のイギリス外交を実証した本論である。各章は占領・軍縮・非武装化のテーマごとに分かれ、全体として見るとおおむね時系列に沿って配置されている。

第二章では、一九二〇年代前半を通じてラインラントにおける連合国の占領体制を維持してきたイギリスが、その後なぜ占領軍の削減を目指すようになったのかを明らかにする。第三章では、イギリスが二五年初頭にドイツの軍縮義務違反を確認していたにもかかわらず、その後なぜドイツの軍縮活動を検証するための連合国組織を解散しようとしたのかを明らかにする。第四章では、ラインラント非武装化をドイツに遵守させる機能を担ってきた占領軍がラインラントから完全撤退するのを前に、その代替的選択肢として英仏独が原則合意に至っていた調停委員会の発足を、なぜイギリスは二九年八月のハーグ会議で阻止することになったのかを明らかにする。結論では本論の実証結果に基づき、二〇年代後半のイギリス外交がヨーロッパ国際秩序に果たした役割を考察する。

それでは、ヴェルサイユ条約の執行をめぐる一九二〇年代後半のイギリス外交を論じる前に、まずは同条約がいかなる内容を持ち、どのような経緯によって形成されたのかを確認することから始めよう。

二　ヴェルサイユ条約とは何か

全四四〇条から成るヴェルサイユ条約（一九一九年六月二八日調印）の内容はドイツの国境から賠償金、旧植民地や捕虜の処遇にまつわる規定、さらには国際連盟と国際労働機関の規約まで多岐にわたるが、講和条約としての基本的特質を一つだけ挙げるなら、それは敗戦国ドイツの弱体化ということになる。一九一九年の連合国はドイツの覇権への野望を強制的に封じることでヨーロッパ国際秩序を維持しようとしたのであり、かかる戦勝国の意図はドイツ政府の領域支配と軍事的自立性を制約する三つの取決め、すなわち占領・軍縮・非武装化に最も明瞭に表れたといえる。[†4]

ヴェルサイユ条約第五編（第一五九−二一三条）においてドイツの武装解除が義務付けられたが、中でも徹底されたのは陸軍の軍縮であった。大戦中に平均六〇〇万−七〇〇〇万人を維持していたドイツの巨大兵力は、その国土面積を考慮するとほとんど国境警備にしか役立たない一〇万人規模へと再編され、徴兵制と参謀本部はどちらも廃止に追い込まれ、保有可能な兵器についても数量が種類ごとに細かく制限された。これら軍事条項の履行を監視する連合国組織もベルリンに立ち上げられることになった。第一四編（第四二八−四三二条）ではドイツにとって商業および重工業の中心地であり、一九一四年には西部侵攻の軍事拠点となったライン川左岸一帯が、一五年の期限付き保障占領の対象となった。[†5] さらには第三編（第四二−四四条）によって、ライン川左岸全域ならびに右岸五〇キロ圏内の非武装化が規定されたのである。[†6]

ヨーロッパ主要国の公文書が相次いで公開された一九七〇年代以降、多くの歴史家がヴェルサイユ条約は「カルタゴ的講和」と呼ばれるほどドイツを苛烈に貶めるものではなく、[†7] むしろ戦勝国の指導者が休戦間もない段階で到達しうる最良の妥協点であった点を論証してきた。[†8] とはいえ、戦勝国が敗戦国を全面的に武装解除し、領土の一部を恒久的な非武装地帯とした上で一時的にせよ占領まで行うというヴェルサイユ条約の一連の措置は、ドイツとその同盟国に（賠償支払いの法的根拠として）開戦責任を一方的に帰したいわゆる「戦争責任条項（第二三一条）」と併せ、第一次大戦以前のヨーロッパにおいては他に類例のない戦後処理であった。[†9] それでは一九年にドイツの弱体化がかくも複合的に企図されたのは、一体どのような事情によるものだったのか。

まず挙げなければならないのは、いわゆる「ドイツ問題」であろう。大陸の心臓部に位置し、軍事力の源泉となる豊富な人口と工業資源を擁するドイツをいかに処遇してヨーロッパ国際秩序を安定させるかという問題は、一八七一年のドイツ統一より現在に至るまでヨーロッパ国際関係の難問であり続けている。[†10] 内陸の巨大な統一国家であるドイツの去就は、恐れられるにせよ侮られるにせよ、周辺諸国の注目を集めずにはおかない。[†11] 特に二〇世紀初頭、ドイツが新興経済大国としてアメリカに次ぐ鉄鋼生産量を誇り、外交においても海軍や植民地をめぐって挑発的な動きを示し始めると、ドイツの一挙一動はヨーロッパ主要国に安全保障上の不安を呼び起こした。[†12]「中原の国」が関わる紛争はヨーロッパ大の戦争に波及する危険をはらんでいたから、ドイツとの平和的共存は近隣諸国のみならずヨーロッパ全体にとって死活問題だったのである。

そして一九一九年のパリ講和会議は一八七一年のドイツ統一以来、主要大国がヨーロッパ国際秩序を根本から再定義する初めての機会となった。そこで敗戦国ドイツの軍事的台頭をいかに阻止するかが中心的議題となったことはいうまでもない。そもそも一九一八年一一月、コンピエーニュの森で連合国とドイツの間に休戦協定が結ばれたとき、多くのドイツ兵は未だフランス北東部やベルギーの塹壕に身を隠しており、東部戦線におけるドイツはブレスト＝リトフスク条約（一八年三月締結）およびブカレスト条約（一八年五月）のもとで現在のウクライナやベラルーシ、ルーマニアを勢力下に収めていた。またドイツ本土は東プロイセンを除いて大規模な戦争被害を受けておらず、第二次大戦末期に見られるような連合国によるベルリン進軍も行われず、さらにロシアおよびオーストリア＝ハンガリー両帝国が崩壊したことでドイツ周辺の二大勢力も消失していた。要するにパリ講和会議の幕が上がる頃、ドイツは戦に敗れながらも国家の統一を依然として守り、大戦前と同じく大陸の心臓部に屹立する中原の国であり続けていた。[†13]ドイツ問題は戦争でなく外交によって解決されなければならなかったのである。

連合国の中でドイツに対する脅威認識が最も強かったのは、わずか半世紀の間に普仏戦争および第一次大戦と二度もドイツの侵攻を経験したフランスである。首相のクレマンソー（Georges Clemenceau）も連合軍総司令官のフォッシュ（Ferdinand Foch）も、自国の安全保障をヨーロッパ共通の課題であるドイツ問題と重ね合わせていた。講和会議ではクレマンソーの側近であったタルデュー（André Tardieu）が中心となり、戦略的要衝であったライン川左岸をドイツから分離して仏独間に緩衝国家を設立し、ドイツにとって動員と補給の主要経路となるケルン・コブレンツ・マインツ三橋頭堡を永久占領することを提案した。

イギリス首相ロイド・ジョージ（David Lloyd George）とアメリカ大統領ウィルソン（Woodrow Wilson）は民族自決の観点からドイツ系住民が多数を占める一帯の切り離しに反対したが、彼らはドイツによる侵略の危険を少しでも軽減しなければならないとも感じていた。そこで一九一九年三月、英米仏代表はドイツ問題をめぐる妥協案としてラインラントの期限付き保障占領ならびに非武装化に合意し、さらに英米両国はドイツによる侵略の際にはフランスに軍事援助を与えることを約束した（ただし後者についてはアメリカ上院によるヴェルサイユ条約の批准拒否によって発効せず）。[†14] またロイド・ジョージは大戦中に軍需相を務めた経験から、ドイツの戦闘能力を削ぐために武器弾薬の没収や要塞の取り壊しを強く主張し、ウィルソンもドイツの武装解除が世界的な軍縮への第一歩になることを見込んでこれを支持した。[†15] かくして占領・軍縮・非武装化の各条項は成立したのであり、その裏には、戦後ヨーロッパの安定にドイツの軍事的台頭を防止することが欠かせないというピースメーカーたちの信念があった。

一九一九年に連合国がドイツの弱体化を目論んだもう一つの背景として、ヴェルサイユ条約を生み出す直接の契機となった戦争の、いわゆる「総力戦」という性質を指摘することができるであろう。開戦からしばらくして西部戦線が膠着するにつれ、主要交戦国政府は政治・経済・文化のあらゆる面で国民を軍事的勝利に貢献させる体制を作り始めた。そうしてヨーロッパ全体に殺戮と消耗が四年余りも続いた結果、第一次大戦は動員された資源の量においても、また実際の戦闘に伴った破壊の規模においても、人類がおよそ体験したことのない未曽有の破局となった。[†16]

連合国はドイツにともかくも勝利を収めたが、戦勝国の被った損失の規模は敗戦国に劣らず圧倒的であった。

ある統計によれば、連合国側の死傷者は合計約一二五〇万人を数え、帝国・自治領を除くイギリスの死傷者数も約二四〇万人（総動員数の約一二%）に上る。[†17] 英仏海峡を渡った志願兵の多くは世襲貴族や上層中流階級の子弟であり、戦争さえなければイギリス社会で活躍したであろう、オックスフォード・ケンブリッジ両大学の約二割の学生が生きて再び帰らなかった。[†18] 一九一六年一二月まで首相を務めた自由党のアスキス（Herbert Henry Asquith, later 1st Earl of Oxford and Asquith）、保守党党首ボナ・ロー（Andrew Bonar Law）、終戦時の外務事務次官ハーディング（1st Baron Hardinge of Penshurst）らも最愛の息子を戦争で失っていた。

こうして連合国の指導者たちは、凄まじい戦争被害に見合うだけの敗戦国の処遇について考えざるを得なかった。膨大な損害と講和条件の間に釣り合いを求める感覚は、わずか半世紀の間に二度もドイツから攻撃されたフランスばかりでなく、大戦によって人的にも経済的にも甚大な打撃を受けたイギリスとて同じ状況であった。たとえばパリ講和会議の終盤にイギリス帝国代表団によって対独講和条約の内容が検討された際、ラインラント占領の規模と期間をできる限り縮小すべきではないかとの声が上がったが、そうした意見が議論の大勢を占めることはなかった。連合国がこの度の勝者となった以上、敗戦国のドイツに戦争の落とし前をつけてもらうのは当然だ、という認識が共有されていたからである。外相バルフォア（Arthur Balfour, later 1st Earl of Balfour）は、ドイツが時代の不運な犠牲者などでなく、自ら犯した罪の報いを受けるべきだと言い切った。ロイド・ジョージ首相も、長く悲惨な戦争の後でドイツという手強い敵を意のままにできる状況がようやく訪れたのだから、イギリスはドイツの主張する「正義（justice）」に耳を傾けることなく「自らの都合（expediency）」を押し通すべきであるとして議論をまとめ上げた。[†19]

以上の歴史的背景を踏まえれば、ヴェルサイユ条約の占領・軍縮・非武装化規定とは、ヨーロッパ史上初の総力戦という文脈において連合国が見出した、一九一九年におけるドイツ問題への解答であったということができる。そして敗戦後も国家の統一を維持するドイツがヨーロッパの潜在的脅威であり続ける間は、ドイツ弱体化のための諸規定は大戦後のヨーロッパ国際秩序を支える重要な礎石であった。

三　なぜ一九二〇年代後半のイギリス外交なのか

それでは、本書がヴェルサイユ条約の執行をめぐる「一九二〇年代後半」の「イギリス外交」に注目するのはなぜだろうか。それは連合国によってヴェルサイユ条約の占領・軍縮・非武装化の執行が次々と緩和されたのがこの時期であり、かかる対独宥和（ドイツの要求に沿ったヴェルサイユ条約の修正）を主導したのが他ならぬイギリスだったからである。大戦終結後もフランスとドイツは自らの外交努力によって関係を修復することができず、二〇年代前半の大陸情勢は混迷を極めた。そうした状況の中、二〇年代中盤のイギリスは仏独の仲裁役を進んで引き受け、ヨーロッパ国際秩序の安定化に取り組むことになる。結果としてパリ講和会議で築かれた戦後処理の基礎は部分的に取り払われ、その旗振り役となったイギリスの外交はヨーロッパ国際秩序の将来を左右する中心的要因になった。

本書の取り上げる一九二〇年代後半のヨーロッパ国際関係は、「相対的安定」の時代としばしば形容される。[†20] それは二〇年一月にヴェルサイユ条約が発効してからの数年間、ヨーロッパ国際関係が安定から程遠い時代であったことの裏返しである。イギリス・フランス・ドイツのヨーロッパ三大国は戦後処理をめぐって対立をくり返していた。賠償支払いや軍縮義務の履行をドイツが拒絶すると、フランスはこれに軍事制裁で応じる一方、イギリスは同調するにせよ傍観するにせよフランスの振舞いに真っ向から異を唱えることがなく、アメリカとソ連はヴェルサイユ条約をめぐる一連の出来事に対し局外者の立場を守っていた。問題の核心にあったのは、ドイツの攻撃に対する安全を確実にしたいフランスと、講和条約の履行を回避したいドイツの反目である。しかしフランスの対独安全保障とドイツの条約修正、二つの相反する対外的欲求を調整しようとする者は未だ現れず、当時のヨーロッパには英外相カーズン（1st Marquess Curzon of Kedleston）をして「裏切りと謀略の底なし沼」といわしめるほど殺伐とした風景が広がっていた。[†21]

大戦後のフランスは、隣国ドイツによる復讐戦への恐れから、自国の安全を確保しようと必死であった。フランスは規模および装備の面で大陸最強の陸軍を持つ一方、人口は全体として減少傾向にあり、主要産業の回復にも時間がかかる状況だったため、国土防衛能力は中長期的に見ると決して盤石とはいえなかった。しかるにパリ講和会議で合意された英米との安全保障条約は実現せず、その後イギリスとの軍事協定をめぐる交渉も挫折していた。また大戦前に対独抑止の協力相手であったロシアは社会主義国家となった上、ラパロ条約（一九二二年四月）を結んでドイツと友好関係にあったため、同盟国としての信頼を寄せることはできなかった。そこでフランスは東欧諸国との相互援助協定を通じて対独安全保障をひとまず固めたものの、かつてのロシアが持っていた強大な軍事力をポーランドやチェコスロヴァキアといった新興国に望むことは難しかった。こうした軍事的脆弱性を一つの背景として、二〇年代前半のフランスはヴェルサイユ条約の執行を前面に押し出すことになる。[†22]

一方、大戦後のドイツは帝政から共和政に移行して日も浅く、国内情勢はフランス以上に不安定であった。一九年に国民議会選挙と大統領選、憲法制定を相次いで行い、本格的な議会制民主主義への第一歩を踏み出したドイツであったが、共産主義革命を目論むスパルタクス団の蜂起をはじめ、エルツベルガー（Matthias Erzberger）やラーテナウ（Walther Rathenau）ら主要政治家の暗殺、そして帝政への復古を企図したカップ一揆など、政府は左右急進勢力からの攻撃にさらされ続けた。社会民主党や中央党、民主党など連立を組む政党の間でも内政の諸問題をめぐる対立が絶えず、政局は常に流動的であった。そんな中、細かく分裂した政党および世論が一致することのできるほとんど唯一の争点が、ヴェルサイユ条約への異議申し立てであった。「背中からの匕首《あいくち》」によって敗北を強いられたと考える多くのドイツ国民は、戦勝国から一方的に突き付けられた講和条約に憤りや懐疑の念を抱いており、特に占領や軍縮といった抑圧的措置に対するドイツ国民の反感は激しかった。ドイツ政府はこうした国内世論を受け、外国軍の平時駐留や強制的な武装解除が主権国家としての自立性や名誉を損なうものであると、連合国への反発をくり返すことになる。[†23]

一九二〇年代初頭の大陸情勢がフランスの対独安全保障とドイツの条約修正という二つの要請に引き裂かれる中、域外大国がこうした問題に積極的に取り組むことはなかった。まずアメリカのハーディング（Warren G. Harding）政権にとっては自国の経済利益の獲得が対外政策の優先事項であり、戦債の回収や貿易の機会均等については熱心に主張すれども、自国の安全に死活的重要性を持たないヨーロッパの安全保障、あるいは二〇年三月に上院が批准を拒否したヴェルサイユ条約の諸問題については、政府を通じた公式の関与を一貫して拒んでいた。[†24]またロシアは一七年の十月革命によって世界初の社会主義国家となったものの、新政府は干渉戦争と国境紛争において他国と戦火を交え、さらには穀物徴発に対する農民の抵抗運動や帝政復古を図る白軍への対応に追われるなど、その存立基盤は内外から揺さぶられていた。それゆえ政府はひとまず経済再建と社会安定化に専心しなければならず、二〇年代前半のソ連の対外政策といえば国交樹立と通商協定の締結が主たる課題であった。したがって、ソ連が自ら調印してもいないヴェルサイユ条約をめぐって、仏独関係の改善に関与する見込みはきわめて薄かったのである。[†25]

そして大戦後のイギリスもまた、フランスの対独安全保障およびドイツの条約修正要求を二つながら満足させ、大戦後のヨーロッパに永続的安定をもたらすことができずにいた。当時のイギリス政府はヴェルサイユ条約に関し、ドイツの不履行に対する大規模な軍事制裁に二の足を踏む一方、占領・軍縮・非武装化といった既存の取決めに関してはおおむね現状維持の立場を取り、条約執行の停止まで認めることがなかったのである。二一年一月にパリで開かれた連合国首脳会談で、ロイド・ジョージ首相はイギリスの立場をこう説明した。「このヴェルサイユ条約は我々連合国の憲章であり、イギリス政府としてはこれを守っていくつもりです。……しかし我々の条約に対する解釈は、その時々の状況を考慮して、合理的でなければならないでしょう」。[†26]

そもそも戦時中よりイギリス政府内には、ドイツをヨーロッパにおける勢力均衡の構成要素あるいはボリシェヴィズムの防波堤と見なす者が少なからずおり、また戦後不況の中で旧平価による金本位制復帰を目指していた大蔵省の財政均衡政策も、大陸への追加的関与を押しとどめる一つの要因であった。しかし他方において、パリ講和会議のイギリス代表団は大戦で払った犠牲との兼ね合いから一定程度の苛酷さを伴う戦後処理に同意したのであり、軍縮や賠償をめぐるドイツの条約履行が緒に就いたばかりの段階でそれらを無効化するというのは、いかにも採り難い政策であった。[†27]

以上のような国際的構図の中、一九二〇年代前半のヨーロッパ情勢に最も深刻な影響を与えた出来事が、二三年一月のフランス・ベルギー両国によるルール地方の占領であった。ドイツの賠償不履行（石炭および木材による現物支払いの滞納）という名目で開始されたルール占領に対し、ドイツ側は行政機構や工場・炭鉱・鉄道の一斉ストライキなど、国を挙げての受動的抵抗で応じた。ハイパーインフレに陥ったドイツ国内には失業者が続出し、フランスも為替レートの急落を受けて財政状態がますます悪化していた。[†28] かくも泥沼化した大陸情勢が改善に向かうきっかけとなったのは、ドイツの賠償支払い計画を改定したドーズ案の採択（二四年八月）ならびに西欧の領土的現状を保障したロカルノ条約の成立（二五年一〇月）である。ドイツは賠償支払いと西欧の現状維持をそれぞれ誓約したことで、二六年九月には国際連盟に常任理事国の地位を得て加盟し、国際社会への全面的復帰を果たす。

こうした英仏独関係のゆるやかな回復を背景に、一九二〇年代後半の連合国はイギリスの主導でヴェルサイユ条約の執行を緩和していった。二六年一二月、ドイツの軍縮活動を監督ならびに検証してきた連合国軍事監督委員会の解散が決定したのを皮切りに、翌二七年八月にはラインラント占領軍の一万人削減が発表され、二九年八月にはドイツの賠償総額を大幅に減額したヤング案が採択されるとともに、連合軍がラインラントから三〇年六月末までに完全撤退することになり、占領の代替案として検討されていた非武装地帯を保全する多国間枠組みの構築は見送られた。[†29] 占領・軍縮・非武装化の各条項はパリ講和会議においてドイツの軍事的台頭に対する歯止めとして考案されたが、それからちょうど一〇年目の夏、強制軍縮はすでに事実上の終焉を迎え、占領の早期終結が決定し、ラインラント非武装化はその保全のための実効的枠組みを欠いたまま、ヴェルサイユ条約およびロカルノ条約という法的取決めだけが残されたのだった。

一九七〇年代より戦間期ヨーロッパ外交を専門とする歴史家の間では、二〇年代後半のイギリス外交が第二次大戦の遠因を用意することになったと批判的に論じられてきた。その代表格といえるマークス（Sally Marks）によれば、二〇年代後半のイギリスの政治家は国際世論の道徳的制裁や一般軍縮、仲裁裁判など軍事力の裏付けなき国際協調をもてはやす一方、ヨーロッパにおける対独安全保障の意義を軽んじてヴェルサイユ条約の修正を急いだ結果、後にナチ・ドイツがヨーロッパの現状を打破するための素地を作ってしまったという。[†30] ジェイコブソン（Jon Jacobson）もまた、二〇年代後半のヨーロッパにはヴェルサイユ条約の執行に代わり三〇年代まで通用するような対独安全保障政策が不在であったと論じる一人である。彼によれば、イギリスは仏独の「誠実なる仲介者」を自任しながら、実際には帝国防衛や海軍をめぐるアメリカとの関係調整に時間を費やすことで、大陸の安定化にほとんど貢献していなかった。[†31] 他にも類似の議論として、二〇年代後半のイギリスは大戦後に拡大した帝国を限られた資源で維持することに専心したため、本来ならば自国の安全と切り離すことのできない大陸への関与が徹底されなかったとするハワード（Michael Howard）の研究もある。[†32] 以上の研究では、二〇年代後半のイギリスが対独安全保障の重要性を顧みなかったと批判的に描かれ、その理由として国際紛争の平和的解決に対する楽観、あるいは帝国防衛や対米関係への考慮など、いずれもヴェルサイユ条約をめぐる大国間外交に内在的とはいえない要因が指摘されていた。

しかしこれらの研究には、イギリス外交への批判的評価とそれを裏付ける史料の間に、決して小さくない隔たりが存在していた。マークスとジェイコブソンの研究は、そもそも一九二〇年代後半に関する記述の大部分が、主に賠償問題をめぐるフランスとドイツの政策決定および外交過程によって占められている。実証の度合いにおいても、二次文献を中心としたマークスの著作はともかく、ジェイコブソンの研究ではドイツ外務省および首相府の公式文書が広く用いられる一方、イギリス政府に関する記述となると、イギリス側の一次史料に厳密に裏付けられていない箇所が散見される。またハワードの研究も、二〇年代後半のイギリス外交については二次文献に基づく一般的説明に留まっており、同時期のイギリス政府がいかなる検討を経て対独宥和を展開したのかまでは詳らかにしていない。[†33]

ようやく近年になって、ロカルノ条約の締結に尽力した外相オースティン・チェンバレン（Sir Austen Chamberlain）を中心に、一九二〇年代後半のイギリス外交に対する再評価が進み始めた。二〇年代のヨーロッパ国際関係を第二次大戦の前史でなく、グローバルな国際主義の実験の時代として描き切ったスタイナー（Zara Steiner）、大戦後の国際秩序形成における英米の政治経済的リーダーシップを浮き彫りにしたコーズ（Patrick Cohrs）、またチェンバレン外相の五年弱にわたる外交指導を多面的に検証したグレイソン（Richard Grayson）とマッカーチャー（B.J.C. McKercher）は、ロカルノ条約の成立を機に英仏独三カ国の大国協調が復活したことを各々指摘し、二〇年代後半のイギリスはつかの間にせよヨーロッパに安定をもたらした功労者であったと積極的に評価している。[†34]

ところが彼らのイギリス外交に対する積極的評価は、かなりの程度、一九二五年のロカルノ条約成立過程におけるチェンバレン外相個人の功績に依拠するものであった。そしてロカルノ条約成立後の占領・軍縮・非武装化をめぐる政策となると、一連の条約修正の試みがロカルノ条約やチェンバレンの模索した大国協調とどのように関連しているのか、また外相以外の対外政策決定に関わるアクターがヴェルサイユ条約についていかなる見解を有し、彼らがどこまで政策に影響力を及ぼしたのかまでは実証的に分析されていないのである。[†35]

イギリスの対外政策決定過程は、外相一人によってすべてが運ぶほど単純ではなかった。したがってチェンバレン外相の大陸政策に注目するだけでは、一九二〇年代後半のイギリス外交を説明したことにはならないであろう。次章で詳しく見るように、外相が海外で次々に発生する出来事を適切に処理するには、対外政策を所掌する専門家集団、すなわち外務省の助力が欠かせなかった。また政策決定の最終的な権限を有する内閣で、イギリスの安全保障にまつわる重要案件について他の閣僚から反対あるいは留保の声が上がれば、外相の政策決定における裁量は狭まる可能性があった。つまり二〇年代後半のイギリス政府内には対外政策に影響を及ぼしうるアクターが外相以外にも複数存在し、その中でチェンバレン外相の優越は自明とはいえなかったのである。

以上を要するに、先行研究では、一九二〇年代後半のイギリスが第一次大戦後のヨーロッパ国際秩序を基礎づけたヴェルサイユ条約、中でもドイツ弱体化のために考案された占領・軍縮・非武装化規定を修正するに至った論理および政策決定過程の全体像が明らかにされないまま、同時期のイギリス外交が（否定的にせよ肯定的にせよ）評価されてきたのであった。もし二〇年代後半のイギリス外交を歴史的に評価するのであれば、当時の外相のみならず他の政策決定者たちが何を考えた結果、イギリス政府は対独宥和を選択することになったのかを問わねばならないであろう。

そこで本書は、一九二〇年代後半のほとんどを通じイギリスで政権を担当した第二次ボールドウィン（Stanley

Baldwin）内閣の発足する二四年一一月を分析の起点に、ハーグで占領および非武装化がドイツの要求に沿って一通り処理される二九年八月末を分析の終点にそれぞれ設定し、ヴェルサイユ条約の占領・軍縮・非武装化規定をめぐるイギリスの政策決定ならびに対外交渉過程を実証する。

その際、次のような視角を設けて分析を進めたい。すなわち先行研究では十分に検討されてこなかった、イギリス政府内で対外政策の形成ならびに決定に携わる主要アクターの（特に同時代のヨーロッパ情勢やヴェルサイユ条約に関する）対外認識に注目し、彼らの異なる見解が一つの政策に集約される過程を描くこととする。一般的にいって、政治家の政策決定を準備するのは情報を専門的に収集および分析できる官僚機構である場合が多い。そして彼らの提出する政策（案）には起草者の主観的判断が少なからず反映されるため、当局内に共有されていた同時代の状況認識を再構成することは、政策決定の実証分析に欠かすことのできない視角なのである。実際、外交当局者に共有される前提や認識といったいわゆる「オフィシャル・マインド」を一次史料より抽出する手法は、これまでにもワット（D. C. Watt）やフライ（Michael Graham Fry）、ニールソン（Keith Neilson）、マッカーチャー、ゴールドスティン（Erik Goldstein）、オッティ（T. G. Otte）らによる二〇世紀初頭から戦間期にかけてのイギリス外交史研究で用いられてきた。[†36] この点を意識しつつ、本書では対外政策形成の本丸といえる外務省のみならず、占領・軍縮・非武装化について軍事的見地から助言を行うことのあった陸軍省、さらには政策決定の最終的権限を握る内閣にまで分析の射程を広げ、一九二〇年代後半のイギリスが追求した対ドイツ政策の論理を解明することにしたい。

†1　三〇年代後半のイギリス、特にネヴィル・チェンバレン（Neville Chamberlain）首相の対独宥和については、たとえば以下を参照。R.A.C. Parker, *Chamberlain and Appeasement: British Policy and the Coming of the Second World War* (New York: St.

Martin's, 1993); Frank McDonough, *Neville Chamberlain, Appeasement and the British Road to War* (Manchester: Manchester UP, 1998); Peter Neville, *Hitler and Appeasement: The British Attempt to Prevent the Second World War* (London: Continuum, 2006); Norrin M. Ripsman and Jack S. Levy, "Wishful Thinking or Buying Time? The Logic of British Appeasement in the 1930s," *International Security* 33, no. 2 (2008), pp. 148-181; Andrew Barros, Talbot C. Imlay, Evan Resnick, Norrin M. Ripsman and Jack S. Levy, "Correspondence: Debating British Decisionmaking toward Nazi Germany in the 1930s," *International Security* 34, no. 1 (2009), pp. 173-198; Andrew Crozier, "Appeasement," in *A Companion to International History, 1900-2001*, ed. Gordon Martel (Malden, MA: Blackwell, 2010), pp. 243-256; B.J.C. McKercher, "*Anschluss*: The Chamberlain Government and the First Test of Appeasement, February – March 1938," *International History Review* 39, no. 2 (2017), pp. 274-294; 斉藤孝『第二次世界大戦前史研究』（東京大学出版会、一九六五年）；木畑洋一「イギリスの対ドイツ『宥和政策』と東南欧 一九三八－一九三九」『歴史学研究』第三九三号（一九七三年）、一－一三頁；佐々木雄太『三〇年代イギリス外交戦略――帝国防衛と宥和の論理』（名古屋大学出版会、一九八七年）；益田実「第二次世界大戦とイギリス帝国」佐々木雄太編著『イギリス帝国と二〇世紀 第三巻　世界戦争の時代とイギリス帝国』（ミネルヴァ書房、二〇〇六年）、六一－七二頁；関静雄『ミュンヘン会談への道――ヒトラー対チェンバレン 外交対決三〇日の記録』（ミネルヴァ書房、二〇一七年）。以下も参照。A.J.P. Taylor, "Peace at Any Price (book review of Larry William Fuchser's *Neville Chamberlain and Appeasement*)," *Observer*, Apr. 17, 1983, p. 32.

†2　イギリスの対独宥和に関する歴史的評価の変遷については、以下を参照。Keith Robbins, *Appeasement*, 2nd ed. (Oxford: Blackwell, 1997), pp. 1-8; Patrick Finney, "The Romance of Decline: The Historiography of Appeasement and British National Identity," *Electronic Journal of International History* 1 (2000), http://sas-space.sas.ac.uk/3385 [accessed Feb. 25, 2016]; Sidney Aster, "Appeasement: Before and After Revisionism," *Diplomacy and Statecraft* 19, no. 3 (2008), pp. 443-480; Robert J. Caputi, *Neville Chamberlain and Appeasement* (London: Associated UP, 2000).

†3　Paul Kennedy, "The Tradition of Appeasement in British Foreign Policy, 1865-1939," in *Strategy and Diplomacy, 1870-1945* (London: Unwin, 1983), pp. 15-39; Paul W. Schroeder, "Munich and the British Tradition," *Historical Journal* 19, no. 1 (1976), pp. 223-243.

†4　ヴェルサイユ条約の概要については、以下を参照。Alan Sharp, *The Versailles Settlement: Peacemaking After the First World*

War, 1919-1923, 2nd ed. (Basingstoke: Palgrave, 2008); Erik Goldstein, "The Versailles System," in *A Companion to International History, 1900-2001*, ed. Gordon Martel (Malden, MA: Blackwell, 2010), pp. 154-165; Antony Lentin, *The Versailles Peace Settlement: Peacemaking with Germany* (London: Historical Association, 1991); Pierre Renouvin, *Le traité de Versailles* (Paris: Flammarion, 1969); Michael S. Neiberg, *The Treaty of Versailles: A Concise History* (Oxford: Oxford UP, 2017); 牧野雅彦『ヴェルサイユ条約——マックス・ウェーバーとドイツの講和』（中公新書、二〇〇九年）。

†5 国際法においては交戦過程でなされる敵地の支配（軍事占領）と平時に行われる保障占領、すなわち「一定条件の履行を間接に強要し、確保するために行われる相手国領域の一部（ときに全部）の占領」が区別される。筒井若水編集代表『国際法辞典』（有斐閣、一九九八年）、二二二―二二三頁。以下も参照。国際法学会編『国際関係法辞典　第二版』（三省堂、二〇〇五年）、五五七―五五八頁。

†6 各条項の原文は、以下を参照。United States, Department of State, *The Treaty of Versailles and After: Annotations of the Text of the Treaty* (New York: Greenwood, 1968), pp. 148-161 (Rhineland demilitarization), 301-365(disarmament), 720-725 (Rhineland occupation).

†7 たとえば経済学者ケインズ（John Maynard Keynes）ら、パリ講和会議に何らかの形で関与した同時代人による以下の文献を参照。John Maynard Keynes, *The Economic Consequences of the Peace* (1919; repr., New York: Skyhorse, 2007); Walter Lippmann, "The Peace Conference," *Yale Review* 8, no. 4 (1919), pp. 710-721; Harold Nicolson, *Peacemaking 1919: Being Reminiscences of the Paris Peace Conference* (1933; repr., Safery Harbor, FL: Simon, 2001). 彼らのヴェルサイユ条約に対する幻滅の思想的背景については、以下を参照。中西寛「二十世紀国際関係の始点としてのパリ講和会議——若き指導者たちの国際政治観（一）・（二）」『法學論叢』第一二八巻二号（一九九〇年）、第一二九巻二号（一九九一年）。

†8 そうした評価の集大成といえる研究として、以下を参照。Manfred F. Boemeke, Gerald D. Feldman and Elisabeth Glaser, eds., *The Treaty of Versailles: A Reassessment after 75 Years* (Cambridge: Cambridge UP, 1998); Margaret MacMillan, *Peacemakers: The Paris Conference of 1919 and Its Attempt to End War* (London: John Murray, 2001). 以下も参照。Alan Sharp, *Consequences of Peace: The Versailles Settlement: Aftermath and Legacy, 1919-2010* (London: Haus, 2010); Zara Steiner, "The Treaty of Versailles Revisited," in *The Paris*

Peace Conference, 1919: Peace without Victory? eds. Michael Dockrill and John Fisher (Basingstoke: Palgrave, 2001), pp. 13-33; Marc Trachtenberg, "Versailles Revisited," *Security Studies* 9, no. 3 (2000), pp. 191-205; William R. Keylor, "A Re-evaluation of the Versailles Peace," *Relevance: The Quarterly Journal of the Great War Society* 5, no. 3 (1996), pp. 1-8.

†9　ちなみにナポレオン戦争後の一八一五年一一月二〇日に締結された対仏講和条約（第二次パリ条約）では、七億フランの賠償金およびフランス東部国境付近の要塞を中心とする最長五年の占領が規定されたが、フランスの軍備に対する包括的削減あるいは特定領域の非武装化に関する条項はなかった。その後、戦勝国による占領はフランスの賠償支払いが円滑に進んだことなどから、一八一八年一一月に撤退が完了している。Harold Temperley and Charles Webster, "The Congress of Vienna 1814-15 and the Conference of Paris 1919," in *From Metternich to Hitler: Aspects of British and Foreign History, 1814-1939*, ed. W. N. Medlicott (London: Routledge, 1963), pp. 1-24; F. R. Bridge and Roger Bullen, *The Great Powers and the European States System, 1814-1914*, 2nd ed. (Harlow: Pearson, 2005), pp. 33-42; René Albrecht-Carrié, *The Concert of Europe* (New York: Harper, 1968), pp. 35-46; Philip Towle, *Enforced Disarmament: From the Napoleonic Campaigns to the Gulf War* (Oxford: Clarendon, 1997), pp. 46-47. 普仏戦争後の一八七一年五月一〇日に締結されたフランクフルト条約では、五〇億フランの賠償支払いに対する保証としてやはりフランス東部が占領の対象となったが、強制軍縮や非武装化の条項はなく、また占領についてもフランスが賠償金を完済したのを受けて一八七三年九月に撤退している。飯田洋介『ビスマルク――ドイツ帝国を築いた政治外交術』（中公新書、二〇一五年）、一四七頁；松井道昭『普仏戦争――籠城のパリ一三二日』（春風社、二〇一三年）、三〇七－三三三頁。

†10　ドイツ問題を一つの明確な定義に集約することは難しいが、次のように分類することは可能であろう。すなわち、中欧における一定の領域がいかに統治されるかという国内体制の問題と、ヨーロッパの永続的安定のためにドイツをいかに処遇するかという国際秩序の問題である（本書が想定しているのは主として後者）。国際的観点に立ったドイツ問題の通史的研究として、以下を参照。Peter Alter, *The German Question and Europe: A History* (London: Arnold, 2000); Pierre Guillen, *La question allemande : 1945 à nos jours* (Paris: Imprimerie, 1996). ドイツ問題は国際政治の次元のみに存在するわけではなく、政治や経済、文化的アイデンティティの領域が交錯する重層的問題であると指摘する以下の研究も参照。Dirk Ver-

heyen, *The German Question: A Cultural, Historical and Geopolitical Exploration* (Boulder, CO: Westview, 1991); Stefan Wolff, *The German Question since 1919: An Analysis with Key Documents* (Westport, CT: Praeger, 2003). またヨーロッパ国際秩序の変容と関連づけながら一八世紀末以降のドイツ史を説き起こした以下の研究は、ドイツ問題の国際と国内、二つの次元を架橋する試みとして読むこともできる。W・D・グルーナー、丸畠宏太・進藤修一・野田昌吾訳『ヨーロッパのなかのドイツ 一八〇〇～二〇〇二』(ミネルヴァ書房、二〇〇八年)。

†11 以下を参照。高坂正堯「ドイツ統一と『ドイツ問題』」『法學論叢』第一二八巻四・五・六号（一九九一年）、五八一−八〇頁。

†12 Paul Kennedy, *The Rise of the Anglo-German Antagonism, 1860-1914* (Amherst, NY: Humanity, 1980), pp. 205-288; C. J. Bartlett, *Peace, War and the European Powers, 1814-1914* (Basingstoke: Macmillan, 1996), pp. 121-158. 世紀転換期におけるドイツの経済および軍事大国化は、ヨーロッパの主要国政府のみならず知識人や一般大衆の間にも強い反応を引き起こした。当時の新聞や雑誌には、鉄鋼から日用雑貨までを大量に輸出するドイツを民族的に異質な他者として（時にやや侮蔑的に）描く「異質論」が多く見られ、その中にはヴァレリー（Paul Valéry）やヴェブレン（Thorstein Veblen）の論評も見出すことができる。同じ頃、イギリスではドイツの襲来を題材にした『一九一〇年の侵略』や『カイザーの密偵、イギリス転覆を企む』などの小説が数百万部の売れ行きを見せ、内務省にはドイツ系住民をスパイとして告発する投書が相次ぐ事態にまで発展した。高坂正堯「国際関係における異質論」『法學論叢』第一二六巻四・五・六号（一九九〇年）、八五−一〇五頁；David French, "Spy Fever in Britain, 1900-1915," *Historical Journal* 21, no. 2 (1978), pp. 355-370. 一九世紀末から第一次大戦にかけての英独関係史の現在および今後の展望については、二〇〇〇年代に刊行された英語・独語文献の書評論文である以下を参照。Jan Rüger, "Revisiting the Anglo-German Antagonism (review article)," *Journal of Modern History* 83, no. 3 (2011), pp. 579-617.

†13 以下を参照。Gerhard L. Weinberg, "The Defeat of Germany in 1918 and the European Balance of Power," *Central European History* 2, no. 3 (1969), pp. 248-260; Ludwig Dehio, "Versailles after Thirty-Five Years," in *Germany and World Politics in the Twentieth Century*, trans. Dieter Pevsner (New York: Knopf, 1959), pp. 109-123.

†14　ラインラントをめぐるパリ講和会議での英米仏代表の立場ならびに交渉過程については、以下を参照。MacMillan, *Peacemakers*, pp. 176-214; Stephen A. Schuker, "The Rhineland Question: West European Security at the Paris Peace Conference of 1919," in *Treaty of Versailles*, eds. Boemeke, Feldman and Glaser, pp. 275-312; Walter A. McDougall, *France's Rhineland Diplomacy, 1914-1924: The Last Bid for a Balance of Power in Europe* (Princeton: Princeton UP, 1978), pp. 57-67; David Stevenson, "France at the Paris Peace Conference: Addressing the Dilemmas of Security," in *French Foreign and Defence Policy, 1918-1940: The Decline and Fall of a Great Power*, ed. Robert Boyce (London: Routledge, 1998), pp. 10-29; William R. Keylor, "France's Futile Quest for American Military Protection, 1919-22," in *A Missed Opportunity? 1922: The Reconstruction of Europe*, eds. Marta Petricioli and Massimiliano Guderzo (Bern: Peter Lang, 1995), pp. 61-80; Harold I. Nelson, *Land and Power: British and Allied Policy on Germany's Frontiers, 1916-19* (London: Routledge, 1963), pp. 198-248; 大久保明『大陸関与と離脱の狭間で——イギリス外交と第一次世界大戦後の西欧安全保障』（名古屋大学出版会、二〇一八年）、一一八－一五七頁。ラインラントをめぐるフランスの戦後構想については、以下を参照。Georges-Henri Soutou, *La grande illusion : Quand la France perdait la paix, 1914-1920* (Paris: Tallandier, 2015), pp. 89-295; idem, "La France et les Marches de l'Est, 1914-1919," *Revue historique* 260, no. 2 (1978), pp. 341-388; David Stevenson, *French War Aims against Germany, 1914-1919* (Oxford: Clarendon, 1982); Pierre Renouvin, "Les buts de guerre du gouvernement français, 1914-1918," *Revue historique* 235, no. 1 (1966), pp. 1-38; Jere Clemens King, *Foch versus Clemenceau: France and German Dismemberment, 1918-1919* (Cambridge, MA: Harvard UP, 1960). 大戦後に刊行されたタルデューの回顧録には、彼がパリ講和会議の初期（一九年二月末）に英米側に提出した覚書が収録されており、当時のフランス政府がラインラント占領に見出していた安全保障上の意味をつぶさに知ることができる。André Tardieu, *The Truth about the Treaty* (Indianapolis: Bobbs-Merrill, 1921), pp. 147-170. 同覚書の原文は、以下を参照。"Mémoire du Gouvernement français sur la fixation au Rhin de la frontière occidentale de l'Allemagne et l'occupation interalliée des ponts du fleuve," Feb. 25, 1919, in *Documents relatifs aux négociations concernant les garanties de sécurité contre une agression de l'Allemagne (10 janvier 1919 – 7 décembre 1923)* (Paris: Imprimerie nationale, 1924), http://gallica.bnf.fr/ark:/12148/bpt6k561386 2h [accessed May 14, 2018], pp. 15-31.

†15　Richard J. Shuster, *German Disarmament after World War I: The Diplomacy of International Arms Inspection, 1920-1931* (London:

Routledge, 2006), pp. 11-23; David Stevenson, "Britain, France and the Origins of German Disarmament, 1916-19," *Journal of Strategic Studies* 29, no. 2 (2006), pp. 201-207; Lorna S. Jaffe, *The Decision to Disarm Germany: British Policy towards Postwar German Disarmament, 1914-1919* (Boston: Allen & Unwin, 1985), pp. 169-174.

†16　第一次大戦の歴史研究は枚挙にいとまがないが、その中でごく手軽ながら戦争の全体像をしっかりと把握できる文献として、以下を参照。Michael Howard, *The First World War: A Very Short Introduction* (Oxford: Oxford UP, 2002); 木村靖二『第一次世界大戦』(ちくま新書、二〇一四年)；V・ベルクハーン、鍋谷郁太郎訳『第一次世界大戦 一九一四－一九一八』(東海大学出版部、二〇一四年)。今世紀に入って刊行されたより本格的な通史として、以下を参照。David Stevenson, *1914-1918: The History of the First World War* (London: Penguin, 2004). また近年ではエリート指導層に注目する伝統的なアプローチに加えて、前線や銃後における人々の生活、あるいは当時のメディアにおける表象を分析することで、第一次大戦をより立体的に描き出そうとする研究も多い。その代表例として、以下を参照。Jay Winter, ed., *The Cambridge History of the First World War*, 3 vols. (Cambridge: Cambridge UP, 2014); John Horne, ed., *A Companion to World War I* (Malden, MA: Blackwell, 2010); J＝J・ベッケール／G・クルマイヒ、剣持久木・西山暁義訳『仏独共同通史第一次世界大戦（上・下）』(岩波書店、二〇一二年)；山室信一・岡田暁生・小関隆・藤原辰史編『現代の起点第一次世界大戦（全四巻）』(岩波書店、二〇一四年)；藤原辰史編『第一次世界大戦を考える』(共和国、二〇一六年)。「総力戦」の定義および歴史研究における同概念の分析枠組みとしての妥当性については、以下を参照。Talbot Imlay, "Total War (review article of the 5 vols. on the history of total war from the US Civil War to WWII published by Cambridge UP)," *Journal of Strategic Studies* 30, no. 3 (2007), pp. 547-570.

†17　Niall Ferguson, *The Pity of War* (London: Penguin, 1998), pp. 295, 299. 第一次大戦の死傷者についての異なるデータは、以下を参照。John Ellis and Michael Cox, *The World War I Databook: The Essential Facts and Figures for All the Combatants* (London: Aurum, 2001).

†18　Thomas William Heyck, *The Peoples of the British Isles: A New History from 1870 to the Present*, 3rd ed. (Chicago: Lyceum, 2008), p. 129.

†19　*British Documents on Foreign Affairs: Reports and Papers from the Foreign Office Confidential Print*（以下 *BDFA* と略記）Part II/Ser. I/Vol. 4/ Docs. 19-20 (B.E.D. 33 and 34), Minutes of meetings of the British Empire Delegation, June 1, 1919.

†20　斉藤孝『戦間期国際政治史』（岩波現代文庫、二〇一五年）、一一七頁。以下も参照。E. H. Carr, *International Relations between the Two World Wars (1919-1939)* (London: Macmillan, 1948), p. 81; A.J.P. Taylor, *The Origins of the Second World War* (New York: Simon & Schuster, 1961), pp. 54-60.

†21　Minute by Curzon, Apr. 24, 1922, ［The National Archives, Kew］FO 371/8188/N3869/646/38.

†22　Georges-Henri Soutou, "Le deuil de la puissance, 1914-1958," in *Histoire de la diplomatie française de 1815 à nos jours* (Paris: Perrin, 2005), pp. 311-315; J.F.V. Keiger, *France and the World since 1870* (London: Hodder, 2001), pp. 121-124; Anthony Adamthwaite, *Grandeur and Misery: France's Bid for Power in Europe, 1914-1940* (London: Arnold, 1995), pp. 91-99; René Albrecht-Carrié, *France, Europe and the Two World Wars* (New York: Harper, 1961), pp. 109-131; 舛添要一「安全と強制――フランスの安全とブリアン（一九二一年一月～一九二二年一月）」東京大学教養学部社会科学科編『社会科学紀要』第二六集（一九七七年）、一一七－二四二頁。賠償金の獲得に関しては経済的な理由ももちろん存在した。大戦後のフランス政府は戦時中より累積する財政赤字の中で、経済復興や社会福祉政策への費用を捻出しなければならなかったからである。Walter A. McDougall, "Political Economy versus National Sovereignty: French Structures for German Economic Integration after Versailles," *Journal of Modern History* 51, no. 1 (1979), pp. 4-23; Benjamin F. Martin, "Of Noctambulists, Russian Bonds and the Shooting of 'Tigers,'" in *France and the Après Guerre, 1918-1924: Illusions and Disillusionment* (Baton Rouge: Louisiana State UP, 1999), pp. 11-56; 田中正人「二つの大戦のあいだで」柴田三千雄・樺山紘一・福井憲彦編『世界歴史大系 フランス史三 一九世紀なかば～現在』（山川出版社、一九九五年）、二四一－二六二頁。第一次大戦がフランスにもたらした人的・物理的損失およびその社会的影響については、以下を参照。Claude Fohlen, *La France de l'entre-deux-guerres, 1917-1939* (Paris: Casterman, 1966), pp. 25-40. 二〇年代初頭の英仏両政府による安保協定交渉については、以下を参照。Anne Orde, *Great Britain and International Security, 1920-1926* (London: Royal Historical Society, 1978), pp. 6-36; 大久保明「イギリス外交と英仏同盟交渉の破綻、一九一九－一九二二年」『法学政治学論究』第九六号（二〇一三年）、一七九－二一〇頁。

†23 Hans Mommsen, *The Rise and Fall of Weimar Democracy*, trans. Elborg Forster and Larry Eugene Jones (Chapel Hill: University of North Carolina Press, 1996), pp. 51-128; Gerald D. Feldman, *The Great Disorder: Politics, Economics and Society in the German Inflation, 1914-1924* (New York: Oxford UP, 1993); Detlev J. K. Peukert, *The Weimar Republic: The Crisis of Classical Modernity*, trans. Richard Deveson (London: Penguin, 1991), pp. 52-77; Erich Eyck, *A History of the Weimar Republic*, vol. 1, trans. Harlan P. Hanson and Robert G. L. Waite (New York: Atheneum, 1970), pp. 129-226; Hajo Holborn, *A History of Modern Germany, 1840-1945* (London: Eyre & Spottiswoode, 1969), pp. 533-606; H・A・ヴィンクラー、後藤俊明・奥田隆男・中谷毅・野田昌吾訳『自由と統一への長い道I——ドイツ近現代史一七八九—一九三三年』（昭和堂、二〇〇八年）、四〇二—四三二頁；木村靖二「ヴァイマル共和国」成瀬治・山田欣吾・木村靖二『世界歴史大系 ドイツ史三 一八九〇年～現在』（山川出版社、一九九七年）、一一三—一五三頁；篠原一『ヨーロッパの政治——歴史政治学試論』（東京大学出版会、一九八六年）、二五一—二五四頁；林健太郎『ワイマル共和国——ヒトラーを出現させたもの』（中公新書、一九六三年）、五〇—九六頁。以下も参照。Richard J. Evans, *The Coming of the Third Reich* (London: Penguin, 2003), pp. 78-117; Richard Bessel, *Germany after the First World War* (Oxford: Clarendon, 1993), pp. 254-284.

†24 Kathleen Burk, "The Lineaments of Foreign Policy: The United States and a 'New World Order,' 1919-39," *Journal of American Studies* 26, no. 3 (1992), pp. 377-391; Robert K. Murray, *The Harding Era: Warren G. Harding and His Administration* (Minneapolis: University of Minnesota Press, 1969); Frank C. Costigliola, "Anglo-American Financial Rivalry in the 1920s," *Journal of Economic History* 37, no. 4 (1977), pp. 911-934; Melvyn P. Leffler, "Herbert Hoover, the 'New Era' and American Foreign Policy, 1921-29," in *Herbert Hoover as Secretary of Commerce: Studies in New Era Thought and Practice*, ed. Ellis W. Hawley (Iowa City: University of Iowa Press, 1981), pp. 148-182; Warren I. Cohen, *Empire without Tears: America's Foreign Relations, 1921-1933* (New York: McGraw-Hill, 1987), pp. 18-44; Michael J. Hogan, *Informal Entente: The Private Structure of Cooperation in Anglo-American Economic Diplomacy, 1918-1928* (Chicago: Imprint, 1991), pp. 38-77; Walter LaFeber, *The American Age: United States Foreign Policy at Home and Abroad*, 2nd ed. (New York: Norton, 1994), pp. 334-347; Akira Iriye, *The Globalizing of America, 1913-1945*, vol. 3 of *The New Cambridge History of American Foreign Relations* (Cambridge: Cambridge UP, 2013), pp. 89-103.

†25 Alastair Kocho-Williams, *Russian and Soviet Diplomacy, 1900-39* (Basingstoke: Palgrave, 2012), pp. 77-87; Caroline Kennedy-Pipe, *Russia and the World, 1917-1991* (London: Arnold, 1998), pp. 11-35; Jon Jacobson, *When the Soviet Union Entered World Politics* (Berkeley: University of California Press, 1994), pp. 81-105; E. H. Carr, *The Russian Revolution from Lenin to Stalin, 1917-1929* (London: Macmillan, 1979), pp. 30-60; Adam B. Ulam, *Expansion and Coexistence: Soviet Foreign Policy, 1917-73*, 2nd ed. (New York: Holt, 1974), pp. 126-146; George F. Kennan, *Soviet Foreign Policy, 1917-1941* (Malabar, FL: Krieger, 1960), pp. 30-53; Donald Buzinkai, "Soviet-League Relations, 1920-1923: Political Disputes," *East European Quarterly* 13, no. 1 (1979), pp. 25-45. 以下も参照。下斗米伸夫『ソビエト連邦史 一九一七―一九九一』（講談社学術文庫、二〇一七年）；横手慎二『スターリン――「非道の独裁者」の実像』（中公新書、二〇一四年）；松戸清裕『ソ連史』（ちくま新書、二〇一一年）。

†26 *Documents on British Foreign Policy, 1919-1939*（以下 *DBFP* と略記）Ser. 1/Vol. 15/Doc. 2, "British Secretary's Notes of an Allied Conference held in the Salle de l'Horloge, Quai d'Orsay, Paris, on Monday, January 24, 1921, at 4 p.m.," Jan. 24, 1921.

†27 F. S. Northedge, *The Troubled Giant: Britain among the Great Powers, 1916-1939* (New York: Praeger, 1966), pp. 160-179; Arnold Wolfers, *Britain and France between Two Wars: Conflicting Strategies of Peace from Versailles to World War II* (New York: Norton, 1966), pp. 212-222. 大戦中のイギリス政府内に見られる対ドイツ認識については、以下を参照。C. J. Lowe and Michael L. Dockrill, *The Mirage of Power*, vol. 2, *British Foreign Policy, 1914-22* (London: Routledge, 1972), pp. 234-274; Zara Steiner, "Foreign Office Views, Germany and the Great War," in *Ideas into Politics: Aspects of European History, 1880-1950*, eds. R. J. Bullen, H. Pogge von Strandmann and A. B. Polonsky (London: Croom Helm, 1984), pp. 36-50; Erik Goldstein, *Winning the Peace: British Diplomatic Strategy, Peace Planning and the Paris Peace Conference, 1916-1920* (Oxford: Clarendon, 1991), pp. 1-149. 二〇年代初頭のイギリスの財政政策については、以下を参照。Sidney Pollard, *The Development of the British Economy, 1914-1990*, 4th ed. (London: Edward Arnold, 1992), pp. 101-108; Robert Boyce, *The Great Interwar Crisis and the Collapse of Globalization* (Basingstoke: Palgrave, 2009), pp. 88-89.

†28 二三年一月のルール占領に至る英仏独外交については、以下を参照。Marc Trachtenberg, *Reparation in World Politics: France and European Economic Diplomacy, 1916-1923* (New York: Columbia UP, 1980), pp. 237-289; Bruce Kent, *The Spoils of War: The Politics, Economics and Diplomacy of Reparations, 1918-1932* (Oxford: Clarendon, 1989), pp. 141-208. 仏白による占領およびドイツ

側の受動的抵抗については、以下を参照。Conan Fischer, *The Ruhr Crisis, 1923-1924* (Oxford: Oxford UP, 2003); Hermann J. Rupieper, *The Cuno Government and Reparations, 1922-1923: Politics and Economics* (The Hague: Martinus Nijhoff, 1979), pp. 97-217; 高橋進『ドイツ賠償問題の史的展開——国際紛争および連繋政治の視角から』（岩波書店、一九八三年）、一〇三―三〇八頁。その間のイギリスの対応については、以下を参照。Elspeth Y. O'Riordan, *Britain and the Ruhr Crisis* (Basingstoke: Palgrave, 2001); 大久保『大陸関与と離脱の狭間で』、二八六―三〇二頁。またドーズ案の採択に至る国際政治過程については、以下を参照。Stephen A. Schuker, *The End of French Predominance in Europe: The Financial Crisis of 1924 and the Adoption of the Dawes Plan* (Chapel Hill: University of North Carolina Press, 1976), pp. 171-382; Melvyn P. Leffler, *The Elusive Quest: America's Pursuit of European Stability and French Security, 1919-1933* (Chapel Hill: University of North Carolina Press, 1979), pp. 82-112; 中西寛「賠償戦債問題と米欧関係 一九二一～一九二四（二）」『法學論叢』第一二三巻六号（一九八八年）、八一―一〇〇頁。

†29　二〇年代中盤から後半にかけてのヨーロッパ国際関係史を概観できる研究として、以下を参照。岡義武『国際政治史』（岩波現代文庫、二〇〇九年）；斉藤『戦間期国際政治史』；Carr, *International Relations between the Two World Wars*; Sally Marks, *The Illusion of Peace: International Relations in Europe, 1918-1933*, 2nd ed. (Basingstoke: Palgrave, 2003); Zara Steiner, *The Lights That Failed: European International History, 1919-1933* (Oxford: Oxford UP, 2005); Boyce, *Great Interwar Crisis*; Adam Tooze, *The Deluge: The Great War and the Remaking of Global Order, 1916-1931* (London: Penguin, 2014), pp. 462-484; Ian Kershaw, *To Hell and Back: Europe, 1914-1949* (London: Penguin, 2015), pp. 149-183. 同時期のフランスおよびドイツ外交については、以下を参照。唐渡晃弘「ロカルノ外交——ヨーロッパの安全とフランスの政策（三）・（四）」『法學論叢』第一二五巻六号・第一二六巻一号（一九八九年）；大井孝『欧州の国際関係 一九一九―一九四六——フランス外交の視角から』（たちばな出版、二〇〇八年）、一四七―一七九頁；牧野雅彦『ロカルノ条約——シュトレーゼマンとヨーロッパの再建』（中公叢書、二〇一二年）。

†30　Marks, *Illusion of Peace*, pp. 73-82, 156-160. 別の歴史家によれば、ヨーロッパの二〇年代後半とは国家間に空虚な誓約の張りめぐらされた「条約狂（pactomania）」の時代であり、当時において支配的だった国際条約の効力に対する楽観も、大陸の覇権を目指すナチ・ドイツを前にすれば砂上の楼閣でしかなかった。Jean-Baptiste Duroselle, "The Spirit of Locarno:

"Illusions of Pactomania," *Foreign Affairs* 50, no. 4 (1972), pp. 752-764. 以下も参照。Correlli Barnett, *The Collapse of British Power* (1972; repr., London: Faber & Faber, 2011), pp. 333-336.

†31　Jon Jacobson, *Locarno Diplomacy: Germany and the West, 1925-1929* (Princeton: Princeton UP, 1972), pp. 36-44, 371-379. またヴェルサイユ条約を「見事な成果（a creditable achievement）」と評価するヘーニヒ（Ruth Henig）は、二〇年代の連合国による不十分な強制政策がその後のナチ・ドイツによる現状否定を容易にしたと論じている。ここで彼はイギリス外交を特定して批判しているわけではないものの、ヴェルサイユ条約に対する積極的な評価に加え、連合国の中でもフランスは強制政策を支持していたのにイギリスはヴェルサイユ条約の緩和を求めていたとする記述から、著者が対独宥和に傾いた二〇年代後半のイギリス外交に批判的であろうことが推察される。Ruth Henig, *Versailles and After, 1919-1933*, 2nd ed. (London: Routledge, 1995), pp. 1, 31-33, 44-45.

†32　Michael Howard, *The Continental Commitment: The Dilemma of British Defence Policy in the Era of the Two World Wars* (Harmondsworth, Middlesex: Penguin, 1972), pp. 74-96. 以下も参照。G. C. Peden, "The Burden of Imperial Defence and the Continental Commitment Reconsidered," *Historical Journal* 27, no. 2 (1984), pp. 405-423; Patrick Salmon, "Reluctant Engagement: Britain and Continental Europe, 1890-1939," *Diplomacy and Statecraft* 8, no. 3 (1997), pp. 139-164. 当時のイギリス外相であったオースティン・チェンバレンの評伝においても、二〇年代後半には中国やアメリカ、ソ連に関連する対外問題が相次いで浮上したことで、チェンバレンはヴェルサイユ条約をめぐる仏独関係にあまり関与せず、結果としてロカルノ条約が永続的なヨーロッパ国際秩序の基盤とならなかったとされている。David Dutton, *Austen Chamberlain: Gentleman in Politics* (New Brunswick: Transaction, 1985), pp. 259-263, 281.

†33　後にジェイコブソン自身、二〇年代ヨーロッパ外交の研究書を複数取り上げた書評論文の中で、歴史家たちのこれまでの分析には偏りがあり、イギリスの対外政策に関する研究は依然として手薄であることを認めている。Jon Jacobson, "Is There a New International History of the 1920s?" *American Historical Review* 88, no. 3 (1983), pp. 617-645.

†34　Steiner, *Lights That Failed*, pp. 415-418, 615-616; Patrick O. Cohrs, *The Unfinished Peace After World War I: America, Britain and the Stabilisation of Europe, 1919-1932* (Cambridge: Cambridge UP, 2006), pp. 1-11, 259-270, 603-612; Richard S. Grayson, *Austen Cham-*

berlain and the Commitment to Europe: British Foreign Policy, 1924-29 (London: Frank Cass, 1997), pp. 139, 280-285; idem, "Austen Chamberlain," in *The Makers of British Foreign Policy: From Pitt to Thatcher*, ed. T. G. Otte (Basingstoke: Palgrave, 2002), pp. 150-172; B.J.C. McKercher, "Austen Chamberlain and the Continental Balance of Power: Strategy, Stability and the League of Nations, 1924-29," in *Power and Stability: British Foreign Policy, 1865-1965*, eds. Erik Goldstein and B.J.C. McKercher (London: Frank Cass, 2003), pp. 216-217, 228.

†35　この点に関し、以下も参照。Gaynor Johnson, "British Policy towards Europe, 1919-1939," *Historical Journal* 46, no. 2 (2003), pp. 479-492.

†36　たとえば以下を参照。D. C. Watt, "America and the British Foreign-Policy-Making Élite from Joseph Chamberlain to Anthony Eden, 1895-1956," in *Personalities and Policies: Studies in the Formulation of British Foreign Policy in the Twentieth Century* (London: Longman, 1965), pp. 19-52; Michael G. Fry, *Illusions of Security: North Atlantic Diplomacy, 1918-22* (Toronto: University of Toronto Press, 1972); Keith Neilson, *Britain and the Last Tsar: British Policy and Russia, 1894-1917* (Oxford: Clarendon, 1995); B.J.C. McKercher, "'The Deep and Latent Distrust': The British Official Mind and the United States, 1919-1929," in *Anglo-American Relations in the 1920s: The Struggle for Supremacy*, ed. B.J.C. McKercher (Edmonton: University of Alberta Press, 1990), pp. 209-238; Erik Goldstein, "The British Official Mind and the Lausanne Conference, 1922-23," in *Power and Stability: British Foreign Policy, 1865-1965*, eds. Erik Goldstein and B.J.C. McKercher (London: Frank Cass, 2003), pp. 185-206; T. G. Otte, "'Knavery or Folly'? The British 'Official Mind' and the Habsburg Monarchy, 1856-1914," in *A Living Anachronism? European Diplomacy and the Habsburg Monarchy*, eds. Lothar Höbelt and T. G. Otte (Vienna: Böhlau, 2010), pp. 119-156.

第一章

イギリスの対独「宥和」成立の背景

一　対外政策決定メカニズム

まずは実際の分析に入る前に、一九二〇年代後半のイギリスで対外政策がいかに決定されていたのか、また同時期の対ドイツ政策に関わった政治エリートはどのような人生を歩み、外交をめぐってどんな価値観を共有していたのかを眺めてみよう。[†1]

一九二〇年代後半におけるイギリスの対外政策決定過程はごく大まかにいって、対外問題に関する情報収集から政策立案、省庁間の調整までを幅広く手がける外務省（事務レベル）と、政策を最終的に決定する内閣（政治レベル）に分けられる。そして二つの層をつなぐ位置にいたのが、内閣の一員として外交を担当する外相であった。もちろん正式には閣議の承認を経て初めて対外政策が成立するわけだが、一度の閣議で扱われる事項には当然限りがあったから、日常的な対外問題の多くは外相の決裁によって処理されるのが慣例であった。[†2] そのため外相および彼のもとにあった外務省は、二〇年代後半のイギリスの対外政策決定過程において最も重要な位置を占めることになる。

そもそも第一次大戦から一九二〇年代初頭にかけて、イギリスの対外政策決定過程における外務省の影響力は決して強いとはいえなかった。戦時外交が軍事・政治・経済のあらゆる領域に及んだために陸軍省や大蔵省、商務省の発言が政府内で幅を利かせたこと、あるいはレーニン（Vladimir Lenin）やウィルソンの秘密外交批判に呼応したイギリス世論の職業外交官に対する不信、そうした不信を共有するロイド・ジョージ首相の首脳外交の多用などが主な理由であった。[†3] しかし二〇年に外務次官となったクロウ（Sir Eyre Crowe）は、時の外相であったカーズンならびにマクドナルド（Ramsay MacDonald）と信頼関係を築きながら、外務省内や主要国の在外公館に有能な人材を配置したり、他省庁の対外政策への関与をできる限り抑えたりして、二〇年代中盤までに時間をかけて外務省の復権を準備したのだった。[†4] それでは外務省の中で、イギリスの対外政策は日々どのように作られていたのか。

第一次大戦後の外務省は一九〇六年の機構改革を経て、稟議制というボトムアップ型の意思決定方式を採用していた。省内には政策形成の基本単位である部局（department）が管轄地域ごとに設置されており、局内では問題が持ち上がると、若手からベテランまでが自身の見解や望ましい選択肢をジャケット（jacket）と呼ばれる用紙に順番に書きつける。外相はそうして省内から提出された政策案を比較検討し、最終的に自らの判断で採否を決定するというのがごく基本的な流れであった。[†5]

ただし一九二〇年代後半のヴェルサイユ条約をめぐる政策決定過程では、ドイツ問題全般を担当する中欧局（Central Department）長の方針がほとんどそのまま政策に反映されるなど、局長級が外務次官より強い影響力を及ぼすことのあった点には注意を要する。省内の序列第一位を占める外務次官は多忙ゆえに個々の政策をじっくりと勘案することができず、政策の起案を請け負う部局、特にその統括にあたる局長の裁量が増大する場合があったのである。

先に見た通り、外務省内の基本単位である部局では、位の低い書記官から順に自身の意見を提示した後、局長がそれらを総合的に検討して部局の方針を決定する。この方針が次に外務次官へと上げられるのだが、このとき彼のもとにはドイツのみならずフランスやイタリアなど西欧主要国にまつわる重要案件のほとんどが集まっている。外務次官はそのすべてに目を通して書類の不備や外交上不適切な表現などがないかを確認し、署名を付した後で最も重要な案件のみを外相へ届ける。これら一連の作業を大公使の接受や省庁間委員会への出席、人事採用などの合間を縫ってこなさなければならない以上、外務次官はよほどの異論や補足がない限り、部局から送られてくる方針なり提案なりをそのまま承認することがどうしても多くなるのだった。[†6] 要するに、外務次官は省内で政策立案の総仕上げを預かる目付け役のような存在であり、対外政策の基本的な方向性を定めるのはおおかた外相か局長級だったのである。

二　対外政策決定者たち

続いて一九二〇年代後半、以上のような政策決定メカニズムの中でイギリスの対ドイツ政策に携わった人々へ目を転じてみたい。まずは内閣と外務省の結節点にあり、国際場裏でイギリス政府のまさしく顔として活躍する外相である。

本書に登場する二人の外相、保守党のチェンバレンと労働党のヘンダーソン（Arthur Henderson）は同い年ながら対照的な境遇に育ち、いずれもイギリス外相として戦間期のヨーロッパ外交史に確かな足跡を残した。一九二四年一一月から二九年六月までの足かけ六年にわたり外相を務めたチェンバレンは、イギリス外交の牽引役としてロカルノ条約の締結やヴェルサイユ条約の部分的修正に奔走した。政権交代に伴い二九年六月に外相となったヘンダーソンは本書の終盤にようやく登場するが、彼もまた占領および非武装化をめぐる最終合意への鍵を握る重要人物であった。

オースティン・チェンバレンはロンドンに世界で初めて地下鉄が開通した一八六三年の一〇月一六日、イングランド中西部の工業都市バーミンガムで産声を上げた。父ジョゼフ（Joseph Chamberlain）はこの街のねじ製造会社で身代を築いた叩き上げの財界人であったが、三七歳でバーミンガム市長に当選したのを機に政界へと本格的に進出し、下院議員となってからはアイルランド自治への反対や特恵関税制度の提唱など、イギリス帝国の統一と繁栄を掲げて政界を渡り歩く風雲児のごとき存在であった。[†7] そんな父のもとで幼少期から後継者になるよう育てられたチェンバレンは、伝統あるパブリックスクールのラグビー校からケンブリッジ大学トリニティ・カレッジへ進学し、一八八五年に卒業した後はフランスに九カ月、ドイツに一年留学するというように、当時における最良の教育を施された。フランスとロシアが秘密裏に同盟交渉を進めていた一八九二年、イースト・ウスターシャー選挙区から下院議員に初当選を果たしたチェンバレンは、一九〇二年八月にバルフォア内閣の郵政相として入閣したのを振り出しにインド相や蔵相（二回）を務めるなど、大戦中から戦後にかけて政治家としてのキャリアを着実に積み重ねていった。父譲りの単眼鏡に加え、議会ではシルクハットにフロックコートという正装を守り続けたチェンバレンは、二四年一一月に外相に就任する頃には名実ともに保守党を代表するベテラン下院議員となっていた。[†8]

オースティン・チェンバレン

アーサー・ヘンダーソンはチェンバレン誕生の約一カ月前、一八六三年九月二〇日にスコットランドの最大都市グラスゴーで、紡績工の父と召使として働く母の間に生まれた。一二歳で学校教育を離れてからのヘンダーソンは、父の死後に移り住んだニューカッスルで鋳型職人の道を歩み始めたが、熱心な労働組合員として斯界に名を馳せ、やがて企業側との調停を数多く任されるようになった。一九〇〇年二月、労働者階級を代表する政党を目指して結成された労働代表委員会（Labour Representation Committee: 労働党の前身）に参加したヘンダーソンは、英仏協商の成立する前年、一九〇三年の補欠選挙でバーナード・カッスル選挙区から下院議員に初当選を果たし、いよいよ中央政界に進出した。一四年八月にイギリス政府がドイツとの開戦に踏み切ると、ヘンダーソンは参戦反対を貫くマクドナルド

アーサー・ヘンダーソン

に代わって労働党党首となり、アスキス内閣の戦争努力を支持した。その後は一五年五月に発足する戦時連立内閣で労働党初の閣僚として教育相ならびに郵政相を、また一六年一二月にロイド・ジョージが首相となってからは無任所相をそれぞれ務め、大戦後の二四年一月には内相として第一次マクドナルド内閣にも参加した。こうして出自や教育の面ではチェンバレンと似ても似つかぬ経歴の持ち主であったヘンダーソンも、二九年六月に外相に就任する頃にはやはり政界での経験豊富な、労働党きってのベテラン下院議員となっていた。[†9]

次に一九二〇年代後半、彼ら二人のもとで対外政策を立案したイギリス外務省の官僚たちを紹介する。第一次大戦後の外務省はすでに高度な政策立案能力を備えていたが、行政機構としての自律性を確立するまでには至っておらず、その業務内容は個人の能力によるところが依然として大であった。それゆえ対ドイツ政策に関与した主要外務官僚の経歴を振り返ることは有益であろう。まずは事務方トップであり、外務省の目付け役といえる立場にあった外務次官である。

チェンバレンが外相に就任した一九二四年一一月当時、外務次官を務めていたのはエア・クロウであった。一八六四年七月三〇日、ドイツのライプツィヒでイギリス人外交官の父とドイツ人の母の間に生まれたクロウは一八歳までドイツで育ち、デュッセルドルフとベルリンのギムナジウムで中等教育を受けた後、渡英してロンドンのキングズ・カレッジとユニヴァーシティ・カレッジで学んだ。外務省に入省したのは一八八五年、ベルリン会議でヨーロッパ列強がアフリカ分割の原則に合意して間もなくの頃である。何といってもクロウの名を後世に留めることになったのは、西方局時代の一九〇七年一月に書かれた長文の覚書であろう。その中でクロウは、中欧の経済大国となったドイツが大陸の軍事的覇権をも獲得しようとしていると警鐘を鳴らしたが、彼はその後（一二年）外務次官補に昇進してからも、ヨーロッパの勢力均衡を維持するために仏露との協商関係を強化してドイツに対抗せよ、と時の外相グレイ（Sir Edward Grey, later 1st Viscount Grey of Fallodon）に訴え続けた。二〇年一一月に外務次官に就任したクロウが、大戦中に低下した外務省の影響力回復に力を尽くしたことは先に見た通りである。彼は官僚としておそらくワーカホリックといえるほど熱心に職務に打ち込んだ。†10 しかしクロウの潔癖なまでに几帳面な仕事ぶりは、本人の健康に少なからぬ影響を及ぼしたかもしれない。在職中に腎臓の持病を悪化させたクロウは、二五年四月二八日に六〇歳で急逝してしまう。†11

ウィリアム・ティレル

クロウの後任として一九二五年五月に外務次官となったウィリアム・ティレル（Sir William Tyrrell, later 1st Baron Tyrrell of Avon）は、一八六六年八月一七日にインド北部、標高約二〇〇〇メートルに位置する植民地官僚の保養地ナイニタルで、イギリス人法律家の父とインド系イギリス人の母の間に生まれた。ティレルの母方の伯母は、ドイツ統一後に駐露および駐仏大使を務めたラドリン（Hugo von Radolin）と結婚しており、幼少期に父を亡くしたティレルは彼らの家庭へと引き取られた。それゆえティレルもクロウと同じくドイツで中等教育を受けることになる。ボンのギムナジウムからゲッティンゲン大学に進んだ後、一八八五年にオックスフォード大学ベリオル・カレッジに転学するも卒業はせず、一八八九年に外務省に入省した。一九〇七年にグレイ外相の私設秘書官となったティレルは、ヨーロッパの潜在的脅威がドイツばかりでなく、日露戦争の痛手から立ち直りつつあったロシアにも当てはまると察知し、クロウの説く対独強硬路線に慎重な態度を示した。そしてやはり勢力均衡の観点からドイツとの緊張緩和を支持したティレルの意見は、大国協調の機能する余地を模索していた大戦前夜のグレイに重用された。[†12]

対ドイツ政策の志向のみならず、性格や仕事ぶりにおいても、ティレルは盟友クロウと好対照だったようである。論理を重視して細部にこだわるクロウとは反対に、ティレルは愛嬌があって機転も利く、まことに融通無碍の人物であった。そして元来が社交的で会話の妙味を楽しむティレルは、決まりきった事務作業に日々追われることを何よりも嫌った。彼は外務次官に就任してからも自らの意見を文字にするのを厭い、目を通す書類すら相当選択していたという。[†13] ティレルのこうした仕事の流儀は、かつてウィーン会議を華々しく飾ったメッテルニヒ(Klemens von Metternich) やタレーラン (Charles-Maurice de Talleyrand-Périgord) の姿をどこか彷彿させる。彼らこそ、朝から晩まで眉間にしわを寄せて書類に向き合うのでなく、折ふしに美しい音楽や洒脱な会話を楽しんで好機が訪れるのを待つ名人であった。[†14] そしてティレルと親交のあった慧眼の歴史家は、怠惰を誇る一八世紀の時代精神が二〇世紀イギリスの外務官僚に息づいていたことをさすがに見逃さなかった。大戦中の一九一八年四月から約二年間、外務省内で戦後国際秩序を検討する政治情報局に所属していたネイミア (Lewis Namier) は、単調な事務作業をとかく避けようとする上司ティレルの様子を、タレーランの不真面目さと結びつけて回想している。[†15]

そんなティレルが一九二八年七月に駐仏大使としてパリに転出すると、後任の外務次官として白羽の矢が立ったのはロナルド・リンジー (Sir Ronald Lindsay) であった。一八七七年五月三日にロンドンで一四世紀以来の由緒ある爵位を継承する貴族の家に生まれ、保守党の政治家クロフォード (27th Earl of Crawford and 10th Earl of Balcarres) を長兄に持つリンジーは、上層中流階級の出身でドイツに育った二人の前任者と異なり、絵に描いたようなイギリスの伝統的エリートであった。外交官になるのを夢見た若き日のリンジーは、パブリックスクールの名門ウィンチェスター校を卒業すると大学へは進まず、フランス・ドイツ・イタリアにそれぞれ留学した後、ボーア戦争が勃発する一八九九年に外務省に入省した。間もなく最初の任地としてサンクトペテルブルクに赴任してからというもの、テヘラン・ワシントン・パリ・ハーグ・カイロ・コンスタンティノープルと、リンジーは人生の大半を世界各地の在外公館で過ごした生粋の外交官であった。†16

そのためリンジーは、チェンバレン外相から外務次官の就任を打診された際、本省勤務の経験が乏しいことを理由にこれを一度は断ろうとした。彼が外務省で働いたのは一九〇八年からしばらくグレイ外相の秘書官補を務めたのと、大戦後の二一年から三年ばかり外務次官補を担当しただけであったから、慣れ親しんだ大使館とは比べ物にならない規模の官僚組織を統率していけるのか、いささか不安だったらしい。†17 そして二八年七月に外務次官に就任した後も、リンジーはホースガーズ・パレードを見下ろす大きな執務室の中で「ずっと居心地の悪さを感じていた」。さらにリンジーもティレルと同じく、大量の書類を手際よく処理するといった事務作業は得意でなかったようだ。†18 二〇年代後半に外務次官を務めた人物がいずれもルーティンを避ける傾向にあったことは、局長級が相対的に強い影響力を発揮しうる外務省の意思決定方式とともに、同時期の対外政策決定過程を見るにあたり示唆に富む点である。

ロナルド・リンジー

それでは次に外務省で政策形成の中核を担う部局であるが、本書の取り上げるヴェルサイユ条約をはじめドイツに関する案件を一手に引き受けていたのは中欧局であった。一九二〇年代後半に同組織を率いた二人の人物は、これまで紹介した外相や外務次官のもとで占領・軍縮・非武装化をめぐる対処方針を一から起案したり、外相

オーム・サージェント

の求めに応じて既存の政策を調整したり、また時には外相とは異なる意見を提示したりと、多くの局面で重要な役割を演じることになる。

　チェンバレンが外相に就任した一九二四年一一月、外務省中欧局長を務めていたマイルズ・ランプソン（Miles Lampson, later Sir）は一八八〇年八月二四日、グラスゴーから北へ約二五キロにある小村キラーンで生まれた。父は治安判事、母方の祖父は下院議員という家庭に育ったランプソンはイートン校で学んだ後、一九〇三年に外務省に入省した。大戦前の彼は東京とソフィアに、また一六年から四年間は軍閥の抗争が激しさを増す袁世凱没後の北京に駐在し、大戦後は本省勤務となって二二年一月に中欧局長に就任した。「もし我々イギリスが光栄ある孤立を取り戻せるなら中欧局の業務はいくらかでも減るのだが、そんなことは叶わない！」という彼の言葉が示唆するように[†19]、中欧局長としてのランプソンは第一次大戦後のイギリスが大陸への不関与を貫くことはできないとの立場であった。そしてイギリスがドイツの侵略に怯えるフランスに安心を供与しない限りヨーロッパは安定しないとの考えから[†20]、ランプソンは後にロカルノ条約へと結実するチェンバレンの西欧安保協定への取組みを後方から支えるのである。だが二五年半ばから上海その他のイギリス租界で断続的に発生していた排外運動の高まりを受けて、極東情勢に通じるランプソンは駐華公使として北京に急遽派遣された[†21]。

　ランプソンの後任として一九二六年一〇月に中欧局長に就任したのは、二〇年代後半を通じて対ドイツ政策に深く関わることになるオーム・サージェント（Orme Sargent）であった。サージェントは一八八四年一〇月三一日、ジェントルマン（肉体労働その他の生産活動に直接関わることなく、自らの資産によって生活する人々）の一人っ子としてロンドンに生まれた。一九世紀半ばに創設された比較的新しいパブリックスクールのラドリー・カレッジを卒業した彼は、スイスへの留学を経て一九〇六年に外務省へ入省した。大戦が始まってからはクロウのもとで海上封鎖問題を扱い、一七年にスイスのベルンに赴任、ヴェルサイユ条約が調印された直後の一九年七月にパリへ転出し、二五年一一月に再び外務省での勤務となった。[†22]

一九三〇年代前半に外務次官として活躍するヴァンシッタート（Robert Vansittart, later Sir）が「ホワイトホールに迷い込んだ哲学者」と評したように、[†23]サージェントは外務省の中でもひときわ明敏な学究肌の人物であった。三九年に外相秘書官となるローフォード（Valentine Lawford）によれば、入省して間もない彼の目にも、サージェントは感情を超越した「哲学者」のように映っていた。まるでこの世の出来事などすべてお見通しという風情で、自分の見解が政府に採用されないときは、着古したバーバリーのコートを手にぷいっと出かけてしまう、そんなイメージを彼に抱いていたという。[†24]どうやらサージェントは相当に頭が切れるだけでなく、どこか浮世を達観したところがあり、彼がまとう超然とした雰囲気はいささか冷笑的な印象を周囲に与えていたらしい。後で詳しく見るサージェントの一連の発言と照らし合わせると、同僚たちのこうした印象も全くの見当違いではなかったように思われる。

三　共有される過去と伝統——強制・誘導・勢力均衡

以上のように、一九二〇年代後半にイギリス政府内で対ドイツ政策の形成に携わった人々の略歴を見渡してみると、まるで見えない糸で導かれたかのように、彼らがいくつかの共通点で結ばれている様子が浮かび上がってくる。

第一に挙げられるのは、社会的背景の同質性である。彼らはみな土地貴族（上流階級）あるいは専門職（上層中流階級）の父を持ち、パブリックスクールで歴史やラテン語、古典文学の素養を身に付けていた。当時の外務省は組織自体がそこまで大きくなかった上に、高度な分析能力と語学力が要求される職業ゆえ、そこにはイギリス社会のエリートが多く集まっていたから、彼らの育った環境が似てくるのも当然といえば当然であった。[†25]

しかしここで注目したいのはもう一つの共通点である。すなわち、生まれた年や育った場所こそ異なれど、彼らはみな世紀転換期（一八九〇年前後）から大戦前夜（一九一四年）までに政治家もしくは外務官僚としてのキャリアを開始していた。先に挙げた中ではクロウの入省が最も早く一八八五年、次いでティレルが四年後の八九年、チェンバレンが下院議員に初当選したのは九二年、リンジーの入省が九九年、ヘンダーソンの初当選とランプソンの入省が同じく一九〇三年、そしてサージェントの入省が〇六年という具合である。こうして見るとクロウとサージェントの経歴には実に二一年の開きがあるが、それでも彼らは第一次大戦以前の主要な国際的事件およびイギリス外交を間近に目撃した点で、同一の政治的世代に属するといえるであろう。[†26]それでは二〇年代後半に対ドイツ政策を手がける彼らが若き日に見た国際関係とは、一体どのようなものだったのか。

一八八〇年代以降、鉄道や電信といったコミュニケーション技術の発展に伴い、大国間の権力政治の場が地球規模に拡大したことで、イギリス・フランス・ドイツ・オーストリア・ロシア五カ国の競争と対立は以前よりも激しさを増していた。中でも人口と天然資源に恵まれたドイツの経済成長は著しく、一八九〇年に宰相ビスマルク（Otto von Bismarck）が辞任した後、皇帝ヴィルヘルム二世（Kaiser Wilhelm II）と海軍長官ティルピッツ（Alfred von Tirpitz）の推進する海軍増強計画は他のヨーロッパ大国の間に警戒を呼び起こした。一方、ヨーロッパの外では日清戦争後の三国干渉（一八九五年）、ファショダ事件（一八九八年）、ボーア戦争（一八九九－一九〇二年）、義和団事件（一九〇〇年）が立て続けに発生し、植民地や経済権益をめぐるヨーロッパ大国の野心はアフリカや極

東の地でたびたび衝突したのである。[†27]

こうした激動の国際情勢に直面したランズダウン（5th Marquess of Lansdowne）およびグレイという二人のイギリス外相は、イギリスのみならず帝国全体の安全を確保するにあたり、ソールズベリ（3rd Marquess of Salisbury）までの時代のようにロイヤル・ネイヴィーの優越に守られて「光栄ある孤立」を貫くことはもはやできないと考えた。そこで彼らは少しでも敵を減らして利害を共有できる友好国を作ろうと、世紀の変わり目頃からアメリカ、日本、フランス、ロシアとそれぞれの係争点を調整し、彼らとの親善を積極的に図っていった。[†28] そうしてヨーロッパに最後まで残った対立相手が、海軍増強や植民地拡大によって世界大国を目指すヴィルヘルム二世下のドイツであった。

一九〇五年一二月に外相に就任したグレイは、硬軟二つのアプローチを組み合わせてドイツに対峙した。外交とは特定の価値配分について関係各国の同意を確保することと一般的に定式化できるが、その具体的な方法は次の二つに大きく分けられるであろう。すなわち

相手の望まぬ事態をもたらすことも辞さないとの意思表示によって、自らの望む価値配分を実現すること（「強制」）

と、

相手の望む事態をもたらす（もしくは相手の望まぬ事態をもたらさない）との意思表示によって、自らの望む価値配分を実現すること（「誘導」）

である。[29] グレイはヨーロッパ国際秩序という共通の利益のため、戦艦ドレッドノートの建造をはじめとする海上覇権の維持や共同作戦会議を通じた英仏関係の強化によってドイツへの軍事的対抗を準備しながら、同時にイギリスの既得権益に抵触しない限りにおいてドイツとの緊張緩和を模索し続けた。二国間による海軍力の制限を目指したホールデン・ミッション、あるいはポルトガル領植民地やバグダッド鉄道をめぐる英独合意はその代表例である。[30]

二〇世紀初頭から大戦前夜にかけて、グレイ外相がドイツに対し強制一辺倒にならず、彼らへの誘導にも意を用いたのにはいくつかの理由があった。まず軍事的に台頭しつつあるドイツとの対話を完全に断ってしまえば、相手の不安や競争心をさらに焚きつけることになり、かえってヨーロッパにおける戦争のリスクを高めてしまうとの懸念があった。また内閣および自由党内には、ドイツ問題より国内の社会福祉政策を優先（すなわち軍拡路線に反対）する考えから、あるいは協商関係にある帝政ロシアへのイデオロギー的嫌悪感からドイツとの友好を主張する一派がおり、彼らに対する懐柔策という側面もあった。だがここではより重要な要因として、ウィーン会議の開かれた一九世紀初めより受け継がれるイギリス外交の行動準則を指摘しておきたい。すなわち、勢力均衡の考慮である。

イギリスにとってヨーロッパの勢力均衡とは覇権国の不在、要するに大陸が単一勢力によって支配されていない状態を意味し、中でもフランス・ベルギー・ドイツ三カ国が国境を接する西欧一帯が安全保障上最も重要であった。イギリスと大陸を隔てる英仏海峡はドーヴァーとカレーの間でわずか三四キロの狭さであり、対岸のフランス北東部や低地諸国が敵対勢力の手に落ちれば、そこからイギリス本土への侵略は時間の問題だった。

そうした事態を未然に防ぐには、ヨーロッパの主要大国がそれぞれ強すぎても弱すぎてもいけなかった。大国のさらなる強大化が覇権への第一歩となりうることはいうまでもないが、反対に彼らのパワーや国際的地位が相対的に低下しても、それはそれで他の大国が影響力を拡大する余地を生み出してしまうからである。そのためイギリスがヨーロッパの勢力均衡を維持していくには、他のヨーロッパ大国に対する関与の仕方においても均衡を心がける必要があった。[†31]

たとえば一九〇八年、イギリスはドイツと建艦競争の真っ只中にあり、フランスに次いでロシアとの協商を樹立した頃だが、駐オーストリア大使から独墺両国の離間策が具申された際、グレイ外相はヨーロッパにはすでに「適正な均衡（a fair equilibrium）」が存在しているとしてこれに反対したし、翌年に駐イタリア大使が英仏墺伊四カ国による地中海協定を発案したときも、今度はハーディング外務次官が同様の理由からドイツを排除する同構想を退けた。[†32] そして一九〇九年二月、グレイはこんな言葉を残している。「ドイツの完全な孤立もドイツによる大陸支配も、イギリスにとっては戦争を意味するのです。これら両極の間に横たわるかなり広い道をヨーロッパ政治は進んでいくべきでしょう」。[†33]

ヨーロッパにおけるドイツの覇権は阻止せねばならないが、そうかといって彼らとの対決姿勢に終始すれば、ドイツとその同盟国は孤立感を深め、ヨーロッパ国際秩序はますます不安定化する。大国は強すぎても弱すぎてもいけないのであり、たとえ安全保障上は警戒すべき相手でも、ヨーロッパの勢力均衡を構成してきた大国である以上、その対応には節度が求められるとの感覚がグレイ外交の根底にはあった。

一九二〇年代後半、イギリス政府内でヴェルサイユ条約をめぐる対ドイツ政策に携わった人々がかつて目にしたのは、このようにヨーロッパの勢力均衡を追求するイギリス外交の姿であった。クロウやティレル、リンジー、ランプソン、サージェントは皆一八九〇年前後から二〇世紀初頭にかけて外務省に入り、グレイ外相の側近として対ドイツ政策の形成過程に直接関わるか、そこまで行かずとも外務省の一員として同政策過程の一部始終を観察できる立場にあった。また同じ時期、後に外相となる保守党のチェンバレンも労働党のヘンダーソンも、英独関係とヨーロッパ国際秩序の両立を図るグレイの様子について日々の議員活動やメディアの報道、あるいはグレイの下院における答弁などを通じてよく知っていたに違いない。

もちろん、大戦前の記憶が一九二〇年代の彼らの対外認識や政策をそのまま形作ったわけではないであろう。だが少なくとも二〇年代後半にイギリスの対ドイツ政策を形成した人々は、ヨーロッパの永続的安定への鍵が依然としてドイツの処遇にあること、そして勢力均衡という言葉をはっきりとは用いないにせよ、[†34] いかにしてドイツを強すぎも弱すぎもしないように保つかが最重要課題であることを、大戦前の経験や観察から察知していたとはいえるであろう。[†35]

以上を踏まえつつ、いよいよ次章からはヨーロッパに平穏が戻りつつあった一九二〇年代中盤、イギリス政府がヴェルサイユ条約をめぐっていかなる政策を展開していったのかを見ていくことにしたい。

†1　対外政策決定過程を分析するにあたり外政機構の構造に注目することの重要性については、英語圏のイギリス外交史研究に加えて、近年刊行された日本政治外交史の業績にも教わるところが大であった。たとえば以下を参照。井上正也『日中国交正常化の政治史』(名古屋大学出版会、二〇一〇年)；熊本史雄『大戦間期の対中国文化外交——外務省記録にみる政策決定過程』(吉川弘文館、二〇一三年)；佐々木雄一『帝国日本の外交一八九四－一九二二——なぜ版図は拡大したのか』(東京大学出版会、二〇一七年)；白鳥潤一郎『「経済大国」日本の外交——エネルギー資源外交の形成一九六七～一九七四年』(千倉書房、二〇一五年)；千葉功『旧外交の形成——日本外交一九〇〇～一九一九』(勁草書房、二〇〇八年)；中島琢磨『沖縄返還と日米安保体制』(有斐閣、二〇一二年)；中谷直司『強いアメリカと弱いアメリカの狭間で——第一次世界大戦後の東アジア秩序をめぐる日米英関係』(千倉書房、二〇一六年)。

†2　第一次大戦後のイギリスの対外政策決定過程に関する概説として、以下を参照。Ephraim Maisel, *The Foreign Office and*

Foreign Policy, 1919-1926 (Brighton: Sussex Academic Press, 1994), pp. 1-59; D. C. Watt, "The Nature of the Foreign-Policy-Making Élite in Britain," in *Personalities and Policies: Studies in the Formulation of British Foreign Policy in the Twentieth Century* (London: Longman, 1965), pp. 1-15; David Dilks, "The British Foreign Office between the Wars," in *Shadow and Substance in British Foreign Policy, 1895-1939: Memorial Essays Honouring C. J. Lowe*, eds. B.J.C. McKercher and D. J. Moss (Edmonton: University of Alberta Press, 1984), pp. 181-202. なお同時期のフランスの対外政策決定過程については、以下を参照。Frederick L. Schuman, *War and Diplomacy in the French Republic: An Inquiry into Political Motivations and the Control of Foreign Policy* (New York: Whittlesey House, 1931), pp. 18-45; John Eldred Howard, *Parliament and Foreign Policy in France* (London: Cresset, 1948), pp. 42-61; Richard D. Challener, "The French Foreign Office: The Era of Philippe Berthelot," in *The Diplomats, 1919-1939*, eds. Gordon A. Craig and Felix Gilbert (Princeton: Princeton UP, 1953), pp. 49-85; Paul Gordon Lauren, *Diplomats and Bureaucrats: The First Institutional Responses to Twentieth-Century Diplomacy in France and Germany* (Stanford: Hoover Institution Press, 1976), pp. 79-117; 濱口學「両大戦間期フランスの外交指導――不安定の中の安定」東京大学教養学部社会科学科編『社会科学紀要』第二〇－二一集（一九七一年）、二八三－二九八頁。

†3 Gordon A. Craig, "The British Foreign Office from Grey to Austen Chamberlain," in *The Diplomats, 1919-1939*, eds. Gordon A. Craig and Felix Gilbert (Princeton: Princeton UP, 1953), pp. 15-35; Roberta M. Warman, "The Erosion of Foreign Office Influence in the Making of Foreign Policy, 1916-1918," *Historical Journal* 15, no. 1 (1972), pp. 133-159; Alan J. Sharp, "The Foreign Office in Eclipse, 1919-22," *History* 61, no. 202 (1976), pp. 198-218. 以下も参照。G. H. Bennett, "Lloyd George, Curzon and the Control of British Foreign Policy, 1919-22," *Australian Journal of Politics and History* 45, no. 4 (1999), pp. 467-482.

†4 B.J.C. McKercher, "Old Diplomacy and New: The Foreign Office and Foreign Policy, 1919-1939," in *Diplomacy and World Power: Studies in British Foreign Policy, 1890-1950*, eds. Michael Dockrill and B.J.C. McKercher (Cambridge: Cambridge UP, 1996), pp. 92-93.

†5 Zara Steiner, *The Foreign Office and Foreign Policy, 1898-1914* (London: Ashfield, 1969), pp. 70-82; T. G. Otte, "Old Diplomacy: Reflections on the Foreign Office before 1914," in *The Foreign Office and British Diplomacy in the Twentieth Century*, ed. Gaynor Johnson (London: Routledge, 2005), pp. 31-52; 坂野正高『現代外交の分析――情報・政策決定・外交交渉』（東京大学出版会、一九七一年）、八五－八六頁。また大戦前夜までに外務省に入った官僚の回想録にも、省内の政策決定メカニズムに関する

記述が見られる。その例として、以下を参照。Sir Lancelot Oliphant, *An Ambassador in Bonds* (London: Putnam, 1946), p. 20; Sir Hughe Knatchbull-Hugessen, *Diplomat in Peace and War* (London: John Murray, 1949), pp. 11-12; Sir Owen O'Malley, *The Phantom Caravan* (London: John Murray, 1954), p. 35. 他にも外相の思い入れが強い案件では、外相自らイニシアチブを発揮して省内から意見を募ったり、他の閣僚に根回しして同意を取り付けたり、あるいは関係国に駐在する大使と私信を用いて連絡を重ねたりするなど、ボトムアップとは異なる形で対外政策が形成されることももちろんあった。

†6　Maisel, *Foreign Office and Foreign Policy*, pp. 39-58. 第二次大戦後にベヴィン（Ernest Bevin）外相のもとで外務次官を務めたストラング（Sir William Strang）は、五〇年代初頭の外務省の様子を記録した概説書を退官後に出版しているが、同書の中でも平均七名から成る部局は省内の最も基本的なユニットと位置づけられ、ストラングによると当時の外務省が扱う全案件のほぼ八割が部局によって処理されていたという。Lord Strang and other members of the Foreign Service, *The Foreign Office* (London: Allen & Unwin, 1955), pp. 154-156.

†7　ジョゼフ・チェンバレンについては、以下を参照。Peter T. Marsh, *Joseph Chamberlain: Entrepreneur in Politics* (New Haven: Yale UP, 1994); Richard Jay, *Joseph Chamberlain: A Political Study* (Oxford: Clarendon, 1981); Ian Cawood and Chris Upton, eds., *Joseph Chamberlain: International Statesman, National Leader, Local Icon* (Basingstoke: Palgrave, 2016). 以下も参照。A.J.P. Taylor, "Up and Down the Greasy Pole (book review of Jay's *Joseph Chamberlain*)," *Observer*, Mar. 15, 1981, p. 32.

†8　チェンバレンの略歴については、以下を参照。*Oxford Dictionary of National Biography Online*, s.v. "Chamberlain, Sir (Joseph) Austen (1863–1937)," by D. J. Dutton, http://www.oxforddnb.com/view/article/32351〔accessed Feb. 28, 2017〕; Michael Hughes, *British Foreign Secretaries in an Uncertain World, 1919-1939* (London: Routledge, 2006), pp. 57-60; B.J.C. McKercher, *The Second Baldwin Government and the United States, 1924-1929: Attitudes and Diplomacy* (Cambridge: Cambridge UP, 1984), pp. 7-10; Grayson, *Austen Chamberlain*, pp. 1-13. ちなみに若き日のチェンバレンは留学中、第三共和政下のパリでガンベッタ（Léon Gambetta）やフェリー（Jules Ferry）といった有力政治家の知遇を得て、ベルリン大学ではトライチュケ（Heinrich von Treitschke）のプロイセン史を聴講している。

†9　ヘンダーソンの略歴については、以下を参照。*Oxford Dictionary of National Biography Online*, s.v. "Henderson, Arthur

(1863-1935)," by Chris Wrigley, http://www.oxforddnb.com/view/article/33807 [accessed July 9, 2016]; Henry R. Winkler, "Arthur Henderson," in *The Diplomats, 1919-1939*, eds. Gordon A. Craig and Felix Gilbert (Princeton: Princeton UP, 1953), pp. 312-319; David Carlton, *MacDonald versus Henderson: The Foreign Policy of the Second Labour Government* (London: Macmillan, 1970), pp. 15-17. イギリスの参戦をめぐるマクドナルドとの党内対立については、以下を参照。Christopher Howard, "MacDonald, Henderson and the Outbreak of War, 1914," *Historical Journal* 20, no. 4 (1977), pp. 871-891.

†10　イギリス国立公文書館に残された二〇年代前半の外務省一般ファイルには、ドイツにまつわる案件の大半にクロウによる数行の、時には頁をまたぐ長さのコメントが付され、その内容も歴史の幅広い知識と論理的明快さを備えた高度な分析であることが多く、外務次官としての他の業務量を考えるとほとんど驚異的である。さらにクロウには規律の鬼という一面もあった。書類一式を束ねるテープの長さからインクの吸取紙の幅に至るまで、クロウの細かく定めたルールが二〇年代の外務省内には貼り出されていたという。この点については、以下の回顧録を参照。J. D. Gregory, *On the Edge of Diplomacy: Rambles and Reflections, 1902-1928* (London: Hutchinson, 1928), pp. 258-259; Sir Arthur Willert, *Washington and Other Memories* (Boston, MA: Houghton Mifflin, 1972), p. 164.

†11　クロウの略歴については、以下を参照。*Oxford Dictionary of National Biography Online*, s.v. "Crowe, Sir Eyre Alexander Barby Wichart (1864-1925)," by Edward Corp, http://www.oxforddnb.com/view/article/32650 [accessed Sep. 30, 2016]; Keith Neilson and T. G. Otte, *The Permanent Under-Secretary for Foreign Affairs, 1854-1946* (London: Routledge, 2009), pp. 161-186; Rohan Butler, "Sir Eyre Crowe," *World Review: New Series* 50 (1953), pp. 8-13.

†12　ティレルの略歴については、以下を参照。*Oxford Dictionary of National Biography Online*, s.v. "Tyrrell, William George, Baron Tyrrell (1866-1947)," by Erik Goldstein, http://www.oxforddnb.com/view/article/36608 [accessed Sep. 30, 2016]; Neilson and Otte, *Permanent Under-Secretary*, pp. 187-200; T. G. Otte, "Détente 1914: Sir William Tyrrell's Secret Mission to Germany," *Historical Journal* 56, no. 1 (2013), pp. 175-204; "Obituary: Lord Tyrrell," *Times*, Mar. 15, 1947, p. 6.

†13　Steiner, *Foreign Office and Foreign Policy*, pp. 118-119. 以下の回想録も参照。Lord Vansittart, *The Mist Procession* (London: Hutchinson, 1958), p. 45; Lord Strang, *Home and Abroad* (London: Andre Deutsch, 1956), p. 308. また八五年春、外交史家のスタ

イナーがティレルの娘（Anne Crawshay）に行った以下のインタビューも参照。Zara Steiner, “Beyond the Foreign Office Papers: The Making of an International Historian,” *International History Review* 39, no. 3 (2017), pp. 561-562.

†14　以下を参照。高坂正堯「会議はなぜ踊りつづけたか」『古典外交の成熟と崩壊Ｉ』（中公クラシックス、二〇一二年）、一七九－二一二頁。

†15　Lewis B. Namier, “The Story of a German Diplomatist,” in *Avenues of History* (London: Hamilton, 1952), p. 87. それでもティレルは日々の書類仕事から逃れることができなかった。外務省が世界各地の在外公館から受け取る書簡数はウィーン会議後の一八二一年に六一九三通であったが（Otte, “Old Diplomacy,” p. 33）、大戦後の一九三五年には約二七倍の一六万九二四九通にまで膨れ上がり（Dilks, “British Foreign Office,” p. 183）、省内の出世街道を歩き続けたティレルは大量の書類と常に向き合わねばならなかったのである。また一九〇七年から約八年にわたり秘書官として仕えたグレイ外相が眼疾によって視力を低下させつつあったことも、ティレルが仕事に忙殺される一因となったであろう。そんな彼が日頃の憂さ晴らしのために溺れたのが、酒であった。ティレルの酒好きは省内でもつとに知られていたが、一五年二月に次男のフランシスが戦死した頃から彼の酒量は一気に増え、過労もたたって神経衰弱に陥ったティレルは同年六月から約一年間、グレイ外相の計らいで業務量の少ない内務省へ一時的に転属となっている（一八年二月には長男のヒューゴーも戦死）。Edward T. Corp, “Sir William Tyrrell: The *Éminence Grise* of the British Foreign Office, 1912-1915,” *Historical Journal* 25, no. 3 (1982), pp. 697-708; Valerie Cromwell and Zara S. Steiner, “The Foreign Office before 1914: A Study in Resistance,” in *Studies in the Growth of Nineteenth-Century Government*, ed. Gillian Sutherland (London: Routledge, 1972), pp. 190-191. 待つことを楽しむような人生への態度を、総力戦の時代に保ち続けるのは至難の業であった。

†16　リンジーの略歴については、以下を参照。*Oxford Dictionary of National Biography Online*, s.v. “Lindsay, Sir Ronald Charles (1877-1945),” by B.J.C. McKercher, http://www.oxforddnb.com/view/article/34545 [accessed Sep. 29, 2016]; Neilson and Otte, *Permanent Under-Secretary*, pp. 200-209; “Obituary: Sir Ronald Lindsay,” *Times*, Aug. 23, 1945, p. 7. ちなみに二八年七月に外務次官に就任する前のリンジーは駐独大使の任にあり、その間の彼はベルリンからチェンバレン外相に宛ててドイツの不安定な国内情勢を定期的に報告している。二〇年代中盤から後半にかけてのドイツでは、失業対策や教育問題をめぐって連立内

閣の不一致がしばしば表面化し、その隙を突いて共産党や国家人民党ら閣外の急進勢力がくり出す政府批判も鋭さを増していた。リンジーは二七年一月、政党間のつまらない諍いにドイツ国民はほとほとうんざりしており、結果として彼らの議会政治に対する信頼までが失われつつあると外務省に書き送っている。Lindsay (Berlin) to Chamberlain, Jan. 14, 1927, FO 371/12116/C538/11/18. 駐独大使時代のリンジーによるドイツ国内情勢の観察については、以下を参照。Gaynor Johnson, "Sir Ronald Lindsay and Britain's Relations with Germany, 1926-1928," *Diplomacy and Statecraft* 25, no. 1 (2014), pp. 77-93.

†17　Lindsay to Crawford, Feb. 8, 1928,［Crawford and Balcarres Papers, National Library of Scotland, Edinburgh, UK］ACC 9769/97/10.

†18　Lindsay, "Sic Fatur Nuntius," c. Winter 1939/40 to May 1941, Crawford and Balcarres MSS, ACC 9769/100/3, ff. 129-130, 147-148. ここに紹介したリンジーのエピソードについては、彼が晩年に書き残した回想録に記されていることを、ボストン大学国際関係学部のエリック・ゴールドスティン教授にご教示いただいた。同回想録は長らくリンジー家の私蔵品であったが、現在はスコットランド国立図書館で閲覧可能である。貴重な情報を提供して下さったゴールドスティン教授に記して感謝の意を表したい。I owe my gratitude to Prof. Erik Goldstein at Boston University for the information about Lindsay's PUS-ship contained in his unpublished memoir, which is currently held by the National Library of Scotland.

†19　Minute by Lampson, Jan. 29, 1925, FO 371/11065/W2035/9/98.

†20　Minute by Lampson, Sep. 10, 1924, FO 371/9819/C14272/2048/18.

†21　ランプソンの略歴については、以下を参照。*Oxford Dictionary of National Biography Online*, s.v. "Lampson, Miles Wedderburn, first Baron Killearn (1880-1964)," by David Steeds, http://www.oxforddnb.com/view/article/34387［accessed Sep. 30, 2016］; M. E. Yapp, ed., *Politics and Diplomacy in Egypt: The Diaries of Sir Miles Lampson, 1935-1937* (Oxford: Oxford UP, 1997), p. 4. ランプソンが北京に派遣される直接的背景となった二〇年代中盤の中国情勢については、以下を参照。後藤春美『上海をめぐる日英関係 一九二五－一九三二年――日英同盟後の協調と対抗』（東京大学出版会、二〇〇六年）、五五－九八頁；Wm. Roger Louis, *British Strategy in the Far East, 1919-1939* (Oxford: Clarendon, 1971), pp. 130-135; Antony Best, *British Intelligence and the Japanese Challenge in Asia, 1914-1941* (Basingstoke: Palgrave, 2002), pp. 54-65.

†22　サージェントの略歴については、以下を参照。*Oxford Dictionary of National Biography Online*, s.v. "Sargent, Sir (Harold) Orme Garton (1884-1962)," by Ritchie Ovendale, http://www.oxforddnb.com/view/article/35948 [accessed Sep. 29, 2016]; "Obituary: Sir Orme Sargent," *Times*, Oct. 24, 1962, p. 15. ちなみに三〇年代のサージェントの対ヨーロッパ政策については、Keith Neilson, "Orme Sargent, Appeasement and British Policy in Europe, 1933-39," *Twentieth Century British History* 21, no. 1 (2010), pp. 1-28を、外務次官を務めていた第二次大戦直後のサージェントの対ヨーロッパ政策については、Adam Richardson, "Orme Sargent, Ernest Bevin and British Policy towards Europe, 1946-1949," *International History Review* (2018), https://doi.org/10.1080/07075332.2018.1454492 [accessed June 11, 2018]; 細谷雄一『戦後国際秩序とイギリス外交――戦後ヨーロッパの形成 一九四五年～一九五一年』（創文社、二〇〇一年）、二三－二五頁をそれぞれ参照。

†23　Vansittart, *Mist Procession*, p. 399.

†24　Valentine Lawford, *Bound for Diplomacy* (London: John Murray, 1963), pp. 268-269. 第二次大戦後に駐ソ大使となるヘイター（William Hayter）も、サージェントには人が話し終わる前にすべての事情を呑み込むような知性（と辛口のユーモア）が備わっていたと回想している。Sir William Hayter, *A Double Life* (London: Hamilton, 1974), p. 82.

†25　Zara Steiner, "Elitism and Foreign Policy: The Foreign Office before the Great War," in *Shadow and Substance in British Foreign Policy, 1895-1939: Memorial Essays Honouring C. J. Lowe*, eds. B.J.C. McKercher and D. J. Moss (Edmonton: University of Alberta Press, 1984), pp. 19-55; T. G. Otte, *The Foreign Office Mind: The Making of British Foreign Policy, 1865-1914* (Cambridge: Cambridge UP, 2011), pp. 7-16; John Connell, *The 'Office': The Story of the British Foreign Office, 1919-1951* (New York: St Martin's, 1958), pp. 26-30; 細谷雄一『大英帝国の外交官』（筑摩書房、二〇〇五年）、四八－五一頁。第一次大戦前夜の時点で外務省に勤める全職員数はわずか一八七人であり、二〇年代になっても七〇〇人強であった。Dilks, "British Foreign Office," p. 182.

†26　Steiner, "Elitism and Foreign Policy," pp. 26-27; McKercher, "Old Diplomacy and New," pp. 80-87; Otte, *Foreign Office Mind*, pp. 17-22. 歴史学における分析枠組みとしての「世代」については、以下を参照。Karl Mannheim, "The Problem of Generations," in *Essays on the Sociology of Knowledge*, ed. Paul Kecskemeti (London: Routledge, 1952), pp. 276-320; Alan B. Spitzer, "The Historical Problem of Generations," *American Historical Review* 78, no. 5 (1973), pp. 1353-1385; Julián Marías, *Generations: A Historical*

Method, trans. Harold C. Raley (University, AL: University of Alabama Press, 1970), pp. 151-188; José Ortega y Gasset, "The Method of the Generations in History," in *Man and Crisis*, trans. Mildred Adams (New York: Norton, 1958), pp. 50-66; 橋川文三「歴史と世代」『橋川文三著作集　四』（筑摩書房、一九八五年）、二二九―二五八頁。世代概念における時代区分の恣意性については、以下を参照。Johan Huizinga, "The Task of Cultural History," in *Men and Ideas: History, the Middle Ages, the Renaissance*, trans. James S. Holmes and Hans van Marle (New York: Meridian, 1959), pp. 67-76. 世代概念を用いる際に注意すべき定義上の混乱については、二〇世紀のドイツ歴史学におけるコーホート（同時出生集団）意識の生成過程を跡づけた以下の研究を参照。村上宏昭『世代の歴史社会学――近代ドイツの教養・福祉・戦争』（昭和堂、二〇一二年）、三〇―九三頁。

†27　君塚直隆『近代ヨーロッパ国際政治史』（有斐閣、二〇一〇年）、二八一―三〇七頁；高坂正堯「『コンサート』なき均衡」『古典外交の成熟と崩壊Ⅱ』（中公クラシックス、二〇一二年）、七一―一一八頁；A.J.P. Taylor, *The Struggle for Mastery in Europe, 1848-1918* (Oxford: Clarendon, 1954), pp. 281-402. 一九世紀末のヨーロッパ国際関係を取り巻く政治・経済・技術上の諸力の変動については、以下を参照。Richard Langhorne, *The Collapse of the Concert of Europe: International Politics, 1890-1914* (London: Macmillan, 1981), pp. 3-66; 中西寛「再臨、あるいは失われた可能性の時代」『アステイオン』第八〇号（二〇一四年）、一二一―三五頁。

†28　David Reynolds, *Britannia Overruled: British Policy and World Power in the Twentieth Century*, 2nd ed. (Harlow: Pearson, 2000), pp. 68-73; C. J. Bartlett, *Defence and Diplomacy: Britain and the Great Powers, 1815-1914* (Manchester: Manchester UP, 1993), pp. 94-107; 君塚直隆『ベル・エポックの国際政治――エドワード七世と古典外交の時代』（中央公論新社、二〇一二年）；佐々木雄太・木畑洋一編『イギリス外交史』（有斐閣アルマ、二〇〇五年）、六三―九七頁；田所昌幸「ロイヤル・ネイヴィーとイギリス外交」田所昌幸編『ロイヤル・ネイヴィーとパクス・ブリタニカ』（有斐閣、二〇〇六年）、一―二二頁。

†29　中西寛・石田淳・田所昌幸『国際政治学』（有斐閣、二〇一三年）、一一七―一六七頁。いずれの場合も事の成否を分けるのは、同意を得ようとする側のコミットメント（自己拘束的な行動予告）の信頼性であるが、外交が不完全な人間の営みである以上、そこに相手の誤認する可能性は常に存在する。それゆえ外交においては一つの手法に頼りきるのでなく、状況に応じて先の二つを組み合わせたり使い分けたりするのが賢明な判断といえるであろう。以下も参照。

Glenn H. Snyder, "Crisis Bargaining," in *International Crises: Insights from Behavioral Research*, ed. Charles F. Hermann (New York: Free Press, 1972), pp. 217-256; Paul Gordon Lauren, Gordon A. Craig and Alexander L. George, *Force and Statecraft: Diplomatic Challenges of Our Time*, 5th ed. (New York: Oxford UP, 2014), pp. 189-208; Paul Gordon Lauren, "Theories of Bargaining with Threats of Force: Deterrence and Coercive Diplomacy," in *Diplomacy: New Approaches in History, Theory and Policy*, ed. Paul Gordon Lauren (New York: Free Press, 1979), pp. 183-211; Alexander L. George, "Coercive Diplomacy," in *The Use of Force: Military Power and International Politics*, 6th ed., eds. Robert J. Art and Kenneth N. Waltz (Lanham, MD: Rowman & Littlefield, 2004), pp. 70-93; Evan Luard, "Conciliation and Deterrence: A Comparison of Political Strategies in the Interwar and Postwar Periods," *World Politics* 19, no. 2 (1967), pp. 167-189; 石田淳「外交における強制の論理と安心供与の論理――威嚇型と約束型のコミットメント」鈴木豊編『ガバナンスの比較セクター分析――ゲーム理論・契約理論を用いた学際的アプローチ』（法政大学出版局、二〇一〇年）、三六一－三九〇頁；土山實男「国際危機と危機管理――現代国際政治の縮図」『安全保障の国際政治学――焦りと傲り』（有斐閣、二〇〇四年）、二五一－二九六頁。

†30　一九世紀末から大戦前夜にかけてのイギリスの対ドイツ政策を最新の研究を踏まえて概観した、以下の研究を参照。菅原健志「イギリスの対ドイツ外交 一八九四－一九一四年――協調から対立、そして再び協調へ?」『軍事史学』第五〇巻三・四号（二〇一五年）、三六五－三八〇頁；Annika Mombauer, "Sir Edward Grey, Germany and the Outbreak of the First World War: A Re-Evaluation," *International History Review* 38, no. 2 (2016), pp. 310-317. ドイツとの緊張緩和の試みとして紹介した各事例については、以下を参照。T. G. Otte, "'What we desire is confidence': The Search for an Anglo-German Naval Agreement, 1909-1912," in *Arms and Disarmament in Diplomacy*, eds. Keith Hamilton and Edward Johnson (London: Vallentine Mitchell, 2008), pp. 33-52; Richard Langhorne, "Anglo-German Negotiations concerning the Future of the Portuguese Colonies, 1911-1914," *Historical Journal* 16, no. 2 (1973), pp. 361-387; Marian Kent, "Constantinople and Asiatic Turkey, 1905-1914," in *British Foreign Policy under Sir Edward Grey*, ed. F. H. Hinsley (Cambridge: Cambridge UP, 1977), pp. 150-154; 君塚直隆「ポルトガル領アフリカをめぐる外務省と植民地省の対立――第一次世界大戦前夜の帝国問題と外交政策」木村和男編著『イギリス帝国と二〇世紀 第二巻 世紀転換期のイギリス帝国』（ミネルヴァ書房、二〇〇四年）、二五九－二八九頁。その他グレイ外相のヨーロ

ッパ外交については、以下を参照。T. G. Otte, "'Almost a Law of Nature'?: Sir Edward Grey, the Foreign Office and the Balance of Power in Europe, 1905-12," in *Power and Stability: British Foreign Policy, 1865-1965*, eds. Erik Goldstein and B.J.C. McKercher (London: Frank Cass, 2003), pp. 77-118; Keith Neilson, "'Control the Whirlwind': Sir Edward Grey as Foreign Secretary, 1906-16," in *The Makers of British Foreign Policy: From Pitt to Thatcher*, ed. T. G. Otte (Basingstoke: Palgrave, 2002), pp. 128-149; Zara Steiner and Keith Neilson, *Britain and the Origins of the First World War*, 2nd ed. (Basingstoke: Palgrave, 2003); F. H. Hinsley, ed., *British Foreign Policy under Sir Edward Grey* (Cambridge: Cambridge UP, 1977); Keith Robbins, *Sir Edward Grey: A Biography of Lord Grey of Fallodon* (London: Cassell, 1971), pp. 125-297.

†31　ウィーン会議以降のイギリス外交を勢力均衡の観点から論じた代表的研究として、以下を参照。高坂正堯「イギリスとウィーン体制——国益と会議外交」『古典外交の成熟と崩壊II』、五-六九頁；君塚直隆「ヨーロッパ協調から世界大戦へ　一八一五-一九一四年——『不実の白い島（アルビオン）』の呪縛」細谷雄一編『イギリスとヨーロッパ——孤立と統合の二百年』（勁草書房、二〇〇九年）、一七-五三頁。勢力均衡の思想的発展については、以下を参照。Herbert Butterfield, "The Balance of Power," in *Diplomatic Investigations: Essays in the Theory of International Politics*, eds. Herbert Butterfield and Martin Wight (London: Allen & Unwin, 1966), pp. 132-148; Jonathan Haslam, *No Virtue Like Necessity: Realist Thought in International Relations since Machiavelli* (New Haven: Yale UP, 2002), pp. 89-127; 細谷雄一『国際秩序——一八世紀ヨーロッパから二一世紀アジアへ』（中公新書、二〇一二年）、三四-五四頁。また一九世紀初頭、ヨーロッパ大国が勢力均衡を秩序原理の一つとして承認することのできた背景には、それまでに各国の王侯貴族たちが長い時間をかけて育んできた名誉を重んじる態度もあったであろう。この点については、以下を参照。Michael Donelan, *Honor in Foreign Policy: A History and Discussion* (Basingstoke: Palgrave, 2007), pp. 9-23, 41-60; 君塚直隆『女王陛下のブルーリボン——ガーター勲章とイギリス外交』（ＮＴＴ出版、二〇〇四年）；田所昌幸「『名誉』の政治史」『アステイオン』第六三号（二〇〇五年）、一七四-一八二頁。

†32　Otte, "Old Diplomacy," pp. 44-45; idem, *Foreign Office Mind*, pp. 337-338, 361.

†33　Quoted in D. W. Sweet, "Great Britain and Germany, 1905-1911," in *British Foreign Policy under Sir Edward Grey*, ed. F. H. Hinsley (Cambridge: Cambridge UP, 1977), p. 226.

†34　ここで留意すべきは、大戦後のイギリス社会において、勢力均衡という概念もしくは政策が（軍事同盟や秘密外交と同じく）大戦をもたらした原因の一つであり、国際平和に反する唾棄すべき概念であると捉える人々が少なからず存在したことであろう。多くの知識人や民間平和団体、マス・メディアによって外交の民主化が声高に叫ばれた時代に、イギリス政府はこうした世間の論調を無視することはできなかった。対外問題全般をめぐる二〇年代のイギリス世論については、以下を参照。A.J.P. Taylor, *The Trouble Makers: Dissent over Foreign Policy, 1792-1939* (London: Hamish Hamilton, 1957), pp. 167-200; Martin Ceadel, *Pacifism in Britain, 1914-1945: The Defining of a Faith* (Oxford: Clarendon, 1980), pp. 62-86; Terrance L. Lewis, *A Climate for Appeasement* (New York: Peter Lang, 1991); David Long and Peter Wilson, eds., *Thinkers of the Twenty Years' Crisis: Inter-War Idealism Reassessed* (Oxford: Clarendon, 1995); Cecelia Lynch, *Beyond Appeasement: Interpreting Interwar Peace Movements in World Politics* (Ithaca: Cornell UP, 1999), pp. 61-92; Martin Ceadel, *Semi-Detached Idealists: The British Peace Movement and International Relations, 1854-1945* (Oxford: Oxford UP, 2000), pp. 239-280.

†35　二〇年代においても勢力均衡がイギリス外交の行動準則であったと論じる研究として、以下を参照。M. L. Roi and B.J.C. McKercher, "'Ideal' and 'Punch-Bag': Conflicting Views of the Balance of Power and Their Influence on Interwar British Foreign Policy," *Diplomacy and Statecraft* 12, no. 2 (2001), pp. 47-78; Erik Goldstein, "The British Official Mind and Europe," *Diplomacy and Statecraft* 8, no. 3 (1997), pp. 165-178; B.J.C. McKercher, "The Last Old Diplomat: Sir Robert Vansittart and the Verities of British Foreign Policy, 1903-30," *Diplomacy and Statecraft* 6, no. 1 (1995), pp. 1-38.

第二章

連合国ラインラント占領をめぐるイギリス外交、一九二四－一九二七年

はじめに

第一次大戦後、一九一九年六月二八日に締結されたヴェルサイユ条約の第四二八—四三一条は、連合国がドイツによる同条約履行の「保証（guarantee）」として、ライン川およびドイツ西部国境に挟まれた一帯、いわゆるラインラントを一五年間占領すると規定していた。連合国は一九年のパリ講和会議において、戦後のドイツが二度とヨーロッパの覇権を握ることのないようドイツに対して軍事的かつ経済的な抑制を図り、そうした連合国の意図は講和条約中の軍縮および賠償条項に結実した。そして期限付きの保障占領という形で、これらドイツの義務に対する担保として設定されたのがラインラント占領であった。占領地域は北からケルン・コブレンツ・マインツの各都市を中心に三分割され、ドイツが条約を「誠実に（faithfully）」履行していると連合国が認めた際には、北部（ケルン地域）から五年ごとに占領軍が撤退し、三五年にラインラント占領は完全に解除されることになっていた。[†1]

連合国の占領には、敗戦国ドイツの軍事的台頭を防止するというヨーロッパ安全保障上の意義も少なからず存在した。第一に、戦闘が終結した後も戦勝国の軍隊が敗戦国内に留まること自体が、勝者の優越に基づく敗者の抑え込みに等しい行為であった。これに加えて、古来ラインラントは中欧における要衝であり、一八七〇年の普仏戦争でも一九一四年の第一次大戦でもドイツが西方攻撃の拠点とした場所であった。それゆえラインラントを占領する連合軍は、ドイツの再侵略を阻止するという戦勝国の意志を体現する存在であったと考えられる。しかし同時に保障占領という国際法の性格上、ドイツがヴェルサイユ条約を誠実に履行していれば、連合国はいかにドイツの軍事的復活が恐ろしかろうと、原則としてラインラントから五年ごとに撤退しなければならなかった。対独講和の直後からイギリス政府内には対独宥和、すなわちドイツの要求に沿ったヴェルサイユ条約の修正を望む声は小さくなかったが、[2] 一九二〇年代前半にそうした傾向がイギリスの政策として実行されることはほとんどなかった。軍縮および賠償条項が執行され始めたばかりの段階で、ドイツによる条約履行の保証であった占領を縮小するというのはいかにも実現の困難な政策であった。そして二一年一一月にクロウ外務次官が述べたように、ヴェルサイユ条約が発効して間もない当時、英仏協調に基づく条約の強制はイギリスにとっての重要な外交原則でもあった。[3] 二〇年代前半のイギリスは、安全保障上の要請からドイツの厳格な条約履行を望むフランスほどではないにせよ、ヴェルサイユ条約の規定に従っていたのである。[4]

結果として一九二〇年代前半の連合国の対ドイツ政策はヴェルサイユ条約の強制を基調とし、ラインラントの占領体制が大幅に緩和されることはなかった。事実、この時期たびたび開かれた連合国首脳会談では、実行可能な賠償支払い計画をいかに形成するかが議題の中心となった。[5] またベルリンにはドイツの軍縮義務を監督ならびに検証する連合国軍事監督委員会（Inter-Allied Military Commission of Control、以下ＩＭＣＣと略記）が設立され、兵器や装備品を中心にドイツの武装解除が着々と進められた。[6]

ところが一九二〇年代も後半に入ると、連合国の占領政策には対独宥和の色彩が強く表れるようになる。二五年一二月、連合国はドイツの軍縮違反にもかかわらずケルン地域の占領解除を開始し、二七年八月には一万人規模の占領軍削減を決定した。歴史家はこれまで、特に二〇年代後半を扱う通史的研究の中で、連合国の対独宥和に指導的役割を果たしたのがイギリスであることを示してきた。[7] だがこれらの研究は、限られた紙幅でフランスやドイツを含めつつ戦間期ヨーロッパ外交を概観するという性質上、イギリスの占領政策をその決定過程に深く分け入って実証しているわけではない。では二〇年代後半のイギリスは、いかにして占領軍の削減を政策として打ち出すようになったのか。

第一次大戦後のラインラント占領をめぐるイギリス外交については、オリオダン（Elspeth O'Riordan）の優れた研究が存在する。外務省文書を中心に大量の一次史料を分析した彼女の研究には、イギリスがヴェルサイユ条約の発効直後より消極的ながらも占領への関与を続けた経緯が詳細に描かれている。[†8] しかしながら、オリオダンの研究は一九二三－二四年のルール危機とその解決までを対象としており、二〇年代後半のイギリスの占領政策に関する研究上の空白は埋められていない。

もっとも、一九二〇年代後半のイギリスの大陸政策全般を実証する研究は複数存在し、それらが同時期の占領政策について有益な示唆を与えてくれる。連合国が占領の緩和を相次いで決定した二〇年代後半、イギリスではボールドウィン率いる保守党が政権を担当し、外相にはベテランの下院議員で閣僚経験も多いチェンバレンが就任していた。グレイソンやコーズ、マッカーチャーといった歴史家は後に詳述する西欧安保協定、いわゆるロカルノ条約の成立におけるチェンバレンの貢献に注目し、以下のように論じている。イギリスはチェンバレンの構想に沿ってヨーロッパに大国協調を復活させることに成功し、その枠組みを補強するための手段が対独宥和であった、と。[†9]

しかし対外政策というものは、外相個人のイニシアチブだけでは説明しきれないであろう。確かに第二次ボールドウィン内閣では外交問題に関してチェンバレン外相が多大な影響力を発揮したが、[†10] それでも政策決定の最終的権限は内閣全体に存し、対外政策の立案は外務省が問題に応じて他省と連絡を取りながら進める場合が多かった。[†11] 占領問題に関していえば、ヴェルサイユ条約を含むドイツ政策全般を統括した外務省のみならず、ラインラントに兵員を派遣し、フランスおよびベルギー当局と占領軍を共同運営する陸軍省の関心事でもあった。

そこで本章では、チェンバレン外相から外務省および陸軍省といった高次の事務レベルにまで分析の射程を拡大し、一九二〇年代中盤のヨーロッパ国際環境の変化、ならびに主要政策決定者の対外認識に幅広く着目することで、二〇年代後半のイギリスの占領政策が対独宥和へと傾斜していった過程を明らかにしたい。

一　ロカルノ条約成立以前——一時的静観

イギリスに第二次ボールドウィン内閣が発足した一九二四年一一月、ヨーロッパ情勢は大戦終結から五年を経てもなお流動的で、中でも仏独関係は不安定な状態にあった。戦後長らくヨーロッパ国際関係の火種となってきたのは、賠償問題である。二一年四月、ドイツの賠償総額は一三二〇億金マルクに決定したが、天文学的数字ともいわれる賠償支払いの負担は、戦後の混乱から立ち直っていない敗戦国に重くのしかかった。ドイツは連合国に賠償支払いの猶予をくり返し願い出たが、二三年一月、フランスとベルギーはドイツの債務不履行に対する制裁としてルール地方の占領に踏み切った。泥沼化した賠償問題は、ボールドウィン政権発足直前の二四年八月に沈静する。英米の金融専門家による賠償支払い額緩和の勧告、いわゆる「ドーズ案」がロンドンで正式に採択されると、ルール占領にもようやく終結の目途が立つこととなった。[†12]

一方、安全保障をめぐっては未だヨーロッパに暗雲がたれ込めていた。休戦協定の締結から一九二〇年代初頭にかけて、連合国はドイツの大幅な武装解除に成功していた。一四年夏の西方侵攻に一五〇万人以上の兵士を投入したドイツであったが、戦後はその一割にも満たない一〇万人規模の軍隊に制限された。参謀本部も徴兵制も廃止され、何万という数の大砲や迫撃砲、機関銃が没収もしくは解体された。二二年夏までには連合国によって重火器や要塞の大半が取り除かれ、国防軍（*Reichswehr*）の軍事力はほとんど自衛のためにしか使いえないほど抑制されていたのである。[†13] それでもＩＭＣＣが二四年九月から全面査察を新たに実施したところ、警察の再編や軍用物資の廃棄に関する違反が発見された。[†14] 過去半世紀の間に二度もドイツから侵略を受けたフランスは対独安全保障に満足できず、時のエリオ（Édouard Herriot）政権は「ジュネーヴ議定書」と呼ばれる国際連盟強化策を推進することでその目標を達成しようとしていた。[†15]

つまり一九二四年末のヨーロッパには、ドーズ案の成立によって戦勝国と敗戦国の経済関係に雪解けの季節が到来していたものの、安全保障の領域では大国協調を基礎づける国際的枠組みが不在であった。かかるヨーロッパ情勢について、当時のイギリス政府内ではどのように認識されていたのだろうか。

陸軍省は、ドイツの些細だが多岐にわたる軍縮違反がＩＭＣＣから報告される中、ヨーロッパにおける中長期的な不安定要素の一つとしてドイツの動向を注視していた。そもそも一九二四年末、ドイツの軍事力は全体として弱体化したままであった。ＩＭＣＣのイギリス代表ウォーカプ（Arthur Wauchope）が陸軍省に報告したように、ドイツは「現在十分に武装解除され」、大国間戦争に打って出るだけの能力を欠いていたのである。[†16] しかし査察の途中経過からは、ドイツきっての軍需産業であるクルップ社が、大砲を製造するプラントをエッセンに保有していることなどが明らかとなっていた。イギリス陸軍の頭脳に当たり、作戦行動の策定ならびに情報収集を行う参謀本部（General Staff）は、ドイツ民間の重工業が兵器製造を本格的に開始すれば、「科学を身につけた未開人」の集まりであるドイツは再び勢力拡張に乗り出すのではないかと考えていた。[†17]

イギリス陸軍の最高意思決定機関である陸軍評議会（Army Council）[†18]も、参謀本部の見解に異論はなかった。陸軍省は一九二四年一一月と一二月の二度にわたり、この先五年の間にドイツがヨーロッパの平和を危険にさらす蓋然性が今まで以上に高くなると外務省に示唆している。そしてイギリス軍がラインラントに駐留していることの論理的帰結として、「［ドイツの対外侵略という――引用者注］非常事態に備え、わが軍の増派計画を考慮しておくべきであろう」とも論じた。[†19]

かくしてボールドウィン内閣発足直後の陸軍省は、いつとは断定できないにせよ、ドイツがヨーロッパの平和を揺るがす事態を想定し、その場合に周辺国の被害を最小化する手段としてラインラント占領を正当化していたのである。陸軍省の占領に対する支持は、覇権への道を歩み出すかもしれないドイツへの用心に根差していた。

一九二四年末、ドイツの軍事力は依然として大陸の脅威とはいえない程度にまで縮小していたが、ＩＭＣＣの査察によってドイツの軍縮違反が目につく状況に置かれた陸軍省は、ドイツの軍備増大がヨーロッパの安定に与える中長期的影響を懸念しないわけにはいかなかった。

一方、外務省の対外認識は陸軍省とはいささか異なるものであった。一九二五年一月二二日、外務省ではイギリスの大陸政策を検討すべく、チェンバレン外相のもとにクロウ外務次官、政務次官マクニール（Ronald McNeill, later 1st Baron Cushendun）、歴史顧問ヘッドラム＝モーリー（James Headlam-Morley）、ドイツ問題を担当する中欧局からニコルソン（Harold Nicolson）といった主要スタッフが一堂に会した。[†20] その結果、省内にはヨーロッパの現況に関する以下のような共通認識が生み出された。

ドイツは戦勝国に強いられた領土や軍備の喪失に憤慨する一方、フランスはヴェルサイユ条約によって獲得した安全が十分でないとの不安を抱き、両国が互いに不信感を募らせる悪循環に陥っている。ドイツはその豊富な人口および天然資源に鑑みれば、いずれはヨーロッパの一大軍事勢力へと成長し、一九一九年の講和で失った東欧の領土を奪回することも予想されるが、目下のところは大胆な攻撃に走る能力を有していない。ところが、半世紀の間に二度もドイツに侵略されたフランスは隣国に怯えきっており、この対独恐怖が鎮められない限り、フランスはその場しのぎの軍事行動に出ないとも限らない。[†21]

すなわち、チェンバレンと外務省にとってヨーロッパの安定を揺るがす危険がより高いのは、ドイツの侵略を恐れるあまりルール占領のような一方的政策を再び採りかねないフランスであり、武装解除されたドイツは差し迫った軍事的脅威と認められていなかった。こうした外務省の認識は、陸軍省の警告に示された彼らの反応によく表れている。ドイツによる侵略の可能性を閑却すべきでないという一九二四年一二月の陸軍省の主張について、ランプソン中欧局長は「ばかげた手紙」だと冷淡に書き留めた。[†22] クロウ外務次官もこれに同意し、陸軍省の見解がフランスに洩れ伝わることで軍事協議の必要性が英仏間の検討課題にならぬよう注意せねばならない、と述べた。[†23] ボールドウィン内閣の発足当初より、外務省の対独不信は陸軍省に比べると相対的に弱かったといえる。

しかし、外務省はドイツの将来に安心し切っていたわけでもなかった。チェンバレン外相は一九二四年一二月、国際連盟理事会に出席するため赴いたローマの地で、フランスとベルギーの代表が安全保障上の不安を揃って口にするのを聞いた。[†24] これら大陸諸国が恐れていたのは、ヴェルサイユ条約の雪辱を期するドイツの復讐戦であった。また外務省にはドイツ政府の連合国に対する不満が度々もたらされたが、軍縮義務に背きながら連合国の悪意ばかりを指摘するドイツの態度に、省内では少なからぬ苛立ちが生じていた。[†25] 戦後の現状をなかなか受け入れようとせず、近隣諸国に侵略の恐怖を呼び起こすドイツのことを、外務省は信頼に足るヨーロッパ大国協調の一員とまでは見なせずにいたのである。

こうして外務省と陸軍省に対ドイツ認識の温度差が見られる中、発足したばかりのボールドウィン内閣は占領問題をめぐって対応を迫られることになった。一九二五年一月一〇日、連合軍はヴェルサイユ条約第四二九条に従ってラインラント北部のケルン地域から撤退する予定であったが、そのためにはドイツが同条約を「誠実に」履行している旨、連合国が認定しなければならなかった。フランスの立場は明確で、対独安全保障の観点からケルン撤退には応じられないというものであった。二四年一二月五日、英仏外相会談でフランスの首相兼外相エリオはチェンバレンに、ドイツの軍縮違反は一つ一つは些末ながらも全体として膨大であり、これを放置すればヨーロッパに戦争の危険を高めるため、ドイツをヴェルサイユ条約の軍縮規定に厳格に従わせるまで連合軍はケルン地域から撤退すべきでない、と申し入れていた。[†26]

イギリスは占領問題をめぐって一時的に静観する立場を取った。チェンバレンはエリオに対し、まずはＩＭＣＣの最終報告が発表されるのを待ち、ケルン地域における連合軍の進退について結論を出すのはその後にすべきだと返答している。[†27] 一二月一七日の閣議でもチェンバレンは、ドイツの軍備に対するＩＭＣＣの査察が終了するまで、連合国はケルン地域の占領を継続すべきかについて決定を下せないと指摘した。内閣は同日、ＩＭＣＣの最終報告が発表されるまで連合軍のケルン撤退を延期するというチェンバレンの提案を、イギリス政府の正式な方針として承認した。[†28] イギリスはこのとき、占領そのものの必要性を認めてケルン撤退に反対したというより、ドイツがヴェルサイユ条約を「誠実に」履行しているか判断できないため、当座の措置として占領に関する決定を先送りしたのであった。

一九二五年一月五日、連合国はケルン地域の占領を続行する旨、駐独イギリス大使ダバノン（1st Baron D'Abernon）を通じてドイツ政府に通達した。[†29] 間もなくドイツの軍備一斉査察を終えたＩＭＣＣはその結果を一六〇頁に及ぶ報告書にまとめ上げ、連合国は六月四日、ケルン地域の占領解除の条件として主要「一二項目」の是正をドイツに要求した。[†30]

二　ロカルノ条約の成立と占領政策――ケルン地域からの撤退へ

一九二五年一〇月一六日、マジョーレ湖畔を望むスイス有数の保養地ロカルノで、ヨーロッパ安全保障に関する七つの条約が仮調印された。その中核を成す「ライン条約」において、ドイツは西の隣国フランスおよびベルギーと相互不可侵を誓約し、ヴェルサイユ条約で定められた西欧の現状、すなわち右記三カ国共通の国境ならびにラインラントの非武装化を保障した。これらの「明白な（flagrant）」侵犯に対しては、国際連盟理事会の制裁を待つ間、イギリスとイタリアが被害を受けた締約国に必要な援助を与えることも規定された（以下断りのない限り、ロカルノ条約という名称はこのライン条約を指すものとする）。同時にドイツは東の隣国ポーランドおよびチエコスロヴァキアとも仲裁裁判条約を結ぶことで、東欧においても紛争の平和的解決への意欲を明らかにした。そして二六年九月、ロカルノでの合意に基づき、ドイツは常任理事国の地位を得て国際連盟への加盟を果たした。[†31]

一九一九年のパリ講和会議が連合国とドイツの戦闘状態を法的に終結させたとすれば、二五年のロカルノ会議は旧交戦国が信頼に基づく関係を回復するための政治的和解の試みであった。[†32] 大戦後のドイツ政府はヴェルサイユ条約の正当性に異議を唱えてきたが、ロカルノにおいてドイツ政府は敗戦で失った領土を武力によって取り戻すことはないと約束し、戦勝国もそうした敗戦国の平和的意志を改めて承認したのである。[†33] もちろんロカルノ条約は平和への万能薬とはいえず、ヨーロッパの覇権獲得につながる現状変更の阻止という点で十全ではなかった。たとえば仏独国境やラインラント非武装地帯での有事の際、「明白な」条約違反を締約国間で判定し、違反国への共同制裁を準備するメカニズムは存在しなかった。[†34] ロカルノ条約の本質的意義とは、膨張する国家を抑え込んでヨーロッパの勢力均衡を回復するという軍事的機能よりも、むしろ西欧の現状に関する主要国のコンセンサスを明文化し、ヨーロッパに大国協調への足がかりを用意したという政治的効果にあったといえる。そしてロカルノ会議後の国際連盟加盟によって敗戦国ドイツは国際社会への完全復帰を果たし、常任理事国として世界平和への貢献という大国の責任を引き受けた旨を内外に表明した。二五年後半から二六年にかけて、ヨーロッパ大国間の関係の文脈は対立から協調へと明らかに変わりつつあったのである。[†35]

それではロカルノ条約の成立に基づくヨーロッパの相対的安定化は、イギリスの占領政策にいかなる影響を与えたのか。端的にいえば一九二五年一〇月以降、チェンバレン外相と外務省はドイツの要求に沿ったヴェルサイユ条約の修正を本格的に追求するようになり、占領問題では連合軍の早期完全撤退を目指すに至った。

次章で詳しく見るように、チェンバレンは軍縮や占領といったヴェルサイユ条約の諸規定を通じてドイツの主権が制限されたままでは、ヨーロッパにいつまで経っても永続的平和が訪れないと考えた。すでに一九二五年八月上旬、チェンバレンはロンドンを訪れたフランス外相ブリアン（Aristide Briand）との会談で、これからドイツと調印する取決めを新たなヴェルサイユ条約ではなく、「対等な国家間の相互的かつ自発的な合意」にすることで一致していた。[†36] そしてロカルノ条約が仮調印されると、これまでのごとくドイツに講和条約を徹底的に履行させる代わりに、連合国とドイツ双方の和解によってヨーロッパの平和はより良く保たれると考えたのだった。[†37] 勝者が敗者に強制するのでなく、英仏独が対等な立場からヨーロッパの安定に貢献する姿こそチェンバレンの思い描く国際秩序であった。

同様の認識は外務省内にも浸透していた。一九二六年に入ると、ドイツ政策を担当する中欧局とフランスおよびベルギー政策を担当する西方局が、ヨーロッパ情勢に関する覚書をそれぞれチェンバレンに提出したが、各局はいずれもロカルノ条約の締結後にドイツが大国の地位をおおむね回復し、西欧では戦勝国と敗戦国の区別が過去のものになりつつあると分析していた。[†38] 大国の共同性の中に永続的なヨーロッパ国際秩序の曙光を見出したチェンバレンと外務省は、ドイツの弱体化を固定するような強制政策と距離を置くようになった。そして占領問題において、連合軍を可能な限りラインラントから撤退させようとした。

第二次ボールドウィン内閣の発足当初、ドイツへの対抗策の一つとして占領を支持していた陸軍省も、外務省のこうした方針に異を唱えることはなかった。一九二五年一〇月末、チェンバレン外相が旗振り役となり連合国の間でケルン撤退に向けた交渉が始まると、陸軍省はこれを許容したのである。

占領をめぐって陸軍省の態度が軟化した背景には、ロカルノ条約の締結によって彼らのドイツに対する警戒が一定程度解かれたことがあったと考えられる。ロカルノ会議が終了してから二週間と経たぬうちに、陸相ワージントン＝エヴァンズ（Sir Laming Worthingron-Evans）は、参謀本部が「軍事的安全および将来の戦争防止の見地から」ドイツの軍縮違反をもはや重視していないことを外務省に伝えた。[†39] ボールドウィン内閣発足当初はドイツの軍事的台頭に注意を払っていた陸軍省が、なぜロカルノ条約の締結でそうした警戒を緩めることができたのか。それは陸軍省の安全保障をめぐる根本的関心が、ドイツ一国の潜在的軍事力よりも、イギリスの安全にとって枢要な戦略的国境の保障にあったからであろう。確かに一九二四年末の陸軍省はドイツの軍事大国化に不安を抱いていたが、そうした筋書きはいつとは断定できぬ類の中長期的な話であるというのが彼らの認識であった。二五年二月末、ワージントン゠エヴァンズ陸相はイギリス政府内に、ドイツの侵略が切迫した危険とまではいえないことをはっきり認めている。これは参謀本部の意見でもあった。†40

そして一九二五年二月、ワージントン゠エヴァンズ陸相は主要閣僚および三軍指導層が防衛政策に関して意見調整を行う帝国防衛委員会（Committee of Imperial Defence、以下ＣＩＤと略記）において、近年の航空技術の発達に伴い、英仏海峡の対岸に広がる低地諸国とフランス、そしてラインラントが対英爆撃基地に利用されないことがイギリスの安全にとって何より不可欠であることを強調した。†41 七月には参謀総長カヴァン（10th Earl of Cavan）が、ドイツを含めた主要大国によって西欧の現状維持が誓約されれば、その協定は大陸における戦争の危険を抑制し、イギリスの安全を高めるであろうと論じている。†42 こうして見るとドイツの軍事力に対する陸軍省の不安は、ＩＭＣＣの査察を通じてドイツの軍縮違反が一気に表面化したことへの一時的反応であった、と捉えるのが適切と思われる。

つまり陸軍省が敏感になっていたのは、ドイツの潜在的な戦闘能力に対してというよりも、ドイツがイギリス本土の安全に直結する地域を軍事的影響下におさめる可能性に対してであった。一九二五年春にドイツの軍縮問題が落ち着きを見せ、同時に西欧安保協定交渉が本格化すると、ドイツの将来の対外行動を懸念した陸軍省は、西欧の領土的現状をめぐる関係国の同意確保を重視するようになった。それゆえドイツがロカルノで仏白両国との国境およびラインラントの非武装化を保障すると、陸軍省はドイツに対する警戒をひとまず緩和できたのである。[43] ロカルノ条約の成立を境に軍事的脅威としてのドイツに対する認識が後退し、陸軍省はラインラント占領を支持するための中核的根拠を失うことになった。

ロカルノ条約の仮調印後、チェンバレンはさっそく占領問題において対独宥和を実践した。一九二五年一月以来延期されてきたケルン地域の占領解除を、ロカルノ条約の本調印式がロンドンで行われる同年一二月一日に開始すべく、チェンバレンはブリアン仏外相の説得に動いたのである。[44] ブリアンはイギリスのコミットメントを獲得したことで、仏独関係のさらなる改善を前向きに考えていた。だがそれでもケルン地域に駐留する約一万人の兵士をフランスに帰還させるのに一二月一日の撤退開始とはあまりに突然である、とブリアンの反応は消極的であった。[45]

しかしチェンバレンは引き下がらなかった。ヴェルサイユ条約の中でもドイツを抑え込む性格の強いラインラント占領を、ロカルノ条約の本調印と併せて縮小することで、ドイツを含めた大国協調の復活を内外に印象づける。こうした「政治的効果」を今は優先すべきである、とチェンバレンは駐仏大使クルー（1st Marquess of Crewe）を通じてブリアンに申し入れた。[46] これを聞いたブリアンは、イギリスがロカルノ条約本調印式の主催国である点に配慮して、一二月一日のケルン撤退開始をついに受け入れた。[47]

一九二五年一二月一日、イギリス外務省内の一室でロカルノ条約の本調印式が執り行われる中、ケルン地域からの連合軍撤退は開始された。ドイツが軍縮に関する一二項目を履行するのを見届けることなく、連合国はイギリスの主導で占領の緩和に動いたのであった。

三　ロカルノ条約成立後――占領終結への一進一退

（一）　ドイツの国際連盟加盟とトワリー会談の蹉跌

一九二六年一月末にケルン地域からの撤退が完了した後、占領をめぐるヨーロッパ外交の争点は、コブレンツおよびマインツ両地区に残留する連合軍の縮小へと移った。二五年一一月一四日、連合国はドイツに対し、ラインラントに駐留する兵員を「友好と信頼の精神」から「相当程度（considerably）」削減すると通告していた。[†48] ロカルノにおいて武力による現状修正の可能性を退けたドイツへの報奨として、連合国はヴェルサイユ条約の規定とは別に、つまりドイツの条約履行と関係なく、占領軍の人員削減を約束したのである。[†49] しかし縮小の規模や具体的日程に関する決定は連合国の裁量次第であったから、イギリスは共同占領国でありラインラントに最大人数を派兵するフランスと、削減の詳細について合意しなければならなかった。

敗戦と講和によって失われたドイツの主権国家としての自立性を、英仏との協調を通じて平和的かつ漸進的に回復しようとしていたドイツ外相シュトレーゼマン（Gustav Stresemann）[†50] は、一九二六年六月末に国会の外交問題委員会で次のように主張した。賠償金に関するドーズ案およびロカルノ条約の批准を通じ、ドイツは連合国に対して国際協調と平和への意志を明らかにした。間もなく実現するであろう国際連盟への加入（二六年九月の連盟総会にて承認）によりドイツの協調姿勢はさらに強化されるのだから、連合国が占領軍の削減をためらう理由はないではないか、と。[†51]

翌一九二七年一月、ドイツではマルクス（Wilhelm Marx）を首班とする新内閣が発足し、ヴェルサイユ条約のみならずヴァイマルで制定された憲法にも反感を抱く国家人民党が連立の一角を占めるに至った。すると、外相に留任したシュトレーゼマンは依然として平和的かつ漸進的に条約修正を成し遂げようとしていたにもかかわら

ず、メディアではドイツの一部政治家による強硬な発言が大きく報道されるようになった。[†52]

フランスのブリアン外相は占領軍の削減に容易には応じられぬ状況にあった。ドイツ右派勢力の連合国批判に対抗して仏メディアの一部が対独強硬論に傾いていたのに加え、フランス政府内では占領について、ドイツから経済的もしくは軍事的見返りを得るための貴重な交渉材料とする見解が大勢を占めていたからである。首相兼蔵相のポワンカレ（Raymond Poincaré）は占領の行方がドイツの条約履行に依存している点を十分承知し、ドーズ案を土台とした賠償総額の再調整が行われるまで占領が継続されることを望んでいた。[†53] フランス外務省でもベルトロ（Philippe Berthelot）やマシグリ（René Massigli）といった主要高官は、ラインラントの非武装化を保全する何らかの追加的措置が講じられない限り、連合軍の大規模な撤退は認め難いと考えていた。[†54] 一九二五年一一月に占領軍の規模を無条件で縮小すると表明した連合国であったが、その実現は一年半を過ぎても困難なままであった。

ロカルノ条約の締結以降、大陸政策の軸足を対独宥和に置くようになっていたイギリス外務省にとって、完全撤退を視野に入れた占領軍の削減は譲れない一線であった。一九二六年七月にランプソン中欧局長は、占領が今やヨーロッパの「変則的事態（anomaly）」と化したと論じている。彼によれば、前年一〇月のロカルノ条約成立の結果、西欧にはドイツの軍事的台頭に対する効果的な防壁が築かれたのだから、もはや連合国がドイツ領内に兵士を配置しておく必要はないのだった。[†55] 二六年一〇月にランプソンの後任として中欧局長に就任するサージェント一等書記官も、講和の結ばれた当時こそ占領軍はドイツの再侵略を防ぐ先遣部隊の性格を帯びていたが、ロカルノ条約の締結によってヨーロッパ情勢が改善された今、ラインラント占領は純粋な軍事的理由によって正当化できなくなっていると主張した。[†56]

チェンバレン外相はこうした見解に同意した上で、ドイツが間もなく国際連盟に常任理事国として加盟することを考えれば、ロカルノ条約成立以降イギリスが追求してきた「和解の政策」に照らして占領の早期撤退が望ま

アリスティド・ブリアン（左）とグスタフ・シュトレーゼマン

れるのは論を俟たない、と付け加えた。[†57] 一九二六年八月一六日、チェンバレンはクルー駐仏大使に宛てて、九月にドイツが国際連盟に加盟してヨーロッパ大国間の和解がさらに進展すれば占領の存在価値は「地に落ちる（fall to the ground）」ことになるから、占領軍の削減を速やかに推進したい旨ブリアンに取り次ぐよう書き送った。[†58]

　ところが、晴れてドイツが国際連盟への加盟を果たした一九二六年九月、占領をめぐる協議の焦点は部分的削減から早期終結に移り、ヨーロッパ外交は思わぬ展開を見せる。九月一七日、第七回国際連盟総会に出席するためジュネーヴを訪れていたブリアン仏外相とシュトレーゼマン独外相は、スイスとの国境に程近いフランスの小村トワリーで、四時間にわたる会談を行った。そこでラインラントに駐留する連合軍が一年以内（すなわち二七年九月末まで）に完全撤退する代わり、ドイツ政府はまとまった額の賠償金を連合国政府に一括前払いする、との取引が検討されたのである。[†59]

　このときのブリアンは一九二六年夏に決定的となっていた通貨危機からの脱却を急ぐあまり、一時的とはいえ破れかぶれの心境だったようだ。大戦後のフランス政府は自国民ならびにアメリカに対する膨大な戦時債務を抱える一方、償還のための財源を主として中央銀行からの借入れに依存し、増税や歳出抑制といった財政均衡努力を二の次とした。その結果、フランス政府の放漫財政を目の当たりにした投機筋によるフラン売りが相次ぎ、さらにドイツの賠償支払い停止と二三年一月に始まるルール占領も災いして、フランの為替レートは下落の一途をたどっていた。[†60] ブリアンは崩壊寸前のフランを買い支えるため、ドーズ案のもとで国内経済を着実に再建しつつ

あったドイツの協力を目論み、トワリーでは内閣の正式な承認もないまま占領終結の切り札を使ったのだった。[†61]

チェンバレン外相にとってトワリー会談は青天の霹靂ではなく、[†62]むしろ共通の課題を自発的に処理しようとするブリアンとシュトレーゼマンの姿勢に、彼は総じて満足を覚えていた。仏独協議の六日前、シュトレーゼマンはチェンバレンに対し「どこか人目につかぬ場所で」ブリアンと占領および賠償問題について話し合うつもりであると直接伝えていた。チェンバレンは、連合国全体に関わる問題でイギリスが蚊帳の外に置かれたり、フランスやベルギーと比べて不利な扱いを受けたりする可能性に懸念を示しながらも、ヴェルサイユ条約の未解決事案について仏独外相が腹を割って話し合うというアイディアに賛意を示した。[†63]ロカルノ会議以降、ヨーロッパの大国が対等な立場で協力し合う状況を作り出そうとしていたチェンバレンにとって、トワリー会談の開催はきわめて好ましい兆候であった。そうした彼の本音は、家族に宛てた私信の中にはっきりと綴られている。「何というロカルノ以来の前進、何という私の政策への裏付けでしょう！　やれやれ、道は険しくとも世界は動くのです」。[†64]

ただ一つチェンバレンと外務省に気がかりがあるとすれば、それは占領終結の見返りとされたドイツ鉄道債の売却がイギリスの経済的利益に合致するかどうか、という点であった。一九二六年九月末、外務省から問い合わせを受けた大蔵省の返答はきわめて否定的だった。トワリー会談で提起された賠償をめぐる金融取引は実現が困難であり、現行のドーズ案で規定された額をドイツに払わせ続ける方がイギリスにとっては得策だというのである。トワリー会談で想定された賠償金一括払いの手段とは、賠償委員会（Reparations Commission）がドイツ政府の賠償義務に対する見返り担保（collateral security）として保有していた鉄道債の大量売却であった。ところがドーズ案には最終的にドイツの支払うべき賠償総額およびそのための支払い計画が規定されておらず、将来のドイツの賠償支払いに確実な保証がない現在の状況では、国際金融市場において（特にアメリカの）投資家がドイツの鉄道債を大量に購入することはないであろう。それならば、イギリスがより安定的に賠償金を手にすることのでき

るドーズ案の継続を支持すべきである、と大蔵省は分析していた。[†65]

大蔵省はこうした見解を仏独両政府に明確に伝えるべきと主張したが、チェンバレンはトワリー会談の展開をあえて傍観することに決めた。金融の専門的見地からなされた大蔵省の助言それ自体には納得がいくと認めながらも、これまでフランスとドイツの政治的和解を促してきたチェンバレンとしては、両国の関係改善を象徴するトワリー会談に水を差すようなことをしたくなかったのである。仮に大蔵省の見通しが正しく、ドイツ鉄道債の売却が不首尾に終わるとすれば、トワリーで検討された占領終結と賠償金一括払いの取引が頓挫するのを見届ければそれで良い、とチェンバレンは考えていた。[†66]

果たせるかなチェンバレンの読みは当たり、仏独協議は一九二六年末までに事実上の打ち切りとなった。同年七月、経済再建に対するフランス国民の期待を背負って首相兼蔵相に就任したポワンカレは、歴代政府が怠ってきた歳出の大幅削減や間接税引上げを通じて財政均衡に努めるとともに、特別基金を設立して戦時債務償還への真摯な姿勢を示し、フランの為替レートを安定させることに成功した。[†67]そもそもトワリー会談はフランス側の切迫した経済的要請から動き出したものだっただけに、フランス政府がドイツの賠償金を早急に必要としなくなるや、仏独交渉は急速に勢いを失っていったのだった。

トワリー会談のわずか二カ月にも満たぬ顚末は、占領問題の決して単純とはいえない性質を改めて浮き彫りにしたといえる。チェンバレンと外務省はヨーロッパの永続的安定という政治的観点から占領の早期終結を望んでいたが、完全撤退のプロセスはヴェルサイユ条約の諸規定、中でもドイツ政府の賠償義務と結びつくがゆえに、そう容易くは実現しない話であった。

ヴェルサイユ条約によれば、連合軍のラインラント駐留はドイツが果たすべき諸義務に対する保障占領であった。しかし、賠償総額が決定されないままドイツが連合国にいくら賠償金を支払っても、条約上の義務を完全に履行したと判断される見込みは薄かった。さらに、トワリー会談で検討されたように、連合国が賠償委員会の保有するドイツ鉄道債を売却するにしても、未決定の賠償総額は投資家の不安材料となって、やはりドイツによる賠償支払いの完了を阻む可能性があった。要するにラインラント占領の終結は、賠償総額をめぐる連合国およびドイツ間の合意形成と並行して検討されるべき問題だったのである。

（二）占領軍の一万人削減

それではロカルノ条約成立後の懸案であった占領軍の部分的削減は、一体どのような道筋をたどったのだろうか。一九二七年五月、占領軍削減問題に進展が見られないことにチェンバレン外相は不安を覚えていた。チェンバレンが特に気にしていたのは、この頃イギリスとの関係が一気に悪化していたソ連の動向である。

そもそもソ連は大戦後のイギリス政府にとって警戒の対象でこそあったが、その脅威は帝国防衛（帝政期から変わらないインド・アフガニスタン一帯の領土的野心）もしくは国内秩序（社会主義イデオロギーの輸出による西欧資本主義体制の転覆）に向けられているとの理解が一般的であり、ヴェルサイユ条約の締約国でも国際連盟の加盟国でもなかったソ連が、ヨーロッパ安全保障上有意な存在と目されることはほとんどなかったといってよい。[†68] しかし、一九二七年に入って英ソ外交関係の断絶がにわかに現実味を帯びる中、チェンバレンはかかる展開が英仏独関係にもたらす影響について考えざるを得なかった。

一九二七年春、イギリス政府内では蔵相チャーチル（Winston Churchill）や内相ジョインソン＝ヒックス（Sir William Joynson-Hicks, later 1st Viscount Brentford）、インド相バーカンヘッド（1st Earl of Birkenhead）らがソ連との外交関係を断絶すべきであると声高に主張していた。彼らは前年五月に発生したゼネストの際にコミンテルンがイギリスの労働組合に資金援助を行っていた、あるいはソ連政府が中国各地で西欧列強に対する排外運動を扇動しているとの疑いを強めていた。二七年五月一二日、イギリス警察は英ソ貿易を統括する「アルコス（All Russian Co-operative Society）」ロンドン本部の強制捜査に踏み切り、同月二六日、ついにボールドウィン内閣はソ連のイギリス国内における諜報および破壊活動を理由に、ソ連との外交関係を断絶する。[†69]

アルコス事件から一週間と経たぬ一九二七年五月一八日、チェンバレンはポワンカレ仏大統領のイギリス公式訪問に同行していたブリアンを外務省に招き、二時間半の会談を行った。そこでチェンバレンはソ連に言及しつつ、連合国はラインラント占領軍を早急に削減すべきだと主張した。チェンバレン曰く、英ソ関係は目下最悪の状況にあるため、ソ連はロカルノ会議より協力を深めてきた英仏独三カ国の離間を画策し、ドイツとの関係強化に間もなく動き始めるであろう。それゆえ「ドイツを西欧に固く結びつけておく」ことがますます重要になってくる。占領軍削減の約束を果たさないことでドイツの不満を増大させ、ソ連が英仏独関係にくさびを打つ隙を与えてはならない、とチェンバレンはブリアンに力説した。ところがブリアンの方は、それならばイギリスもそれ相応の削減に応じる用意があるのかと問うばかりで、英仏の具体的な合意はここでも見られなかった。[†70]

その後、袋小路に入り込んだ占領軍削減問題が動き始めるのは一九二七年六月末のことであった。二三日、シュトレーゼマン独外相は国会において、自ら申し出た占領軍の削減を実行に移さない連合国を手厳しく批判した。彼によると、ある国家の誠実さに一たび疑問が生じれば、同様の不信感はたちまち他国に広がり、国際協調の土台となっている条約の存立まで危ぶまれる。ロカルノ条約の締約国である英仏がラインラントに関して信義を重んじなければ、他の締約国にとってそれは危険な前例になろうというのである。シュトレーゼマンは演説をこう締めくくった。「講和から八年を経て、ドイツの主権回復が切に望まれるのです。……ドイツ固有の領土であるラインラントに、平和という正当な権利が与えられんことを！」。[†71] 西欧の現状を基礎づける大国間の信頼に英仏が背けば、ドイツも相応の身振りで応えるとほのめかすことで、シュトレーゼマンは占領軍の早期削減を連合国に迫っていた。

　同じ頃、イギリス下院でも野党が占領問題の停滞をめぐってボールドウィン内閣への批判を強めていた。政府をとりわけ鋭く追及したのは、軍事力によってドイツを無理やり抑え込むことに戦後一貫して反対してきた労働党の議員であった。[†72] 外交官出身で第一次マクドナルド内閣では外務政務次官を務めたポンソンビ（Arthur Ponsonby）は、政府の占領政策をこう非難した。休戦協定から九年近くが過ぎ、ロカルノでは仏独間の友好が固められたというのに、何ゆえ連合国はドイツが大戦前に配置していた人数以上の兵士をラインラントに駐留させているのか。政府は一九一四年のような「派閥的同盟（sectional alliances）」の世界にイギリスを引きずりこもうとしている、と。[†73]

　ドイツをヴェルサイユ条約の桎梏から解放しようとしていたチェンバレンにとって、条約修正に関する連合国の不実を公の場で糾弾されるのは、屈辱に近い出来事であったろう。一九二七年七月三日、彼は占領軍の削減が「遅れていることにこれまでより一層強い不安を抱いている」と書き留めている。[†74] ティレル外務次官ならびに二六年一〇月より中欧局長に就任していたサージェントも、占領軍の削減はロカルノ条約成立以来イギリスが追求してきた大陸政策の成否を左右する決定的問題の一つであり、その解決にはイギリスの関与が求められているとの意見で一致した。[†75] こうして内外から対独宥和の停滞に対する批判にさらされた外務省は、占領軍削減の具体案を作成することでフランスの説得にいよいよ動き出すのであった。

　一九二七年七月一五日、サージェント中欧局長は英仏交渉のたたき台となる最初の削減案を起草した（以下「イギリス第一案」と呼ぶ）。同案は、当時七万人に上るラインラント占領軍（このうちフランス兵五万六〇〇〇人、イギリス兵七五〇〇人、ベルギー兵六五〇〇人）を、大戦前にドイツ政府が同地域に配置していたのとほぼ同じ五万六〇〇〇人にまで縮小することを提案していた（フランス兵四万五〇〇〇人、イギリス兵六〇〇〇人、ベルギー兵五〇〇〇人)。イギリス第一案において、フランスの削減人数が一万一〇〇〇人と最も多く、イギリスとベルギーはそれぞれ一五〇〇人の削減に抑えられていた。[†76] 七月二五日、クルー駐仏大使はフランス外務省のレジェ(Alexis Léger)にイギリスの削減案を手交した。パリ近郊のコシュレルで静養していたブリアン仏外相は、外務省に戻るやクルーと面会する。ブリアンは占領軍の削減に異論はないものの、フランスが英白両国に比べて一〇倍近くも削減せねばならぬとはあまりに不釣り合いな要請ではないか、と不満を洩らした。[†77]

八月一〇日、ブリアンはイギリス側に対案を提示する(以下「フランス案」と呼ぶ)。同案によれば、占領軍は現状の七万人から(イギリス第一案より四〇〇〇人多い)六万人規模に再編され、フランスは(イギリス第一案より五〇〇〇人多い)五万人を引き続きラインラントに駐留させることになっていた。フランス軍部は依然として占領を対独安全保障の主要手段の一つと捉えており、ドイツによる攻勢の際、本国から軍隊が派遣されるまでの間、ライン川の橋頭堡を押さえておくのに最低五万人が必要との判断があった。[†78] フランス案においてフランスは現状から六〇〇〇人しか削減しない代わりに、英白両国にはそれぞれ(イギリス第一案より五〇〇人多い)二〇〇〇人の削減が求められていた。

チェンバレンはブリアンの代案で手を打とうとしていた。一九二五年一一月の連合国通告以来、トワリー会談を挟んで二年近くにわたり占領軍削減交渉に背を向けてきたフランスが、ともかくもドイツとの約束を果たすと前向きになったのである。ヨーロッパ大国協調の確立を目指すチェンバレンであったが、ロカルノ条約とドイツの国際連盟加盟の後、彼は大陸政策で目立った成果を上げられずにいた。そして敗戦国ドイツを英仏と対等な大国に回復するには、フランスの同意を得た上での対独宥和が不可欠であった。八月一五日、チェンバレンは政府内に、早急に占領体制を緩和することが「政治的理由から」最も重要であるという外務省の立場を改めて強調した。[†79]

ここで難色を示したのが陸軍省であった。彼らは占領軍削減という外務省の方針自体には反対していなかったが、イギリスの名誉という観点から、外務省が当初示した以上の撤退をイギリスに要求するフランスの提案に反対していた。連合軍の構成員としてラインラントに駐留する以上、イギリスは独立した部隊にふさわしい力を有さねばならない、というのである。[†80] これ以前にも陸軍省は、占領軍全体にイギリス陸軍が占める割合はすでに小さいのだから、さらなるイギリス兵の撤退はイギリスの対外関与をめぐる国際的信頼に疑義を生じさせるのではないかとの不安を表明していた。[†81] 要するに陸軍省は、イギリスの部分的撤退が同国の威信に与えるであろう悪影響を懸念していたのだが、それでは陸軍省がいかなる規模の兵力を「独立した部隊にふさわしい力」と考えていたのかというと、その具体的な数字が明らかにされることはなかった。[†82]

一九二七年八月二五日、ボールドウィン内閣は占領軍削減に関する新たな枠組みを採択した（以下「イギリス第二案」と呼ぶ）。これはラインラントに残す連合軍をフランスの要求通り六万人に規定しながら、フランスの削減数をフランスが提示したよりも多く、またイギリス・ベルギーの分を少なく設定することで、自国の削減を最低限に留めたいフランスおよび陸軍省の双方を満足させる妥協案となっていた。同案のもとでフランスが八〇五〇人、イギリスが一〇五〇人、ベルギーが九〇〇人の兵士をラインラントから撤退させ、合計一万人の占領軍削減を実現することで、二五年一一月の連合国通告を満たすというのが「イギリス第二案」の趣旨であった。[†83]

陸軍省はこのときなぜ、一〇五〇人のイギリス軍削減を受け入れたのだろうか。すでに指摘した通り、陸軍省は占領軍削減という外務省の方針そのものには異議を唱えていなかった。ドイツへの警戒が緩和された後、陸軍省は占領の価値をそれまでのように軍事的観点から正当化できなくなっていたからである。そしてロカルノ条約成立後に陸軍省がこだわったのは、イギリスの対外的威信が損なわれない程度の削減数であった。しかし陸軍省が具体的な数字を示さなかったところを見ると、この点について彼らの中に絶対的な基準はなかったのであろう。

あくまで陸軍省は対独宥和を図る外務省との交渉により、相対的に満足のいく数が得られればよいと考えていたように思われる。事実、八月二五日に採択されたイギリス第二案では、イギリス軍の負う削減負担がそれまでの二つの草案のいずれに比べても抑えられていた。フランスの要求する二〇〇〇人削減が阻止され、さらに外務省が陸軍省の主張に譲歩して一五〇〇人から一〇五〇人へとイギリスの削減人数を修正したのであれば、彼らのいう「名誉」が守られたとして陸軍省が閣議決定に応じたということは十分考えられる。[†84]

いずれにせよ、占領軍削減に関するイギリス政府の決定は二五日深夜、仏白両政府にいち早く打電された。[†85] 翌二六日、フランス政府は長時間にわたる閣議の末にイギリス第二案の受諾を表明した。[†86] ベルギー政府も同日、占領軍削減問題について英仏の決定に従う旨を発表した。[†87] 一九二七年九月五日、連合国はドイツに対し、一万人規模の占領軍削減が間もなく開始されると正式に通告する。[†88] 同年一〇月半ばには早くもイギリスが、続いて一一月末にはフランスが削減を完了し、残るベルギーも翌二八年二月までにはイギリス第二案で割り当てられた以上の撤収を行い、[†89] 占領軍削減問題はようやく落着した。

おわりに

一九二〇年代後半、イギリスがラインラント占領の緩和を主導するようになった過程は決して単線的でなく、チェンバレン外相によってのみ決定されたわけでもなかった。占領をめぐるイギリスの対独宥和は事務レベルに共有される対外認識の変化と呼応して、いくつかの曲折を経ながら徐々に政策として形を成していった。第二次ボールドウィン内閣の発足当初、陸軍省は軍縮義務を怠るドイツの潜在的軍事力を警戒していた。外務省はドイツが武装解除された状態をおおむね維持していると判断していたが、講和条約の取決めに背くドイツを大国協調の相手として信用することまではできずにいた。結果として二四年末、イギリスの占領政策は総じて様子見の域を出ることがなく、対独安全保障上の不安から占領の縮小に反対するフランスの主張もあって、連合軍のケルン撤退は延期された。

一九二五年一〇月、ドイツが西部国境ならびにラインラント非武装化を保障したロカルノ条約の成立は、イギリスの占領政策にとって分水嶺となった。チェンバレンと外務省はドイツを大陸における深刻な軍事的脅威とはそもそも認識していなかったが、これを機に対ドイツ政策の主軸を強制(相手の望まぬ事態をもたらすとの意思表示)から誘導(相手の望む事態をもたらすとの意思表示)へと転換し、ドイツを国際秩序の中に包摂することでヨーロッパの永続的安定を図ったのである。ドイツを大国協調の一員として扱おうとする彼らの目には、敗戦国の占領がロカルノ条約以降のヨーロッパ情勢に合致しない、時代遅れの措置と映るようになっていた。

陸軍省はドイツの軍縮問題が一段落すると同国の潜在的軍事力にさほど頓着しなくなり、イギリスの戦略的国境であるラインラントが関係国によって保障されることの方を重視するようになった。それゆえドイツが西欧の現状維持にコミットしたロカルノ条約の成立後、陸軍省もまたドイツへの警戒を以前よりも緩めたのであった。こうして占領政策の進路を定めたイギリスは、ケルン撤退および一万人の駐留兵力削減を実現した後、いよいよ占領の早期終結を目指すことになるのである。

だが一九二〇年代末の占領終結に向けたイギリス外交の足取りをたどる前に、ここで再び第二次ボールドウィン内閣の発足当時に遡り、ヴェルサイユ条約に定められたドイツに対するもう一つの安全保障措置、強制軍縮をめぐるイギリスの政策形成および外交過程に目を転じてみたい。本章では政策形成を担う外務省や陸軍省といった事務レベルの対外認識を中心に論じたが、次章では内閣という政治レベル、つまり二〇年代後半において政策決定の最終的権限を握った主要閣僚の対外認識とイギリスの大陸政策の関係が明らかにされるであろう。

†1　占領条項の原文は、以下を参照。US, Department of State, *Treaty of Versailles and After*, pp. 720-725.

†2　当時のイギリス閣僚の多くは、敗戦国ドイツを過度に抑え込むことへの違和感に加えて、反戦傾向を強める世論や緊縮財政を主張する大蔵省の圧力もあり、大陸への軍事的関与を極力回避したいというのが本音であった。Martin Gilbert, *The Roots of Appeasement* (New York: Plume, 1966), pp. 68-104; 大久保明「イギリス外交とヴェルサイユ条約——条約執行をめぐる英仏対立、一九一九－一九二〇年」『法学政治学論究』第九四号（二〇一二年）、一二七－一五七頁。二〇年代の陸軍予算は、イギリスは帝国を含め今後一〇年いかなる大戦争にも加わらないという「一〇年ルール」のもとで減少の一途をたどった。そして休戦協定時に三五〇万人を擁していたイギリス陸軍も、二三年までには本土および帝国防衛を主な任務とする三七万人規模へと縮小していた。Michael Howard, *Continental Commitment*, pp. 74-96; Brian Bond, "The Army between the Two World Wars, 1918-1939," in *The Oxford History of the British Army*, ed. David G. Chandler (Oxford: Oxford UP, 1994), pp. 256-261.「一〇年ルール」の起源および軍事予算編成との関連については、以下を参照。John R. Ferris, *Men, Money and Diplomacy: The Evolution of British Strategic Policy, 1919-26* (Ithaca, NY: Cornell UP, 1989); N. H. Gibbs, *Rearmament Policy*, vol. 1 of *Grand Strategy* (London: His Majesty's Stationery Office, 1976), pp. 3-6, 44-64.

†3　クロウは続けて「我々および全世界が望むのは平和であり、平和はさしあたり講和条約の執行にかかっている」と書き、当時のイギリス外相カーズンはイニシャルを添えてこれを承認した。*DBFP* 1/16/747, n. 7, minute by Crowe, Nov. 30, 1921.

†4　その代わりイギリスは、ヴェルサイユ条約で定められた境界を「越えて」占領を拡大しようとするフランスの政策には基本的に反対の立場であり、二〇年四月のフランクフルトほか五都市占領、また二三年一月のルール占領に際してフランスとの共同軍事行動を控えている。Alan Sharp and Keith Jeffery, "'Après la Guerre finit, Soldat anglais partit ...': Anglo-French Relations, 1918-25," in *Power and Stability: British Foreign Policy, 1865-1965*, eds. Erik Goldstein and B.J.C. McKercher (London: Frank Cass, 2003), pp. 124-125. 例外的に、ドイツの賠償不履行に対する制裁として行われた二一年三月のデュイスブルク他三都市の占領には、賠償問題でドイツに強硬な立場を取ることの多かったロイド・ジョージ首相の主導でイ

ギリスも参加した。

†5　W. M. Jordan, *Great Britain, France and the German Problem, 1918-1939* (London: Frank Cass, 1943), pp. 85-91; Northedge, *Troubled Giant*, pp. 160-195.

†6　Shuster, *German Disarmament after World War I*, pp. 39-55, 72-99.

†7　Steiner, *Lights That Failed*, pp. 417-418, 615-616; Marks, *Illusion of Peace*, pp. 156-158; Jacobson, *Locarno Diplomacy*, pp. 47-139; Boyce, *Great Interwar Crisis*, p. 137.

†8　O'Riordan, *Britain and the Ruhr Crisis*; idem, "The British Zone of Occupation in the Rhineland," in *After the Versailles Treaty: Enforcement, Compliance, Contested Identities*, eds. Conan Fischer and Alan Sharp (London: Routledge, 2007), pp. 21-36.

†9　Grayson, *Austen Chamberlain and the Commitment to Europe*, pp. 139, 280-285; Cohrs, *Unfinished Peace After World War I*, pp. 259-270; McKercher, "Austen Chamberlain and the Continental Balance of Power," pp. 216-217.

†10　B.J.C. McKercher, "Austen Chamberlain's Control of British Foreign Policy, 1924-1929," *International History Review* 6, no. 4 (1984), pp. 570-591.

†11　Dilks, "British Foreign Office between the Wars," pp. 187-189.

†12　二〇年代初頭の賠償問題をめぐるヨーロッパ国際関係については、以下を参照。Trachtenberg, *Reparation in World Politics*, pp. 213-289; Bruce Kent, *Spoils of War*, pp. 141-208; Leffler, *Elusive Quest*, pp. 82-112.「ドーズ案」の採択に至る過程については、以下を参照。Schuker, *End of French Predominance in Europe*, pp. 171-382.

†13　Shuster, *German Disarmament after World War I*, pp. 55, 100; Alan Sharp, "Mission Accomplished? Britain and the Disarmament of Germany, 1918-1923," in *Arms and Disarmament in Diplomacy*, eds. Keith Hamilton and Edward Johnson (London: Vallentine, 2008), pp. 73-90.

†14　Shuster, *German Disarmament after World War I*, pp. 144-147.

†15　Peter Jackson, *Beyond the Balance of Power: France and the Politics of National Security in the Era of the First World War* (Cambridge: Cambridge UP, 2013), pp. 431-468; Adamthwaite, *Grandeur and Misery*, pp. 102-107.

†16 War Office to Foreign Office, Dec. 1, 1924, FO 371/9729/C18122/9/18.

†17 General Staff, "Memorandum on the Present and Future Military Situation in Germany," Jan. [?], 1925, [The National Archives, Kew] WO 32/5799; War Office to Foreign Office, Jan. 6, 1925, ibid.

†18 一九〇四年の陸軍省改革によって設立された陸軍評議会は、議長を務める陸相のもとで文官と武官それぞれのトップが合議の末に陸軍省の主要な政策を決定する仕組みであった。Michael Roper, *The Records of the War Office and Related Departments, 1660-1964* (Kew: PRO Publications, 1998), pp. 109-112. 陸軍省改革については、以下を参照。John Gooch, *The Plans of War: The General Staff and British Military Strategy, c. 1900-1916* (London: Routledge, 1974), pp. 32-61. ちなみに第二次ボールドウィン内閣の発足した二四年一一月当時の陸軍評議会のメンバーは、陸相・事務次官・政務次官・財務官・参謀総長・軍務局長・主計総監・軍需長官の八名であった。*War Office List, 1927* (London: His Majesty's Stationery Office, 1927), pp. 51-54.

†19 War Office to Foreign Office, Nov. 29, 1924, FO 371/9833/C18018/4736/18; War Office to Foreign Office, Dec. [?], 1924, FO 371/9833/C19106/4736/18. 参謀本部はすでに二四年三月、マクドナルド率いる労働党政権に対し、占領の重要性を対独安全保障の観点から次のように指摘していた。連合軍がラインラントに進駐している限り、フランスとベルギーはライン川に沿って北はヴェーゼル、南はマンハイムに至る線を戦略的国境と想定できるが、占領が解除されれば各々の軍隊をおよそ一〇〇キロ離れた自国領内に後退させねばならない。次の戦争ではドイツを主戦場としたい仏白両国にとって、彼らの約半分の距離（五〇キロ）を隔ててライン川右岸に待機するドイツ軍との緒戦は、かなり不利になるであろう、と。Memo by General Staff, Mar. [?], 1924, WO 190/23.

†20 ニコルソンの日記によれば、他に西方局長ヴィラーズ（Gerald Villiers）と北方局の一等書記官オマリー（Owen O'Malley）も出席していた。Nicolson diary, Jan. 22, 1925 [Harold Nicolson Diaries, Balliol College Archives, Oxford, UK]. 二五年一月の外務省会議については、以下を参照。Harold Nicolson, *King George the Fifth: His Life and Reign* (London: Constable, 1952), p. 405; Grayson, *Austen Chamberlain and the Commitment to Europe*, p. 38, 大久保『大陸関与と離脱の狭間で』、三四一頁。

†21 CP 106 (25), Nicolson, "British Policy Considered in Relation to the European Situation," Feb. 20, 1925, [The National Archives,

Kew〕CAB 24/172. 内閣に提出されたこの覚書の表紙には、同内容が外相個人の見解のみならず彼を補佐する外務省高官の総意でもある旨、チェンバレンの手で記載されている。ちなみに覚書を起草したニコルソンは、すでに第二次ボールドウィン内閣発足前の二四年一〇月の段階で、ドイツを最大の敵と想定する大陸政策の策定に懐疑的であった。Minute by Nicolson, Oct. 15, 1924, FO 371/9819/C15288/2048/18.

†22 Minute by Lampson, Dec. 24, 1924, FO 371/9833/C19106/4736/18.

†23 Minute by Crowe, Dec. 24, 1924, ibid.

†24 Minutes of CID meeting, Dec. 16, 1924, CAB 2/4/CID192. 以下も参照。Charles Petrie, *The Life and Letters of the Right Hon. Sir Austen Chamberlain*, vol. 2 (London: Cassell, 1940), p. 254.

†25 二四年一二月末、駐英ドイツ大使シュターマー（Friedrich Sthamer）がチェンバレン外相との会見で、ドイツの軍縮を望む連合国の政策はドーズ案以降の国際協調の気運に背くと詰め寄ると、チェンバレンは売り言葉に買い言葉という調子で、勝者が敗者に強圧的な態度をとったのはドイツの方が先であり、一八七〇年（普仏戦争）がなければ一九一八年（の休戦協定）はずいぶんと異なるものになっていただろう、と述べた。Chamberlain to D'Abernon (Berlin), Dec. 20, 1924, FO 371/9834/C19172/4736/18. 同時期に駐英ドイツ参事官から長々と同じ趣旨の話をされたランプソン中欧局長は、ヴェルサイユ条約で定められた義務を果たしていない「違反国」はドイツであり現在の状況は自業自得である、連合国はあくまで既存の条約に従ったまでだと手厳しく答えた。Chamberlain to D'Abernon (Berlin), Dec. 31, 1924, FO 371/9834/C19563/4736/18. 事の一部始終を読んだクロウ外務次官は、「ランプソン氏はよく言った」と一言書き添えている。Minute by Crowe, Jan. 1, 1925, ibid.

†26 *DBFP* 1/26/608, "Memorandum of a conversation between Mr. Chamberlain and M. Herriot," Dec. 5, 1924.

†27 Ibid.

†28 CC 67(24)2, Dec. 17, 1924, CAB 23/49.

†29 D'Abernon (Berlin) to Chamberlain, Jan. 5, 1925, FO 371/10702/C219/2/18.

†30 Allied note to Germany, June 4, 1925, 〔Parliamentary Command Paper〕Cmd. 2429.

†31　ロカルノ条約の原文は、以下を参照。*Survey of International Affairs, 1925* (Oxford: Oxford UP, 1928), pp. 439-452. 以下も参照。植田隆子『地域的安全保障の史的研究——国際連盟時代における地域的安全保障制度の発達』（山川出版社、一九八九年）、六一－六五頁。

†32　国際関係における「和解」とは、田中孝彦の定義に従うなら、国家間の利害やイデオロギーにまつわる相違を非暴力的手段によって調整する何らかのメカニズムが存在する状態である。田中孝彦「国際政治の秩序転換とヨーロッパ——衝突・和解・寛容」田中孝彦・青木人志編『〈戦争〉のあとに——ヨーロッパの和解と寛容』（勁草書房、二〇〇八年）、五－九頁。軍拡や同盟形成により友敵の区別を鮮明にするのでなく、潜在敵を安全保障体制内に取り込んだロカルノ条約は、前述の意味で西欧における和解への重要な歩みであったと考えられる。同条約を、潜在的対立国の相互不信や誤解を軽減して紛争を平和的に解決するメカニズム、いわゆる「信頼醸成措置（Confidence-Building Measure）」であったと論じる研究者もいる。Philip Towle, "Taming or Demonising an Aggressor: The British Debate on the End of the Locarno System," in *Locarno Revisited: European Diplomacy, 1920-1929*, ed. Gaynor Johnson (London: Routledge, 2004), pp. 178-198.

†33　ただし、いわゆるポーランド回廊や上部シュレジエンを回復したいドイツは、西欧の現状維持については無条件でコミットする代わりに東欧の現状維持には応じず、通常の外交交渉や仲裁裁判といった平和的手段による国境変更の可能性を残すことに成功した。以上の点とともに、ドイツのそうした思惑をイギリスとフランスが最終的に認めた点に留意すべきであろう。

†34　ロカルノ条約は特定の国に対抗する同盟と異なり、ある地域に利害を有する国家すべてを包摂する集団安全保障型の協定であったから、締約国同士（たとえばイギリスとフランス）が他の締約国（たとえばドイツ）との戦闘を見越して幕僚協議に入ることは、少なくとも同条約の原理に反する行動であった。国際安全保障をめぐる二つの形式の相違と類似については、高坂正堯「集団安全保障と同盟の変遷——理念と現実」『国際問題』第二五八号（一九八一年）、二一－一六頁。イギリスがロカルノ条約の侵犯に対応する軍事力を用意していなかったことへの批判については、以下を参照。Jon Jacobson, "Locarno, Britain and the Security of Europe," in *Locarno Revisited*, ed. Johnson, pp. 18-21; Scott A. Silverstone, "The Legacy of Coercive Peace Building: The Locarno Treaty, Anglo-French Grand Strategy and the 1936 Rhineland Crisis," in *The Challenge of*

Grand Strategy: The Great Powers and the Broken Balance between the World Wars, eds. Jeffrey W. Taliaferro, Norrin M. Ripsman and Steven E. Lobell (Cambridge: Cambridge UP, 2012), pp. 65-92; George A. Grün, "Locarno: Idea and Reality," *International Affairs* 31, no. 4 (1955), pp. 484-485; Wolfers, *Britain and France between Two Wars*, p. 259. またフランスは二〇年代前半、ポーランドやチェコスロヴァキアといったドイツに近接する東欧諸国と軍事協定を結んでいたが、もしドイツがそうした国々に侵攻した場合、フランスは仏独国境を保障したロカルノ条約のもとで（既存の軍事協定の定めに従い）ドイツを背後から攻撃することができるのかという問題に関し、仏独両政府の間に明確な合意はついぞ見出されなかった。しかしフランス外務省は二〇年代後半を通じ、ロカルノ条約が東欧諸国との間に結ばれた軍事協定の発動を妨げるものではないとの解釈を採用していた。この点を国際連盟の集団安全保障との連関から詳述した研究として、以下を参照。Georges-Henri Soutou, "La France et la problématique de la sécurité collective à partir de Locarno : Dialectique juridique et impasse géostratégique," in *Nation und Europa: Studien zum internationalen Staatensystem im 19. und 20. Jahrhundert*, ed. Gabriele Clemens (Stuttgart: Franz Steiner, 2001), pp. 133-152.

†35　以下を参照。Steiner, *Lights That Failed*, pp. 615-617; Cohrs, *Unfinished Peace After World War I*, pp. 259-270; Erik Goldstein, *The First World War Peace Settlements, 1919-1925* (London: Pearson, 2002), pp. 87-90, 94.

†36　Chamberlain to Grahame, Aug. 12, 1925, [Austen Chamberlain Papers, University of Birmingham Library, Birmingham, UK] AC 50/122.

†37　Chamberlain to Crewe (Paris), Nov. 3, 1925, FO 371/10710/C14018/21/18.

†38　Memo by Central Dep., Jan. 10, 1926, FO 371/11247/C797/1/18; "Memorandum on the Foreign Policy of His Majesty's Government," Apr. 10, 1926, FO 371/11848/W3260/1/50.

†39　Lampson to Crewe (Paris), Oct. 28, 1925, FO 371/10710/C13996/21/18.

†40　CP 116 (25), memo by Worthington-Evans, Feb. 26, 1925, CAB 24/172.

†41　Minutes of CID meeting, Feb. 19, 1925, CAB 2/4/CID196.

†42　Minutes of CID meeting, July 1, 1925, CAB 2/4/CID201.

†43　以下を参照。Brian Bond, *British Military Policy between the Two World Wars* (Oxford: Clarendon, 1980), pp. 72-97.

†44　Chamberlain to Crewe (Paris), Nov. 3, 1925, FO 371/10710/C14018/21/18; Crewe (Paris) to Chamberlain, Nov. 4, 1925, FO 371/10704/C14076/2/18. 時を同じくして、ランプソン中欧局長はもう一つの占領国ベルギーにケルン撤退への同意を求め、ベルギー外相ヴァンデルヴェルデ（Émile Vandervelde）は同問題に関し英仏の意向に従うことを通知した。Memo by Lampson, Nov. 3, 1925, FO 371/10710/C14087/21/18; *DBFP* 1A/1/60, n. 3, Grahame (Brussels) to Chamberlain, Nov. 6, 1925.

†45　Crewe (Paris) to Chamberlain, Nov. 5, 1925, FO 371/10710/C14125/21/18.

†46　Chamberlain to Crewe (Paris), Nov. 5, 1925, ibid.

†47　*DBFP* 1A/1/70, Crewe (Paris) to Chamberlain, Nov. 6, 1925.

†48　Allied note to Germany, Nov. 14, 1925, Cmd. 2527.

†49　二五年一〇月のロカルノ会議の折、ドイツのルター（Hans Luther）首相およびシュトレーゼマン外相はチェンバレンとブリアンに対し、ドイツ国会によるロカルノ条約の批准を容易にするため、占領軍の大幅削減を要求していた。英仏両外相はヴェルサイユ条約の規定を侵すような取引には応じられないとしながらも、討議中の安保協定が無事に成立した暁には、占領問題についてそれなりの結果が伴うであろう、と示唆していた。*DBFP* 1/27, Appendix "Proceedings of the Conference of Locarno and Records of Conversations connected therewith October 5-16, 1925," pp. 1137-1143, 1159-1170. 以下も参照。Henry L. Bretton, *Stresemann and the Revision of Versailles: A Fight for Reason* (Stanford: Stanford UP, 1953), pp. 86-98.

†50　シュトレーゼマン外相の対外政策については、たとえば以下を参照。Jonathan Wright, *Gustav Stresemann: Weimar's Greatest Statesman* (Oxford: Oxford UP, 2002); Marshall M. Lee and Wolfgang Michalka, *German Foreign Policy, 1917-1933: Continuity or Break?* (Leamington Spa: Berg, 1987), pp. 73-111; Henry Ashby Turner, Jr., "Continuity in German Foreign Policy? The Case of Stresemann," *International History Review* 1, no. 4 (1979), pp. 509-521; Jacques Bariéty, *Les relations franco-allemandes après la première guerre mondiale, 10 Novembre 1918 – 10 Janvier 1925 : De l'exécution à la négociation* (Paris: Pedone, 1977) pp. 197-220; Manfred J. Enssle, "Stresemann's Diplomacy Fifty Years after Locarno: Some Recent Perspectives," *Historical Journal* 20, no. 4 (1977), pp. 937-948; Robert Grathwol, "Gustav Stresemann: Reflections on His Foreign Policy," *Journal of Modern History* 45, no. 1 (1973), pp. 52-70; Lewis

Hertzman, "Gustav Stresemann: The Problem of Political Leadership in the Weimar Republic," *International Review of Social History* 5, no. 3 (1960), pp. 361-377; 篠原一「国内政治家としてのシュトレーゼマン——適応と不適応との間」篠原一・横山信編『近代国家の政治指導——政治家研究Ⅰ』（東京大学出版会、一九六四年）、一七九－一八〇頁。

†51 "The Occupation of the Rhineland: German Hopes of Allies' Withdrawal," *Times*, June 28, 1926, p. 13.

†52 たとえば一月一一日、ケルンを訪れたプロイセン州内相グルツェシンスキ（Albert Grzesinski）は、連合国の占領が平和国家ドイツにおける対立の火種となっており容認できないと発言した。"Prussian Minister in the Rhineland," *Times*, Jan. 12, 1927, p. 11. 一六日には国家人民党総裁ヴェスタルプ（Kuno von Westarp）が、外国に力ずくで奪われた領土の回復こそわが党の使命であると訴えた。"German Cabinet Surprise," *Ibid.*, Jan. 18, 1927, p. 14. 以下も参照。"France & German Nationalists," *Manchester Guardian*, Jan. 22, 1927, p. 15. 二六年一二月から翌年一月末にかけての第四次マルクス内閣発足に至る政局については、Robert P. Grathwol, *Stresemann and the DNVP: Reconciliation or Revenge in German Foreign Policy, 1924-1928* (Lawrence, KS: Regents, 1980), pp. 188-191.

†53 Edward David Keeton, *Briand's Locarno Policy: French Economics, Politics and Diplomacy, 1925-1929* (New York: Garland, 1987), pp. 220-224.

†54 Vincent J. Pitts, *France and the German Problem: Politics and Economics in the Locarno Period, 1924-1929* (New York: Garland, 1987), pp. 161-168.

†55 Minute by Lampson, July 23, 1926, FO 371/11308/C8060/778/18. 二五年八月、ランプソンはダバノン駐独大使に宛てて、ライン川流域の国境線が蹂躙された場合、イギリスがこれを侵略行為と認め、現状維持に力を貸す必要性について確認している。イギリスの安全には英仏海峡の防衛が不可欠であり、後のロカルノ条約に規定されるコミットメントでこの目的は十分達成される、とランプソンは考えていた。Lampson to D'Abernon, Aug. 7, 1925, [D'Abernon Papers, British Library, London, UK] BL Add MS 48926B, ff. 62-64.

†56 Minute by Sargent, Aug. 27, 1926, FO 371/11299/C9472/446/18.

†57 Minute by Chamberlain, July 25, 1926, FO 371/11308/C8060/778/18.

†58　Chamberlain to Crewe (Paris), Aug. 16, 1926, ibid.

†59　Jon Jacobson and John T. Walker, "The Impulse for a Franco-German Entente: The Origins of the Thoiry Conference, 1926," *Journal of Contemporary History* 10, no. 1 (1975), pp. 157-181; Jacques Bariéty, "Finances et relations internationales : À propos du 'plan de Thoiry' (septembre 1926)," *Relations internationales*, no. 21 (1980), pp. 51-70; Heinz-Otto Sieburg, "Les entretiens de Thoiry (1926) : Le sommet de la politique de rapprochement franco-allemand à l'époque Stresemann – Briand," *Revue d'Allemagne* 4, no. 3 (1972), pp. 520-546; Raymond Poidevin and Jacques Bariéty, *Les relations franco-allemandes, 1815-1975*, 2nd ed. (Paris: Armand Colin, 1977), pp. 269-270; René Girault and Robert Frank, *Turbulente Europe et nouveaux mondes, 1914-1941* (Paris: Payot, 1988), pp. 261-264; 濱口學「トワリー会談の意義」東京大学教養学部社会科学科編『社会科学紀要』第二三集（一九七四年）、四三－八九頁；唐渡「ロカルノ外交（三）」、四六－五七頁。トワリー会談では賠償・占領問題の他にも、当時国際連盟の管理下に置かれていたザール地域のドイツへの即時復帰、またドイツの軍縮を監督していた連合国軍事監督委員会の解散などが議題に上がった。会談内容についてドイツ側にはシュトレーゼマン自身の記録、フランス側にはブリアンの通訳の日記がそれぞれ残されているが、内容の詳細をめぐって両者には若干の食い違いが見られる。この点については、仏・独語の二次文献を広く参照した以下を参照。牧野『ロカルノ条約』、一三四－一三五頁。

†60　M・レヴィ＝ルボワイエ、中山裕史訳『市場の創出――現代フランス経済史』（日本経済評論社、二〇〇三年）、二八八－二九九頁。フランスは第一次大戦の勃発とほぼ同時期に金本位制から離脱した。その後、連合国からの信用供与によって一ドル＝五・一八フランに固定されていた為替レートは、二〇年四月末の一七・〇八フランを経て、二四年二月に二二・六五フラン、そしてトワリー会談前夜の二六年八月には四〇フランを超えるまでに上昇していた。A・ベルトラン／P・グリゼ、原輝史訳『フランス戦間期経済史』（早稲田大学出版部、一九九七年）、一八三－一九〇頁。

†61　Georges Suarez, *Briand : Sa vie – Son œuvre avec son journal et de nombreux documents inédits*, vol. 6, *L'Artisan de la paix, 1923-1932* (Paris: Librairie Plon, 1952), pp. 211-214; Jacques Néré, *The Foreign Policy of France from 1914 to 1945* (London: Routledge, 1975), pp. 76-78; Gérard Unger, *Aristide Briand* (Paris: Fayard, 2005), p. 519. 以下も参照。Christophe Bellon, *Aristide Briand : Parler pour agir* (Paris: CNRS, 2016), pp. 295-298. ブリアンがトワリーで占領終結を持ち出した背景として、フランス通貨危機という切迫

した経済的要因の他に、同時期のブリアンの占領観にも触れておくべきであろう。ロカルノ条約でともかくもイギリスの西欧におけるコミットメントを獲得した後、ブリアンにとってラインラント占領はフランスの安全になくてはならない軍事的保証というよりも、賠償支払いやラインラント非武装化に関する合意をフランスに有利な条件でドイツに認めさせるための政治的取引材料という意味合いが強くなっていた。そしてヴェルサイユ条約では連合軍がラインラントに駐留可能なのは三五年までと規定されていたから、時が経つほど対独交渉の切り札としての占領の価値は減ずるのだった。Keeton, *Briand's Locarno Policy*, pp. 211-212. ポワンカレ首相もこうしたブリアンの占領観を共有してはいたが、賠償委員会の保有する鉄道債の売却にドイツ政府の承認は必要ないのだから、今の段階でフランスから占領終結を持ち出すべきではないとの考えであった。Bariéty, "Finances et relations internationales," pp. 66-67. また外務省でもベルトロ外務次官は、占領を一気に解除してしまうのはあまりに拙速との判断からブリアンのトワリー方式に懐疑的であった。Sieburg, "Les entretiens de Thoiry," pp. 540-541.

†62　二六年八月初頭にティレル外務次官は、通貨危機に苦しむフランスが賠償金の前払いをあてにしてドイツに占領軍の完全撤退を持ちかける可能性があると指摘していた。Minute by Tyrrell, Aug. 5, 1926, FO 371/11308/C8060/78/18.

†63　Chamberlain (Geneva) to Tyrrell, Sep. 12, 1926, FO 371/11330/C10060/1006/18.

†64　Chamberlain to Hilda Chamberlain, Oct. 8, 1926, Chamberlain MSS, AC 5/1/395.

†65　Treasury to Foreign Office, Sep. 30, 1926, FO 371/11330/C10535/10060/18.

†66　Memo by Sargent, Oct. 9, 1926, FO 371/11331/C10930/10060/18.

†67　J.F.V. Keiger, *Raymond Poincaré* (Cambridge: Cambridge UP, 1997), pp. 319-324; Pierre Miquel, *Poincaré* (Paris: Fayard, 1984), pp. 542-604; Alfred Sauvy, *Histoire économique de la France entre les deux guerres*, vol. 1 (Paris: Fayard, 1965), pp. 83-99. 以下も参照。Emile Moreau, *The Golden Franc: Memoirs of a Governor of the Bank of France: The Stabilization of the Franc (1926-1928)*, trans. Stephen D. Stoller and Trevor C. Roberts (Boulder, CO: Westview, 1991).

†68　Keith Neilson, "'Pursued by a Bear': British Estimates of Soviet Military Strength and Anglo-Soviet Relations, 1922-1939," *Canadian Journal of History* 28, no. 2 (1993), pp. 190-221; Antony Best, "'We Are Virtually at War with Russia': Britain and the Cold War in

East Asia, 1923-40," *Cold War History* 12, no. 2 (2012), pp. 205-225. 以下も参照。A.J.P. Taylor, "Chequered Relations (book review of Stephen White's *Britain and the Bolshevik Revolution*)," *Observer*, Feb. 24, 1980, p. 39. チェンバレンが仏独和解によるヨーロッパの永続的安定を目指した裏に、帝国およびイギリス国内への脅威であるソ連に対して西欧の結束を固めるというテーマも存在したことは確かであろう。この点については、以下を参照。Erik Goldstein, "Britain and the Origins of the Cold War," in *Cold War Britain, 1945-1964: New Perspectives*, eds. Michael F. Hopkins, Michael Kandiah and Gillian Staerck (New York: Palgrave, 2003), pp. 7-14; T. G. Otte, "'A Very Internecine Policy': Anglo-Russian Cold Wars before the Cold War," in *Britain in Global Politics*, vol. 1, eds. Christopher Baxter, Michael L. Dockrill and Keith Hamilton (Basingstoke: Palgrave, 2013), pp. 17-49. しかしロカルノ条約成立後のヴェルサイユ条約にまつわる外務省文書を読んでみるとソ連への言及はほとんどなく、二〇年代後半のこれらの記録からイギリスの対独宥和におけるソ連要因の重要性を実証するのは難しい。しかしいくら当時のイギリスにとってソ連の脅威が帝国周辺の勢力圏争いとイギリス国内へのプロパガンダであったとはいえ、独露（ソ）提携が大戦前と同じくヨーロッパ国際秩序にとって悪夢のシナリオであったことを考えると、当時の対ドイツ政策の形成にソ連への言及が見られないのはやや奇妙な事態ではある。それはあたかも、文字にすると脅威がたちまち現実になることを恐れて、イギリスの政策決定者たちがソ連の名を出すのを避けているかのようである。

†69 Stephanie C. Salzmann, *Great Britain, Germany and the Soviet Union: Rapallo and After, 1922-1934* (London: Royal Historical Society, 2002), pp. 77-88; Keith Neilson, *Britain, Soviet Russia and the Collapse of the Versailles Order, 1919-1939* (Cambridge: Cambridge UP, 2006), pp. 52-55; Christopher Andrew, "British Intelligence and the Breach with Russia in 1927," *Historical Review* 25, no. 4 (1982), pp. 957-964; Harriette Flory, "The Arcos Raid and the Rupture of Anglo-Soviet Relations, 1927," *Journal of Contemporary History* 12, no. 4 (1977), pp. 707-723; Gabriel Gorodetsky, *The Precarious Truce: Anglo-Soviet Relations, 1924-27* (Cambridge: Cambridge UP, 1977), pp. 211-231.

†70 Memo by Chamberlain, May 21, 1927, Chamberlain MSS, AC 50/336.

†71 Addison (Berlin) to Chamberlain, June 25, 1927, FO 371/12152/C5576/5294/18.

†72 二〇年代の労働党の対外政策において、敗戦国ドイツに不当な抑圧を強いるヴェルサイユ条約の修正は世界規模の

軍縮や国際連盟の機能強化と並ぶ基本的原則の一つであった。Henry R. Winkler, *British Labour Seeks a Foreign Policy, 1900-1940* (New Brunswick: Transaction, 2005), pp. 40-50; William Rayburn Tucker, *The Attitude of the British Labour Party towards European and Collective Security Problems, 1920-1939* (Geneva: University of Geneva, 1950), pp. 54-69, 116-119. 二八年、労働党が総選挙に際して作成したパンフレットにも、連合軍の「ラインラントからの即時かつ無条件撤退」が公約として明記されている。Labour Party, *Labour and the Nation* (London: Transport, 1928), pp. 48, 57.

†73 Statement by Ponsonby, July 11, 1927, *Parliamentary Debates*, Commons, 5th ser., vol. 208, cols. 1761-1890. 以下も参照。Question by Harris, July 6, 1927, *Ibid*., cols. 1242-1243.

†74 Minute by Chamberlain, July 3, 1927, FO 371/12152/C5576/5294/18.

†75 *DBFP* 1A/3/255, minutes by Sargent and Tyrrell, July 5, 1927.

†76 Memo by Sargent, July 15, 1927, FO 371/12148/C6248/2050/18.

†77 Crewe (Paris) to Chamberlain, July 27, 1927, FO 371/12148/C6402/2050/18.

†78 Crewe (Paris) to Chamberlain, Aug. 10, 1927, FO 371/12149/C6776/2050/18.

†79 Foreign Office to Treasury and War Office, Aug. 15, 1927, ibid.

†80 CP 224 (27), memo by War Office, Aug. 22, 1927, CAB 24/188.

†81 War Office to Foreign Office, Aug. 26, 1926, FO 371/11299/C9472/446/18. ちなみに二六年七月一日の時点で占領軍は総勢七万五九五九人、そのうちフランスは五万九六一三人、イギリスは八一一八人、ベルギーは八二二八人であった。Memo by War Office, Aug. 17, 1926, WO 106/461.

†82 あるいは陸軍省がラインラントからのイギリス兵撤退に消極的だったのは、名誉とは別の理由があったのかもしれない。一つ考えられるのは財政上の懸念である。ヴェルサイユ条約第二四九条にある通り、連合国による占領の費用は兵士の給与から宿舎、装備に至るまですべてドイツ政府が負担することになっていた。二六年八月、ワージントン＝エヴァンズ陸相はチェンバレン外相への私信の中で、占領軍削減が容易でない理由として、本国に帰還させるよりラインラントに兵士を駐留させておく方が安上がりであることを挙げている。Worthington-Evans to Chamberlain, Aug. 24, 1926,

Chamberlain MSS, AC 53/579. ここでは陸相個人の見解とされているが、「一〇年ルール」のもとで陸軍予算が毎年大幅に削減されていた当時の状況を考えると、陸軍省の本音が吐露されているようにも思われる。

†83 CC 49 (27) 4, Aug. 25, 1927, CAB 23/55.

†84 このときのイギリス兵の削減数をめぐる陸軍省内の議論について、イギリス国立公文書館に収められた陸軍省文書、またオックスフォード大学ボドリアン図書館所蔵のワージントン＝エヴァンズ個人文書を閲覧したが、これに関連する記録を見つけることはできなかった。

†85 Chamberlain to Crewe (Paris) and Grahame (Brussels), Aug. 25, 1927, FO 371/12149/C7073/2050/18.

†86 Crewe (Paris) to Chamberlain, Aug. 26, 1927, FO 371/12149/C7127/2050/18.

†87 Grahame (Brussels) to Chamberlain, Aug. 26, 1927, FO 371/12149/C7120/2050/18.

†88 Selby (Geneva) to Sargent, Sep. 5, 1927, FO 371/12149/C7483/2050/18.

†89 Ryan (Coblenz) to Chamberlain, Nov. 16, 1927, FO 371/12150/C9283/2050/18; ibid., Nov. 26, 1927, FO 371/12150/C9657/2050/18; Waley to Sargent, Dec. 12, 1927, FO 371/12150/C10141/2050/18.

第三章

ヴェルサイユ条約対独軍縮をめぐるイギリス外交、一九二四―一九二七年

はじめに

第一次大戦後、一九一九年六月二八日に締結されたヴェルサイユ条約の第五編第一節には、ドイツの軍事的台頭が二度とヨーロッパに起こらぬよう、同国に大規模な軍縮を義務付ける軍事条項（the military clauses）が設けられていた。大戦前夜には約八〇万人、大戦中には平均六〇〇万－七〇〇万の兵力を維持したドイツ陸軍は一〇万人の志願兵に限定され、重砲・毒ガス・戦車・戦闘機の保有は一切認められなかった。一六年の一年間だけで三〇〇万挺が生産されたライフル銃をはじめ、他の武器弾薬についてもその生産は種類ごとに厳しく制限された。参謀本部および徴兵制は廃止に追い込まれ、復員軍人の結社や射撃クラブといった民間団体すら規制の対象となる徹底ぶりであった。[†1]

中でもヴェルサイユ条約において画期的だったのは、連合国が軍縮に関するドイツの条約遵守を継続的に確保しようとした点である。一九二〇年一月、ＩＭＣＣがベルリンに設置され、各連合国政府から派遣された武官がドイツ政府の履行を監督ならびに検証した。ＩＭＣＣの軍人たちは、パリでヴェルサイユ条約の施行を統括する大使会議（Conference of Ambassadors）の指示に従い、大使会議はフランスのフォッシュ元帥率いるヴェルサイユ連合国軍事委員会（Allied Military Committee of Versailles: 以下ＡＭＣＶと略記）に専門的助言を随時仰ぐことができた。[†2]軍事条項は敗戦国ドイツのパワーを抑え込むことでヨーロッパの安定を図った一九年の講和の核心であり、ＩＭＣＣは連合国がそうした政策の実効性を高めるのに欠かすことのできない制度であった。

一九二〇年代前半の連合国はドイツにおいて軍縮を積極的に展開した。最も順調に進んだ分野は、兵器および装備品であった。ヴェルサイユ条約が定める総引渡し量を一〇〇％とすると、二一年一月までにＩＭＣＣは大砲の九〇％、迫撃砲の八七％、機関銃の七二％の処理に成功していた。[†3]だが他の分野において、連合国はドイツ側の組織的な隠蔽工作に直面した。たとえば大戦後のドイツ国内には愛国主義団体が乱立し、彼らはヴェルサイユ条約の禁じる軍事訓練を密かに行っていたが、ドイツ政府はこれら組織の活動を禁止するどころかボリシェヴィズムの防波堤として黙認し、国防軍は彼らの訓練に協力までしていた。[†4] 二〇年代初頭、連合国の対独軍縮政策は小規模の火器を中心にかなりの成功を収めたものの、後に常態化したドイツの条約不履行は戦勝国の間に広く知れ渡ることとなった。[†5]

こうしてドイツ政府がヴェルサイユ条約に反し軍事力を温存していたにもかかわらず、連合国は一九二六年一二月、ドイツの要求に応じてＩＭＣＣの解散に同意した。これをもって連合国はドイツに軍縮を強制するための直接的手段を失い、軍事条項の執行は事実上の終焉を迎えたのである。

これまでの研究では、対独軍縮の終了に中心的役割を果たしたのがイギリスであり、特に当時の外相チェンバレンがＩＭＣＣの早期解散をめぐって主導権を握ったことが指摘されてきた。ＩＭＣＣの解散に至るイギリス外交を検討したフォックス（John P. Fox）の論文は、親仏家として描かれることの多いチェンバレンが実はドイツの軍縮違反を黙認しており、「政治的考慮」からＩＭＣＣの解散に賛同したと結論づけている。しかし同論文の力点はもっぱらイギリスの対外交渉過程に置かれ、チェンバレンがどのような考えからＩＭＣＣの解散を強く主張するようになったのか、政策形成をめぐる明快な議論は提示されていない。[†6] またグレイソンおよびスタイナーの研究は、仏独和解に基づく勢力均衡を模索した「欧州人（Européen）」としてチェンバレンの外交を論じているものの、彼のヨーロッパ国際秩序観と対独軍縮政策の関係は詳らかにされず、ただ仏独仲裁のためにドイツの不満を解消する必要があったとの言及に留まっている。[†7]

一九二〇年代の連合国の対独軍縮政策を包括的に分析したシャスター（Richard J. Shuster）の研究はどうだろうか。シャスターによれば、チェンバレンはシュトレーゼマン独外相への個人的友情から軍縮問題で譲歩を選んだとのことだが、[†8] チェンバレンの評伝や公刊史料をひもとくと、ヴェルサイユ条約の緩和を執拗に求めるドイツに対してチェンバレンが好感情を抱いていなかった事実が浮かび上がる。[†9] したがってチェンバレンがドイツ政府あるいはシュトレーゼマンへの信頼からＩＭＣＣの解散に動いたというシャスターの理解にはいささかの疑問が残る。この他に、チェンバレンがドイツの軍縮状況に十分納得してＩＭＣＣの解散に踏み切ったと示唆するジェイコブソンの研究もある。[†10] しかし後に見るように、チェンバレンのもとには外相就任当初からドイツの軍縮違反に関する情報が届いており、彼自身そうした違反の深刻さを承知していた。ドイツへの友誼からでもドイツの条約履行に対する信用からでもないとすれば、何ゆえチェンバレンは連合国の対独軍縮政策に幕を引こうとしたのか。

本章は、ヴェルサイユ条約の対独軍縮規定をめぐるイギリス政府の政策決定および対外交渉過程を分析することで、一九二〇年代中盤のイギリスがいかにして対独宥和に傾斜し、ＩＭＣＣの解散を主導するようになったのかを明らかにする。その際に注目するのは、主に対外政策の立案を手がける事務レベル（ドイツ問題全般を扱う外務省ならびにＩＭＣＣに武官を派遣していた陸軍省）に加えて、政策決定に最終的な責任を負う政治レベル（第二次ボールドウィン内閣）の対外認識である。当時のイギリスの閣僚たちは同時代のヨーロッパをどのように観察することで対独軍縮の終了を認めるに至ったのか。以下、チェンバレン外相を筆頭とする主要閣僚のヨーロッパ情勢およびヴェルサイユ条約に関する認識に着目し、軍事条項をめぐって対独宥和の道を選んだイギリスの論理を再構成したい。

一　第二次ボールドウィン内閣の成立と対独軍縮問題

一九二四年一一月四日、チェンバレンを外相に迎えて第二次ボールドウィン内閣が発足すると、間もなくドイツの軍縮問題が喫緊の外交課題として浮上することになった。前章で詳しく見たように、第一次大戦後、連合国はドイツによるヴェルサイユ条約の履行の「保証」としてドイツ西部国境とライン川に挟まれた一帯、いわゆるラインラントを一五年の期限付きで占領した。同地域は北からケルン・コブレンツ・マインツの各都市を中心に三分割され、ドイツが誠実に条約を履行していると判断された場合、連合国は北部から五年ごとに撤退を行うことになっていた。[†11] そして最初の撤退予定日が、二五年一月一〇日と目前に迫っていたのである。

外務省中欧局のブリーフィングによれば、一九二四年八月に採択されたドーズ案のもとでドイツは遅滞なく賠償金を支払っていたから、年明けに予定されるケルン地域からの撤退の是非はドイツの軍縮義務の履行状況にかかっていた。[†12] 事の次第を把握したチェンバレンは一一月二八日、対独軍縮の進捗について陸軍省に意見を求めた。同年九月からＩＭＣＣはドイツ全域で軍備の全面査察を実施しており、チェンバレンは陸軍の専門的見解を欲していた。[†13]

一二月初頭に届いた参謀本部の回答は明瞭であった。ドイツ政府はヴェルサイユ条約の軍縮義務を果たしておらず、連合国はケルン撤退前に軍事条項の履行（あるいは少なくともその開始）を断固として要求すべきだという。ＩＭＣＣによる査察の途中経過から、警察の縮小および再編、軍需工場の平和利用、そして軍需物資の廃棄といった重要項目の不履行が明らかとなっていた。ドイツの軍事力は休戦後に実施された武装解除のレベルを一九二四年末の時点でもおおむね維持していたが、ＩＭＣＣの査察によって発見されたこれらの違反を前に、陸軍省はヴェルサイユ条約の規定通りドイツの軍縮努力が確認されるまで、ケルン地域からの撤退を延期するよう外務省に申し入れた。[†14]

そもそもドイツに対する脅威認識が陸軍省より希薄であった外務省においても、明白な軍縮違反の報告が出されている以上、ドイツに誠実な条約履行を求めるのが筋であるとの意見が大勢を占めていた。マクニール政務次官は、現在の違反をそのままにしてケルン撤退に応じれば、連合国がドイツの条約履行を公に認めるに等しく、「目に余る自己矛盾」を犯すことになると警告した。[†15] 一一月二四日、ランプソン中欧局長はロンドンを訪れていたドイツ外務次官シューベルト（Carl von Schubert）に対し、軍事条項の不履行という事実に照らしてケルン撤退が期日通りに始まることはないと伝えている。[†16] クロウ外務次官もランプソンの見解に賛同した。[†17]

続いて一二月四日、チェンバレン外相はローマで開かれる国際連盟理事会に出席するためロンドンを出発したが、彼は初の外遊先で対独軍縮への強い要請に直面する。エリオ仏首相兼外相は五日に行われた二時間以上にわたる会談で、ドイツが依然としてヨーロッパの平和に対する脅威であることをチェンバレンに説いた。ドイツによる東欧侵略の可能性は決して否定できず、軍縮についてもドイツは故意にその義務を怠っている。ケルン地域からの連合軍撤退はドイツの軍縮履行を待たねばならない、というのがフランス政府の立場であった。[†18] このときチェンバレンは英仏協調を重視するエリオの存在を頼もしく思っていたが、「あらゆる問題で対独恐怖に取り憑かれて」いる彼の様子も見逃していなかった。[†19] その後もローマで国際連盟フランス代表のブリアン、ベルギー外相イマンス（Paul Hymans）、チェコスロヴァキア外相ベネシュ（Edvard Beneš）がそれぞれドイツの膨張に対する深い懸念と、英仏を中心とした新たな対独抑止策を講じる必要性をチェンバレンに主張した。[†20]

一二月一六日、帰国したチェンバレンは主要閣僚と三軍指導層が出席するＣＩＤにおいて、今日のヨーロッパにおける際立った特徴は「恐怖」であると報告した。講和から五年以上の月日が流れても、フランスのドイツに対する敵意と不安は消えず、大陸の政治的安定は未だ確立されていない。イギリスが大陸諸国に安全の感覚をもたらさなければ遅かれ早かれ大戦争が再発するであろう、というのが外遊を終えたチェンバレンの所感であった。[†21] チェンバレンは、かつての交戦国が些細な挑発から軍事衝突に発展してしまうような大陸の全体的状況を憂慮していた。彼の関心は特定の脅威に対する安全の確保よりも、「ヨーロッパにおける敵愾心の緩和」に向けられていたのである。[22]

外務省と陸軍省が対独軍縮を揃って支持した上に、大陸諸国、とりわけフランスの根深い対独恐怖を目の当たりにしたチェンバレンは、当面の政策をヴェルサイユ条約の厳格な強制に定めた。一二月一七日、内閣によって

・ドイツによる軍事条項の履行が不完全なため、一九二五年一月一〇日に予定されたケルン地域からの連合軍撤退は、ＩＭＣＣによる査察の最終報告が発表されるまで延期する
・もし同報告の中で、ドイツが軍事条項を「おおむね（in the main）」満たしたと認定されていれば、連合国はケルン地域からの撤退を開始する

というチェンバレンの方針が承認された。[23] 閣議決定から三日後、イギリス政府の公式見解はフランス・ベルギー両政府に伝えられた。[24]

一二月二〇日、シュターマー駐英ドイツ大使はチェンバレンと面会し、軍縮を事実上すでに完了したドイツは近隣諸国の脅威たりえず、ケルン撤退の延期は良好に保たれてきた英独関係の崩壊を意味すると詰め寄った。ところがチェンバレンはこれに動じることなく、ドイツは「戦争の結果ならびに新しいヨーロッパの基礎である講和条約を忠実に受諾しなければなりません」と答えている。[25] 一九二五年一月五日、ドイツ政府による軍縮不履行を理由にケルン地域の占領が継続されるという通告が、ダバノン駐独大使を通じてマルクス独首相に手交された。[26]

二　チェンバレンによる大陸政策の形成

こうしてヴェルサイユ条約をひとまず擁護したイギリス政府であったが、ボールドウィン内閣にとって優先すべき外交課題は対独軍縮だけではなかった。一九二五年一月から三月にかけて、政府内では望ましい大陸関与(Continental Commitment)のあり方について侃々諤々の議論がくり広げられたのである。最終的に二五年一〇月のロカルノ条約へと結実するイギリスの政策決定および対外交渉過程については、すでに優れた研究が複数存在する。[†27]そこで本節ではイギリスの対独軍縮政策を理解する上で欠かすことのできない、主要閣僚のヨーロッパ情勢認識に焦点を絞って二五年春の政策論議を振り返りたい。

事の発端は、前労働党政権から引き継いだ「ジュネーヴ議定書」にあった。国際連盟の集団安全保障機能を強化するための同議定書は、第二次ボールドウィン政権が発足する約一カ月前の一九二四年一〇月二日、国際連盟総会において全会一致で採択されていた。締約国に国際紛争の平和的解決(仲裁裁判あるいは常設国際司法裁判所への付託)を義務付け、これへの拒否をもって国際連盟規約上の「侵略国」の認定要件とするというのが概要である。[†28]議定書はエリオ仏首相の肝いりで起案された。前任者のポワンカレが軍事力を前面に出してヴェルサイユ条約をドイツに強制したのに対し、二四年六月に首相兼外相の座に就いたエリオは、ドイツを含めた多国間協定や国際連盟の枠組みによって対独安全保障を確立しようとしていた。[†29]ところが一〇月末に行われたイギリス総選挙の結果、マクドナルド率いる労働党は大敗を喫し、イギリスによるジュネーヴ議定書の批准は次のボールドウィン政権に委ねられたのである。

早くも一九二四年一二月には、政府内で(自治領および帝国を含む)イギリスの軍事負担の増大を懸念する声が相次いだことから、ボールドウィン内閣がジュネーヴ議定書を批准する可能性はほぼ潰えていた。[†30]しかし閣僚たちは同議定書がフランスの安全保障政策の一環である以上、何の代案も示さずに知らぬふりを決め込むこともできないと感じていた。[†31] 大戦後のフランス政府は、英仏・米仏保障条約（一九一九年）や英仏同盟交渉（一九一九－二二年）などドイツに対するイギリスの軍事的保証をたびたび求めたが、イギリス政府は結果としてフランスの要望にことごとく背を向けることになった。[†32] そして今やジュネーヴ議定書への参加を見送ることで、イギリスはまたしてもフランスの安保計画を退けようとしていた。

それゆえ一九二四年末から二五年初頭、フランスの対独恐怖はイギリス政府にとって無視することのできないヨーロッパの不安定要素と化していた。二四年一二月にチェンバレンが大陸情勢は「恐怖」に特徴づけられると政府内で報告した後、戦債問題の会議のためフランスを訪れたチャーチル蔵相もまた同様の感想を抱いている。[†33] チャーチルは帰国後の二五年一月一五日、ヨーロッパ情勢に関する覚書を内閣に提出し、目覚ましい経済復興を遂げるであろうドイツに対するフランス指導層の「不安」を強調した。[†34] こうした認識がチェンバレンやチャーチルによって他の閣僚に示されたことは、イギリス政府内でフランスへの安心供与策が検討される重要な布石となった。

一九二五年一月二〇日、ドイツ政府からダバノン駐独大使のもとへ極秘の書簡が届けられる。そこには後のロカルノ条約の出発点となる、西欧の領土的現状に関する「四国条約」案がしたためられていた。仏独英伊四カ国による相互不可侵、非武装地帯を含むラインラントの保全ならびに仲裁裁判の受諾を提案することで、ドイツは大戦後の仏独国境を維持する用意があることをイギリス側に通知したのである。[†35] このときイギリス政府の前にはジュネーヴ議定書の代案として、大戦後のフランスが渇望してきたドイツに対抗する英仏軍事同盟と、ドイツを包含する多国間の相互保障協定という二つの選択肢があった。二五年二月、いよいよイギリスの大陸関与をめぐる政府内討議が幕を開ける。内閣は大きく三つの意見に分かれた。

閣内で多数を占めたのは、そもそもフランスの対独安全保障への関与に否定的な人々、「懐疑派」と呼びうる一群である。彼らは大戦後のヨーロッパの軍事バランスがフランスの優位にあり、ドイツはもはや軍事的脅威ではないとの前提に立って対仏コミットメントに疑念を呈した。二月一三日のＣＩＤでカーズン枢密院議長は、フランスがヨーロッパの最強軍事国である一方ドイツは軍備を大幅に縮小しており、前者の後者に対する怯えに根拠はあるのかと訝しんだ。同席するバルフォアによれば、フランスの対独恐怖は「耐え難いほど馬鹿げた」強迫観念であった。[†36] さらにチャーチル蔵相は、フランスがこの先一〇年の間ヨーロッパの最強国であり続け、対照的にドイツは「武装解除され弱り切って」いるのだから、組むべき相手を誤って強者の側につき、ヨーロッパの勢力均衡をこれ以上乱すべきではないと警告した。[†37] 加えて植民地相エイメリー（Leopold Amery）とインド相バーカンヘッドは、自治領ならびに帝国の同意を調達できないとの理由からイギリスの大陸関与自体に反対していた。[†38]

一方、ワージントン＝エヴァンズ陸相は英仏同盟の締結を提唱する。彼は二月二六日の覚書で、ドイツに対抗する相互防衛条約こそイギリスの安全に不可欠であるという参謀本部の見解を内閣に伝えた。目下のところドイツの侵略は切迫した危険とはいえないものの、もし彼らの軍事的台頭が再び現実と化せば、イギリスはまたも英仏海峡を隔てて覇権の脅威と対峙せねばならなくなる。イギリスの安全は仏独国境の現状維持にかかっているが故に、中長期的観点から対独抑止策をあらかじめ講じておくべきであると陸相は論じた。[†39] しかし彼にとってのドイツは、永遠に和解できない仇敵というわけではなかった。陸相は先の覚書の中で、英仏同盟の締結がゆくゆくはドイツを一員に迎えたヨーロッパ国際秩序の形成につながることを期待している。フランスの不安を英仏同盟によって鎮めた後、連合国とドイツには永続的平和に向けて協力する猶予期間が与えられるであろう。その間に政治家がドイツを含めたヨーロッパ安全保障を確立すべきであり、英仏同盟はそれまでの「つなぎ（temporary expedient）」になると陸相は述べていた。[†40]

内閣における第三の意見は、チェンバレンおよびランカスター公領相セシル（1st Viscount Cecil of Chelwood）の「四国条約派」であった。両者はイギリスの進むべき道を、ヨーロッパの大国が共同で西欧の現状を保障する一月二〇日のドイツ案に見出していた。チェンバレンは二月一三日のＣＩＤで「懐疑派」の閣僚に対し、大陸の軍事バランスは確かにフランスに有利であり、なぜ彼らがドイツにそこまで怯えるのか自分にも解せないと認めている。しかし問題なのは、そうした事実にもかかわらず、フランスが対独安全保障に執着し続けているという点であった。[†41]今イギリスが大陸関与の姿勢を示さなければ、フランスはヴェルサイユ条約の強制政策を極限まで推し進めることになり、ヨーロッパ安定化への扉は永久に閉ざされてしまう。イギリスは国際秩序再建への第一歩として四国条約に参加すべきであるとチェンバレンは主張した。[†42]彼はフランスの対独恐怖が緩和されない限りヨーロッパの安定は確立されないと考えるも、連合国とドイツの溝を深めかねない英仏同盟には気乗り薄であったから、ドイツを含めた西欧安保条約への参加を訴えたのである。

セシルもやはり、ドイツの軍事的脅威が短期間で深刻化するとは考えていなかった。[†43]そして内閣に提出された二月二三日の覚書では、国際連盟の監督下という但し書きをつけながら、イギリス・フランス・ドイツが西欧の安全に「明確化された義務」を共同で負うことに賛成している。セシルは、旧交戦国がお互いに現状を保証し合うことこそ何より重要であると考えていた。敗戦国ドイツを排除した条約を新たに作ったのでは、先の大戦における対立が大陸にくすぶり続け、ヨーロッパの安全は強化されるどころか脆弱になってしまうからである。さらに彼は、ドイツが軍縮をかなりの程度履行した以上、イギリスをはじめ戦勝国も軍縮に真摯に取り組まなければ恒久平和は遠いとも指摘した。[†44]大戦中より普遍的国際機構の設立に取り組んできたセシルは一般軍縮の熱心な推進者でもあったが、彼の憂慮すべきことに、ヨーロッパ最大規模の陸軍を擁するフランスは対独安全保障を最優先にして、地上兵力の縮小はおろか制限についても消極的であった。もしイギリスがフランスの対独恐怖を和らげてやれば、彼らは大規模な軍縮にも前向きになるのではあるまいか。セシルが四国条約への参加を支持した背景には、大国協調の復活によるヨーロッパの安定化という目論見とともに、あるいはそれ以上に、ジュネーヴの国際連盟を舞台とする自身の平和構想を前進させたいとの思惑があった。[†45]

こうして一九二五年二月の内閣には、ジュネーヴ議定書に代わるイギリスの大陸関与の方法について、「懐疑」「英仏同盟」「四国条約」の三派が鼎立していた。閣僚たちは最も望ましいコミットメントのあり方をめぐって衝突していたが、二つの点で彼らの立場は共通していたといえる。

第一に、主要閣僚はヨーロッパの現況、特にパワーの分布に関して、一九二五年当時のドイツが大陸の深刻な軍事的脅威ではない点を一様に認めていた。強大な陸軍国フランスへの関与に疑念を抱く「懐疑派」に加えて、ワージントン＝エヴァンズやチェンバレン、セシルも、ドイツが軍事的に弱体化していることを踏まえつつ各自の意見を披露した。大陸の軍事バランスはフランスに有利であり、さしあたりドイツがヨーロッパの平和を破壊する脅威にはならないというのがボールドウィン内閣の共通認識であった。

第二に、閣僚のほとんどは四国条約に妥協の余地を残していた。たとえば英仏同盟を推奨する陸相にとって同案は必ずしも最終目標ではなく、その先にドイツを含めたヨーロッパ国際秩序の構築を思い描いていた。また英仏同盟には断固反対のカーズンやバルフォア、チャーチルもイギリスの関与がヨーロッパの政治的安定に不可欠であることは承知しており、いずれも二月一三日のＣＩＤでドイツを排除しない四国条約ならばとチェンバレンの主張に最終的には理解を示している。「懐疑派」があくまで異議を唱えていたのは、軍事的に優越するフランスにばかり肩入れし、弱体化したドイツを向こうに回すような同盟型の協定であった。イギリス政府は三月二〇日、四国条約交渉への参加を正式に承認する。[†46]

一九二五年三月、懸案であったジュネーヴ議定書の代案に決着がついた頃、チェンバレン外相は自身が支持した四国条約を基に、独自の大陸政策を形成するに至った。それは、イギリス・フランス・ドイツを基軸とした大国協調をヨーロッパに復活させようという長期計画であった。チェンバレンは三月一九日、永続的なヨーロッパ国際秩序への行程表をこう描いてみせた。

一、フランスの恐怖を取り除くあるいは和らげる、二、ドイツを欧州協調に招き入れる。どちらも等しく肝要であり、いずれが欠けても十分ではない。そして後者を可能にするため、まずは前者が必要なのだ。……もし我々が……仏独双方に影響力を十二分に行使しなければ、ヨーロッパは再び終末戦争の淵へと追いやられるであろう[†47]

チェンバレンのヨーロッパ安定化計画の根底にあったのは、一九二五年のドイツが対外侵略を直ちに開始することはないが、数十年先となればドイツは大戦争の危険を冒してでも領土的現状を変更するかもしれないという懸念である。チェンバレン自身の言葉を借りれば、「今日明日のためでなく、ドイツが国力を回復して戦争の見通しがヨーロッパの地平を再び曇らせるであろう一九六〇年あるいは七〇年を見越して」国際秩序を再建しなければならなかった[†48]。そこで彼はドイツの侵略に反撃するための枠組みを構築してフランスの対独恐怖を鎮めるとともに、ドイツの敗戦にまつわる屈辱感を解消することで彼らの大国としての地位に配慮し、英仏独関係の円滑化を目指したのである。

そうして出来上がるヨーロッパの姿とは、ナポレオン戦争の終結から約一世紀の平和を支えた「欧州協調(Concert of Europe)」の現代版ともいうべきものであろう。一八一五年一一月の対仏講和では、大国間の勢力均衡に細心の注意を払った領土処理に加えて、現状変更には全大国の承認を必要とし、平時から指導者が国際問題を定期的に協議する旨が合意された。これらの合意は一九世紀中盤、クリミア戦争や普仏戦争などを経て次第に弛緩していくものの、それでもなお大陸を席巻するような大戦争が一九一四年まで不在であったのは、全大国間の協調というウィーンで確認された根本的原則によるところが大きかったといえる。[†49]

チェンバレン外相が大陸政策の指針としたのは、ウィーン会議でヨーロッパ国際秩序の再建に尽力したイギリス外相カースルレイ（Viscount Castlereagh, later 2nd Marquess of Londonderry）であった。一九二五年二月、外務省歴史顧問ヘッドラム＝モーリーはイギリスの大陸関与の歴史的意義をまとめた覚書の中で、カースルレイらナポレオン戦争における戦勝国の指導者が、敗戦国に平等な地位を与えて大国としての尊厳を守ったことに言及した。すなわち、戦勝国は敗戦国フランスの復讐戦を封じるべく軍事同盟を戦後も継続し、低地諸国の結合やドイツ連邦の創出によってフランス周辺に事実上の防壁を築く一方、フランスは講和会議への参加と発言を認められ、一八一八年からは大国がヨーロッパ国際秩序を共同で運営していくための会議体制に正式に組み込まれたのである。[†50]永続的な国際秩序を打ち建てるには敗者を「ヨーロッパ諸国民から成る家族（the European family of nations）」の一員として認めることが肝要である、とヘッドラム＝モーリーは論じていた。[†51]これを読んだチェンバレンは、大いに感銘を受けたと記している。[†52]こうして古典外交の経験の中に大国の共同性という徳を見出したチェンバレンは、ヨーロッパにおける大国協調の復権を追求していくことになる。

三　ロカルノ条約の締結と対独軍縮政策の転換

一九二五年早春、ドイツの提案する西欧安保協定への参加に舵を切ったイギリスであったが、彼らは息つく間もなく対独軍縮問題と再び向き合わねばならなかった。一月上旬の連合国通告ではケルン地域占領の延長が宣言されていたものの、その根拠となった軍縮違反の詳細や、撤退開始のためにドイツがとるべき措置についての記述はなかった。査察を行ったＩＭＣＣの最終報告書を待って、連合国はドイツへの対応を検討する必要があった。

一九二四年九月に始まったドイツ軍備一斉査察の結果がイギリス外務省に届けられたのは、翌二五年二月中旬のことである。一六〇頁に及ぶＩＭＣＣの報告書は、ドイツの軍縮違反の全容を明らかにしていた。民間の工場では大小の銃が連合国の許可なく製造され、軍需物資の輸出入を禁止する法律の制定も滞っていた。学生たちに軍事訓練を施す愛国主義団体との連携により国防軍は予備兵力を増やす一方、各州の警察も中央政府から財政援助を受けることで国防軍を実質的に補完する形となっていた。[†53] ドイツのヴェルサイユ条約違反に疑念の余地はなく、ＩＭＣＣの報告書を読んだチェンバレン外相は、「素人目に見てもドイツの不履行は予想以上に深刻だ」と記している。[†54]

しかし、ＩＭＣＣに武官を派遣して対独軍縮政策の執行を請け負ってきた陸軍省は、チェンバレンと異なる印象を抱いていた。まずＩＭＣＣは一斉査察を終えた所感として、ヒト（警察官の過剰雇用や違法な軍事教練の実施など）およびモノ（禁止されている装備の製造・輸入など）に関するドイツの軍縮違反があまりに広範囲にわたるため、特に重要と見られる項目でドイツ政府が履行の意志を示した場合、連合国は他の点について何らかの譲歩に応じることが望ましいとの結論に達した。[†55] これを受けた参謀本部によれば、ドイツの不履行の本質は軍事条項の「あからさまな違反（definite infractions）」というより「ごまかし（evasions）」に近く、これらは道徳的非難にこそ値するものの、効果的に対処する術はありそうもなかった。いくらＩＭＣＣが厳しく監視しても、ドイツは連合国当局の目を盗んで細かい違反を積み重ねるからである。[†56] イギリス陸軍の見解には、ドイツに軍縮を徹底させることには無理があるとの諦念が漂っていた。

陸軍省が強制軍縮の限界を指摘するのには、それなりの理由があった。彼らは一国の軍事力を量的に判断可能な概念とは捉えていなかったのである。一九二五年一一月、ワージントン＝エヴァンズ陸相はこの点に関する参謀本部の見解をＣＩＤに提出し、現代における軍縮の困難さを次のように説明した。すなわち、先進工業国の軍事力とは武器弾薬や兵員の絶対数よりも、その国が有する天然資源や財源を素早く、しかも大量に軍需生産へと転化する能力によって規定される。ＩＭＣＣが実施している駐在武官を通じた実地検分でドイツの産業全体をあまねく監視することは到底できず、もし連合国が今以上に組織的かつ強制的な介入を試みれば、どんな主権国家もそれを拒絶するであろう、と。[†57] 四年にわたるドイツとの戦いで国民の多くを戦場や工場に送り込んだ経験を持つイギリス陸軍省は、軍が所有するモノやヒトの数を減らすだけでドイツの戦闘能力を低下させられるとは考え難かったのであろう。そして人員と行動範囲の限られたＩＭＣＣがドイツの国民経済を統制することなど不可能である以上、陸軍省が強制軍縮の実効性そのものに懐疑の目を向けたのも故なきことではなかった。

それでもチェンバレン外相は、ＩＭＣＣによる査察の結果を受けて強制政策の継続を選んだ。西欧安保協定が成立しないうちに対独宥和を展開することで、せっかく鎮まりかけたフランスの対独恐怖が再燃し、ヨーロッパ国際秩序の再建が道半ばで挫折するのを恐れたのである。チェンバレンのこうした慎重さは、同じ頃カー（Philip Kerr）に送られた私信の中に色濃く映し出されている。一九二一年三月まで当時の首相ロイド・ジョージの私設秘書官を務め、その後ジャーナリストとして幅広く活躍していたカーは、ヴェルサイユ条約の本格的な修正を主張していた。ドイツに再軍備の自由とラインラントにおける主権の完全回復を認めない限り、ヨーロッパに真の安定は訪れない。ウィーン会議の平和処理から教訓を得るのであれば、敗戦国を一刻も早く戦勝国と同じ境遇にしてやるべきだ、とカーはチェンバレンに力説した。[†58]

チェンバレンも自身の大陸政策に照らして、敗戦国ドイツの領域主権や国際的地位を回復させるというカーの主張自体に異論はなかった。ただし、早まって手順を誤ることだけは避けねばならなかったのである。チェンバレンはカーに宛てて、現在のイギリスの対外政策はカースルレイのそれをそのまま踏襲するというより、「状況に応じて修正を加えたもの（*mutatis mutandis*）」でなければならないと書いた。もし今ドイツに課せられたヴェルサイユ条約の制約、すなわち軍縮義務や占領を一気に取り去れば、安全保障上の懸念からフランスのドイツに対する態度はたちまち硬化するであろう。まずは西欧安保協定の成立によってフランスの安全の感覚を強め、その後で敗戦国の懐柔に乗り出す。「そうすれば」とチェンバレンは続けた。「一〇〇年前と同じく、事が起こる度に大国から新しい組み合わせが自ずと生み出され、ヨーロッパが敵対する二つの陣営に分裂しなくても済むようになるでしょう」。[†59] 硬直した二極体制が生まれるのを防ぐため、ドイツをあくまで段階的に抱き込まねばならないと考えたチェンバレンにとって、西欧安保協定の締結前に対独宥和の引き金を引くような拙速な行動は慎まねばならなかった。

こうした論理から、一九二五年春のチェンバレンは対独軍縮の強制を続行したのである。四月一〇日、大使会議の軍事諮問機関であったＡＭＣＶがケルン撤退に向けてドイツの是正すべき項目を大使会議に勧告すると、[†60] チェンバレンは同会議がドイツに対する通告を直ちに起草するようクルー駐仏大使に訓令を発した。[†61] 六月四日にドイツ政府に送付された連合国通告において、軍縮違反に関する現状はドイツの国家総動員につながりうる「平和への脅威」であるとの理由から、主要一二項目の是正が要求された。[†62]

その約二カ月前、フランスではエリオの後を襲ってブリアンが外相に就任していた。自国の軍事的および経済的衰退を強く意識するブリアンは、英仏協調を対独安全保障政策の要石に据えた。彼としてもドイツによる侵略の不安は拭い切れなかったが、フランスにはヴェルサイユ条約を単独で強制する力などなく、もっぱら外交努力によってドイツとの平和的共存を目指すほか道はなかった。そこでブリアンは、軍事大国イギリスのコミットメントを獲得するまで対独軍縮の厳格な強制を主張する一方、中長期的にはイギリスとの友好を後ろ盾としつつ、時間をかけて仏独和解を進めようとしていた。[†63] チェンバレンと同じくヨーロッパの永続的安定という共通の利益を見据えながら、旧敵ドイツとの関係を漸進的に改善しようとする外相がフランスにも登場していた。

だが事態はそう簡単に進展しなかった。ラインラント占領の終結を宿願とするドイツ政府は一九二五年七月末、連合国の要求する一二項目をＩＭＣＣとの協議によって処理すべく特別委員会を設立した。[†64] そこまでは良かったのだが、履行政策を開始したという名分の立ったドイツ政府は、今度はロカルノで締結される安保協定への参加条件として、ケルン地域からの連合軍即時撤退を要請してきたのである。チェンバレンはこれを「口やかましくせがむ女のよう（like a nagging woman）」で聞くに堪えない、と一蹴した。[†65] ケルン地域の占領はヴェルサイユ条約の規定通りドイツの軍縮違反を理由に延長されたのであり、その解除はあくまでドイツが一二項目を履行するか否かにかかっていた。安保協定交渉の土壇場になって事態を紛糾させるドイツのやり方に、チェンバレンは苛立ちを隠せなかった。九月三〇日に彼はダバノン駐独大使に宛てて、これまでのドイツの態度が「悪質かつ挑発的で手に負え」ないと強い調子で書き送っている。[†66]

一九二五年一〇月五日に始まるロカルノ会議においても、ドイツの条約修正要求は止むことがなかった。シュトレーゼマン外相は一〇月一二日、ケルン地域の占領解除をチェンバレンとブリアンに改めて迫った。同席したルター首相も、ロカルノでヴェルサイユ条約の緩和が認められなければ、国会による安保協定の批准は危うくなると述べた。しかしロカルノでチェンバレンとブリアンがケルン撤退に青信号を出すことはなかった。軍縮と占領はヴェルサイユ条約の規定であり、目下討議している安保協定とは別問題との立場を貫いたのである。[†67] 一方、同協定が無事に成立してヨーロッパに安全が確立された暁には、軍縮および占領問題でもそれなりの結果が伴うであろうとほのめかすことも彼らは忘れなかった。強硬な国内世論への対応に苦慮するシュトレーゼマンに共感したブリアンは、六月四日に通達された連合国通告への返答として、一二項目の履行状況を大使会議にともかくも報告するようドイツ側に提案する。チェンバレンもこれに同意し、ドイツからの報告を受けてケルン撤退の是非を再検討することを英仏両外相は約束した。[†68]

一九二五年一〇月一六日に仮調印されたロカルノ条約はヨーロッパ安全保障に関する七つの条約の総称であり、中でも「ライン条約」はその中核を成す。同条約においてライン川周辺に隣接するフランス・ベルギー・ドイツの三カ国はヴェルサイユ条約で定められた西欧の領土的現状、すなわち共通国境およびラインラント非武装化を承認するとともに相互不可侵を誓約した。また同条約の「明白な（flagrant）」侵犯については国際連盟理事会の制裁決議を待つ間、イギリスとイタリアが侵略された締約国に必要な援助を与えると規定された。さらに交渉の過程で、ドイツが常任理事国の地位で国際連盟に加入することも合意された。

イギリス政府内では多くの閣僚や官僚がロカルノ条約の成立に真の平和の到来を見て取った。その代表は何といってもチェンバレン外相であろう。彼はイギリスの大陸関与を法的に明定することでフランスの対独恐怖を和らげるとともに、敗戦国ドイツの国際社会への復帰にも道筋をつけることに成功した。チェンバレンにとってロカルノ条約の成立は、まさに「戦争の時代と平和の時代を分かつ分岐点」であった。[†69] ティレル外務次官は一九一八年一一月の休戦より初めてヨーロッパの「復興（restoration）」に確固たる基礎が築かれたとチェンバレンの努力を称え、[†70] ダバノン駐独大使はイギリスが「ヨーロッパ安定化（pacification of Europe）」の前進に大いに貢献したことを満足げに日記に綴っている。[†71] ドイツを含めた安保協定を早くから支持していたランカスター公領相セシルは、ロカルノ条約の締結で緊密な関係となった英仏独三カ国が国際連盟の諸活動をますます促進するであろうと、ジュネーヴを拠点とする国際協調の新時代に期待した。[†72]

当初はイギリスの大陸関与に懐疑的だった面々ですら、ロカルノ条約を高く評価していたことも注目に値しよう。バルフォア枢密院議長は同条約がヨーロッパ諸国民の感情を大いに和らげると考えたし、[†73] エイメリー植民地相はロカルノから帰国したチェンバレンをヴィクトリア駅で迎えたその日、「全く名誉ある平和（Peace with Honour all round)」を持ち帰った外相に改めて賛辞を書き送った。[†74] このようにロカルノ条約を「平和」やそれに準じる「復興」「安定」「協調」といったフレームによって積極的に意味付ける姿勢は、一九二五年末のイギリス政府内に広く観察できるものであった。

ロカルノ条約の締結から一週間後の一〇月二三日、ドイツ政府は約束通り軍縮の履行状況を連合国に通知した。そこにはドイツが軍事条項の大半をすでに履行済みであること、また「ドイツの生存に不可欠な」五項目――警察・最高司令部・特定の武器による訓練・要塞・民間の準軍事組織――について連合国の軍縮要求に承服し難いことが記されており、ロカルノでドイツが示した和解の精神を連合国からも期待したいと締めくくられていた。[†75] ドイツはフランスとの和解のためにアルザス＝ロレーヌの奪還やラインラント進駐という選択肢を放棄したのだから、次は連合国がドイツの防衛に必要な五項目を大目に見て、ケルン地域から即時撤退してほしいというのが同通告の意味するところだった。[†76]

チェンバレン外相が軍縮をめぐって条約強制から対独宥和へと対ドイツ政策を変更するのは、この局面においてである。一一月三日、軍縮違反の目こぼしを訴えるドイツの言い分を受け入れるようブリアン仏外相を説得してほしい旨、チェンバレンはクルー駐仏大使に書き送った。半年前にはドイツの軍縮違反を平和への脅威と見なして厳格な履行を求めたチェンバレンであったが、今や彼はＩＭＣＣの報告とドイツの主張に食い違いがあっても、その齟齬が「宥和の働き（the work of appeasement)」を妨げてはならないと言い切るまでになっていた。彼は一二月一日にロンドンで予定されるロカルノ条約の本調印式に合わせ、ケルン撤退を開始しようとしていた。劇的ともいえるチェンバレンの政策転換には、ロカルノ条約の成立を機に育まれた新しいヨーロッパ国際秩序観が作用していた。

ロカルノ条約の仮調印によって、対独軍縮問題の重要性は根本から修正されました。……つまるところ、連合国のこれまでの政策はドイツに軍縮を徹底的に要求することでヨーロッパの平和を保護するものでしたが、ロカルノ条約は連合国とドイツの関係に全く新しい精神をもたらしたのです。……六月四日の連合国通告に含まれる全項目をドイツに履行させるより、〔連合国およびドイツ――引用者注〕双方が和解の意志を示すことでヨーロッパの平和はより良く保障されるでしょう[†77]

一九二五年一〇月を境としてヨーロッパ国際秩序の基盤がヴェルサイユ条約からロカルノ条約に置き換わった、とチェンバレンは認識していた。両条約はいずれも第一次大戦後の西欧安全保障を規定していたが、締結時の国際情勢を反映してそれぞれ対照的な原理の上に成り立っていた。ヴェルサイユ条約では戦勝国が敗戦国に領土処理および軍事的弱体化を強要することで平和を維持しようとし、他方ロカルノ条約では旧交戦国が対等な立場から、しかも敗戦国は自発的に西欧の現状を承認していた。大国間関係の基本的性格が対立から協調に変容しつつあるのを感じ取っていたチェンバレンにとって、ドイツの軍事力を無理やり削減しこれを監視する方法は、もはや時代遅れの政策であった。指示を受け取ったクルーは翌一一月四日、さっそくフランス政府にチェンバレンの意向を伝えた。[†78]

フランス側の当初の反応は冷ややかだった。フランス外務省のマシグリは多忙のブリアンに代わって、いくら彼らがドイツとの緊張緩和を欲しているとはいえ一二月一日の撤退開始はあまりに急な話であり、警察の再編など主要項目は履行されねばならないとクルーに申し入れた。[†79]しかしチェンバレンは、戦後和解の精神を体現するロカルノ条約とケルン撤退を同時に行うことで大国協調の復活が内外に強く印象づけられる、とブリアンにさらなる説得を試みた。[†80] イギリス側の懸命の説明を聞いたブリアンは、ロカルノ条約本調印式の主催国であるイギリスの立場を尊重するとして、一二月一日のケルン撤退開始を承諾した。[†81]

一九二五年一一月一六日、連合国は一二項目の履行要求を事実上撤回して、ケルン地域の占領を一二月一日に解除するとドイツに通知した。すでにドイツは連合国の要求を一部受け入れ、装甲車両による軍事訓練の停止、文民統制の徹底、民間の準軍事組織の解体などに同意していた。これらを検証するため、ＩＭＣＣはベルリンを拠点に引き続き活動する点が連合国通告に明記された。[†82] 一二月一日、イギリス外務省でロカルノ条約の本調印が行われる中、連合軍はケルン地域からの撤退を開始した。

四　連合国軍事監督委員会（ＩＭＣＣ）の解散

一九二六年七月初頭、ＩＭＣＣは東プロイセンのケーニヒスベルク（現カリーニングラード）で五三のコンクリート・シェルターを発見した。[†83] ヴェルサイユ条約第一八〇条は原則としてドイツ国内の全要塞の解体を義務付けるとともに、第一九六条ではドイツ沿岸から五〇キロ以内の要塞について防衛上の配慮から現状維持を容認し、新たな建設のみを禁止していた。[†84] 七月三〇日の大使会議ではフランスとベルギーの代表が、新たに発覚した要塞を含むすべての軍縮違反が是正されない限り、ＩＭＣＣはドイツの軍縮を監督し続けることをベルリンに通告すべきであると訴えた。[†85]

しかしイギリス政府はこれに真っ向から異を唱えた。間もなく一九二六年九月の国際連盟総会においてドイツの加盟と常任理事国入りが承認される予定であった。このことは、ドイツが国際連盟規約に従って他の締約国の領土および政治的独立を尊重し、さらには英仏と対等な立場で国際秩序の維持に責任を負うことを意味した。換言すれば、ドイツの連盟加盟によってチェンバレンの大陸政策における第二の柱であったドイツの国際社会への復帰が達成され、ヨーロッパ大国協調の枠組みがさらに補強されるのである。チェンバレンにしてみれば、ドイツの加盟が間近に迫る中、連合国が軍縮をめぐって強硬な声明を発するなど「時宜を得ぬこと甚だし」かった。[†86] チェンバレンはIMCCの解散へと急いでいた。

同じ頃、軍縮をめぐる対独宥和の気運はチェンバレンの周囲でも日増しに高まっていた。七月一五日、外務省のランプソン中欧局長はシュターマー駐英ドイツ大使との会見において、イギリスが他の連合国にIMCCの解散を堂々と主張できるよう、未解決の軍事条項は一掃されることが望ましいとの見解を伝えた。このときランプソンは対独軍縮を「厄介な問題（tiresome questions）」と表現している。[†87]「軍縮の話となると、連合国は理解に苦しむような細目に圧倒され、木を見て森を見ずの危険に陥っているようだ。我々は何とか分別を取り戻せないだろうか。ドイツが実質的に軍縮していないなどと本気で論じる者がどこにいよう。無論そんな者はいない」（傍点部分は原文下線）。[†88] ランプソンはドイツが軍縮を事実上完了しており、些細な不履行をこれ以上あげつらうことは正気の沙汰でないと感じていた。対ドイツ政策を手がける外務省中欧局の責任者は、端的にいって、強制政策の継続に嫌気がさしていたのである。

またボーア戦争と第一次大戦に従軍し、一九二四年からはIMCCイギリス代表を務めていたウォーカプによると、ドイツによる侵略の恐怖は数年前なら信憑性もあったが今となっては問題外だった。そしてドイツの軍事力をある程度まで低下させることは可能でも、講和条約に定められた連合国の権利を極限まで行使することが、ドイツの条約履行に直結するとは限らないとも述べた。[†89] 連合国の対独軍縮政策はドイツの再侵略の目論見をくじく程度には成功したが、外からの押しつけには限界があり、徹底的かつ恒久的な武装解除など求めるべくもないというのが、現地ベルリンで軍縮業務を統括してきたウォーカプの結論であった。すでに見たように、強制軍縮の実効性に対するこうした疑念はロンドンの陸軍省上層部にも一定程度共有されていたものである。

一九二六年九月八日、第七回国際連盟総会において、出席した四八カ国代表の全会一致によりドイツは常任理事国として加盟を認められた。二日後、ジュネーヴの議場に意気揚々と到着したシュトレーゼマン独外相は、国際紛争の平和的解決こそが安定の礎石であるとして、国際連盟の活動に力の限り貢献することを壇上から約束した。ドイツに歓迎の意を表すべく、ブリアン仏外相が続いて登壇した。わずか数年前まで戦争の当事者だった仏独両国が平和への協力を誓い合うさまは何と感動的な光景ではないか、とブリアンは問いかけた。そして、「誠実で寛大な仲間」チェンバレンの仲立ちがあったからこそ、シュトレーゼマンと信頼を育むことができたとブリアンは語った。[†90] これを聞いて喜んだのはチェンバレンである。彼の眼前でドイツが大国として国際社会に復帰し、旧敵フランスはその一部始終を素直に歓迎していた。「今朝、ロカルノから届いたそよ風が、息苦しい連盟総会の議場を吹き抜けていきました」と、チェンバレンはロンドンのティレル外務次官に書き送っている。[†91] ロカルノ条約の締結で軌道に乗った欧州協調の再建が、また一歩実現に近づいていた。

ドイツが国際連盟の一員に迎えられた後も、パリではＡＭＣＶがドイツのさらなる軍縮を大使会議に働きかけていたが、[†92] イギリス外務省は対独軍縮が大使会議の争点にならぬようＡＭＣＶイギリス代表にその旨言い含めてほしいと陸軍省に要請した。筆を執ったのは、中国への転出が急遽決まったランプソンの後任として、一〇月より中欧局長に就任するサージェントであった。彼は陸軍省に対し、ドイツの履行状況が好転していないにもかかわらず、ドイツの国際連盟加入によりヨーロッパ情勢が一新された点を考慮して、ＩＭＣＣをいよいよ解散したいという外務省の見解を伝えた。[†93]

サージェント自身、軍事条項の強制はもう十分だというランプソンの立場に与していた。「一部の軍人の目にいかに重大と映ろうとも、これら［ドイツの軍縮違反――引用者注］の細かい点をめぐって言い争う段階はとうの昔に過ぎ去った」。それゆえイギリス政府は対独軍縮にこれ以上手を貸すべきでない、とサージェントは考えていたのである。[†94] ベルリンに駐在するＩＭＣＣイギリス代表ウォーカプも対独軍縮を継続することの無益さを政府に改めて訴えた。ヴェルサイユ条約は最高司令部の解体を命じているが、ＩＭＣＣの監督もむなしく現在のドイツ陸軍にはゼークト（Hans von Seeckt）が事実上の最高司令官として君臨しており、連合国は対独軍縮の「実体(substance)」を摑み損ねているとウォーカプは指摘した。[†95]

一〇月一三日、外務省およびＩＭＣＣから指摘を受けた陸軍省は、ロカルノ条約後のヨーロッパ情勢の変化に鑑みて、ＩＭＣＣの解散を原則として容認するに至った。[†96] 外務省と陸軍省の合意を確保したチェンバレンは一一月九日、「ヨーロッパの全般的融和および安全（general appeasement and security in Europe）」という寛大な立場からＩＭＣＣの解散に協力するよう、クルー駐仏大使を通じてブリアンに申し入れた。[†97]

一九二六年一一月一八日、ドイツ外務省から特使がパリに派遣され、大使会議においてケーニヒスベルクの要塞を含む未解決項目の処理について、連合国とドイツの間に本格的交渉が開始された。[†98] これ以降、軍事条項の履行判定という技術的問題はパリにおいて、高次の政治的判断を要するＩＭＣＣ解散については一二月にジュネーヴで開かれる連盟理事会の合間に、連合国およびドイツの外相が協議することにそれぞれ相成った。一二月一日、ボールドウィン内閣はチェンバレンに外相会談での自由裁量を与え、彼をジュネーヴへと送り出した。[†99]

この時期、フランス側にドイツの完全履行に固執する様子はなくなっていた。ロカルノ条約の成立でイギリスのコミットメントをともかくも獲得し、ドイツを常任理事国として国際連盟に迎えてからというもの、ブリアン外相はドイツに対する安全保障上の警戒を緩め、ヴェルサイユ条約の緩和とその条件を前向きに検討する姿勢を示していた。[†100] その際、ＩＭＣＣ解散の見返りとしてフランス政府が要求したのは国際連盟の査察権であった。ヴェルサイユ条約第二一三条は、ＩＭＣＣの解散後、国際連盟が理事会の多数票に基づきドイツの軍縮状況を査察

チェンバレン（正面）の話に耳を傾けるシュトレーゼマン（その右）とブリアン（右端）ら

できる旨を規定していた。[†101] 一二月三日、ブリアンはチェンバレンに対し、第二一三条がドイツの再軍備に対する最低限の保証であること、そしてドイツが国際連盟の査察権の有効性を改めて承認できるならＩＭＣＣの解散に応じる用意があることを伝えた。[†102]

ジュネーヴ外相会談は一九二六年一二月六日から五回にわたり、チェンバレンの逗留するホテルの一室で開かれた。チェンバレン、ブリアン、シュトレーゼマンの他、ベルギー外相ヴァンデルヴェルデ、イタリアからシアロヤ（Vittorio Scialoja）、日本から石井菊次郎両国際連盟代表が連合国代表として同席した。初回の会合でブリアンとシュトレーゼマンは問題の円滑な解決を望むことを確認し合い、その後の協議は順調に進むかに思われた。[†103] だが雲行きはたちまち怪しくなる。ドイツがまたしても連合国を挑発するような態度に出たのである。ドイツ政府は一二月九日、ケーニヒスベルクの要塞は大戦前からあるものを補強したにすぎず、新規の建設を禁じたヴェルサイユ条約には抵触しない、よって解体の命令には応じられないとの陳述書をパリの大使会議に提出した。[†104]

チェンバレンは頭を抱えた。せっかくブリアンが国際連盟の査察権と引き換えにＩＭＣＣの解散に応じようとしているのに、これではフランスの対独不信を再び呼び覚まし、緒に就いたばかりの大国協調がふりだしに戻ってしまう。確かにチェンバレンはＩＭＣＣの解散を支持していたが、それはロカルノ条約の成立過程で考案した大陸政策の一環としてであり、対独軍縮問題は大国協調の一翼を担うフランスを満足させる形で処理されねばならなかった。ジュネーヴ外相会談の最中、チェンバレンは苦しい胸の内をティレル外務次官にこう綴っている。「今の私は卵の上を歩いているような心地です。多くを割らずに渡りきるのを、ただ祈るばかりです」。[†105]

一二月一一日の会談でチェンバレンは、軍縮違反を犯してもなお開き直るドイツを諌めつつ、ケーニヒスベルクの要塞について解体を要求することなくＩＭＣＣの解散に同意できないものか、ブリアンに問うた。ブリアンは本国政府と至急連絡をとることを承諾し、その日は散会となった。[†106] 明くる一二日、ブリアンはドイツ政府が（解体しない代わりに）要塞に対していかなる追加的処置も行わないと約束し、さらに国際連盟の査察権が有効であることを確認するのを条件にＩＭＣＣの解散を容認し、シュトレーゼマンはこれらの条件を受け入れた。[†107] 一二月一二日、連合国とドイツの代表は以下の合意に達した。

・ＩＭＣＣは一九二七年一月三一日に解散し、同日以降はヴェルサイユ条約第二一三条が適用される
・連合国政府はドイツの軍縮状況を確認するため、それぞれの在独大使館に専門家を一名駐在させる
・未処理の二項目（軍需物資・ケーニヒスベルクの要塞）は大使会議において、またＩＭＣＣの解散後も合意に至らぬ場合は国際連盟理事会において、引き続き協議される
・ドイツ国内の全要塞の機能は停止される[†108]

対独軍縮に関するジュネーヴ合意は当事国にとって満足のいくものであった。チェンバレンはヨーロッパの仲

裁役としての達成感を覚えていたし、[109]ブリアンも国際連盟の査察権を盛り込んだ結果に安堵していた。[110]ドイツの新聞各紙は占領問題に進展がなかったと不満ながらも、ＩＭＣＣの解散については好意的に評価していた。[111]

一九二七年一月三一日、ついにＩＭＣＣは解散した。七月上旬、ベルリンに駐在する連合国の武官はケーニヒスベルクを視察に訪れ、要塞の機能が停止されていることを確認した。七月七日にはドイツ国会が軍需物資の輸出入を禁じる法案を通過させ、これをもって軍事条項の未解決項目はあまねくその処理を終えた。[112]解散後に作成されたＩＭＣＣの報告書では、ドイツの軍事力は七年にわたる連合国の強制政策により著しく抑制された、と総括されている。[113]

おわりに

一九二〇年代中盤のイギリスの対独軍縮政策は、まずもってチェンバレン外相のヨーロッパ国際秩序構想を原動力として展開された。一九二四年一一月に外相に就任してからの数カ月間こそヴェルサイユ条約に沿って対独軍縮問題を処理したチェンバレンであったが、二五年一〇月にロカルノ条約が成立すると、彼は明確な目的を持って対独宥和の道を歩むようになった。チェンバレンは同条約の交渉過程において、勝者敗者の別なく主要大国がヨーロッパ国際秩序の維持に責任を負う欧州協調の現代版を目指すようになっていた。そして敗戦国に対する軍縮の強要を、大国の相互性や共同性に立脚した自身の国際秩序構想とは相容れぬものと考えたのである。それゆえチェンバレンは、連合国にとって強制軍縮の直接的手段であるＩＭＣＣの解散を主導したのだった。

チェンバレンの方針を積極的に支持した外務・陸軍両省、また彼に異を唱えぬことで外相を後援する形となった主要閣僚は、いずれもロカルノ条約成立以降のイギリスの対独軍縮政策を決定する上で潤滑油の役割を果たした。まず政策決定の最終権限を握るボールドウィン内閣において、大戦後のドイツがヨーロッパにおける軍事的脅威であるとの認識は希薄であった。休戦協定の締結後から一九二〇年代前半にかけて展開された強制軍縮の結果、現在のドイツに侵略戦争を仕掛けるパワーなどないと閣僚の多くは考えており、IMCCの解散を選ぶチェンバレンに閣議で真っ向から反対する者はいなかった。また外務省および陸軍省の一部にはヴェルサイユ条約の執行をめぐる倦怠感も襲っていた。いくら軍縮を命じてもドイツが些細な違反をくり返す実態を目の当たりにし、条約の完全履行など望めないことを悟った官僚たちが、対独宥和へと傾斜するチェンバレンの背中を後押しした。

IMCCが解散した一九二七年初頭、連合国はロカルノ条約およびラインラント占領によって西欧におけるドイツの膨張を抑える一方、ドイツを国際連盟の一員として迎え入れ、強制軍縮に終止符を打った。こうしてイギリス外交は対独安全保障と条約修正のバランスを維持したわけだが、ドーズ案のもとで遅滞なく賠償金を支払い、軍事条項の履行も公に認められたドイツ政府の次なる要求は、ラインラント占領軍の早期完全撤退であった。

中欧きっての戦略的要衝であり、第一次大戦後はヴェルサイユ条約によって非武装地帯とされたラインラントでは、連合軍のプレゼンスがドイツの軍事的台頭を封じる働きを有していた。しかしロカルノ条約の成立によって英仏独関係が好転しつつある中、戦勝国の軍隊が敗戦国内に居座り続けるわけにはいかなかった。主権平等の原則が侵されていては、ヨーロッパ国際秩序という共通の利益に向けた大国協調など画餅にすぎなくなるからである。イギリス政府はラインラント占領に代わる、新たな時代にふさわしい対独安全保障措置を見出すことができるのだろうか。

†1　Stevenson, "Britain, France and the Origins of German Disarmament," p. 196. 軍事条項の原文は、以下を参照。US, Department of State, *Treaty of Versailles and After*, pp. 318-337. 本段落に挙げたドイツ陸軍に関するデータについては、以下を参照。

Robert Weldon Whalen, *Bitter Wounds: German Victims of the Great War, 1914-1939* (Ithaca: Cornell UP, 1984), p. 39; Richard Bessel, "Mobilizing German Society for War," in *Great War, Total War: Combat and Mobilization on the Western Front, 1914-1918*, eds. Roger Chickering and Stig Förster (Cambridge: Cambridge UP, 2000), p. 438; David Stevenson, *With Our Backs to the Wall: Victory and Defeat in 1918* (London: Penguin, 2011), pp. 278-292, 419-438.

† 2　Shuster, *German Disarmament after World War I*, pp. 24-36.

† 3　*Ibid.*, p. 49.

† 4　Gordon A. Craig, *The Politics of the Prussian Army, 1640-1945* (Oxford: Clarendon, 1955), pp. 401-403; F. L. Carsten, *The Reichswehr and Politics, 1918-1933* (Oxford: Clarendon, 1966), pp. 222-229. 戦間期を通じたドイツの軍縮違反・再軍備については、以下を参照。Barton Whaley, "Covert Rearmament in Germany, 1919-1939: Deception and Misperception," *Journal of Strategic Studies* 5, no. 1 (1982), pp. 3-39. 二三年八月より政府の中枢にあったシュトレーゼマンは、軍を挙げての条約違反について知悉していた。Hans W. Gatzke, *Stresemann and the Rearmament of Germany* (New York: Norton, 1954); Annelise Thimme, "Stresemann and Locarno," in *European Diplomacy between Two Wars, 1919-1939*, ed. Hans W. Gatzke (Chicago: Quadrangle, 1972), p. 79; 富永幸生「ドイツの再軍備問題とロカルノ条約」『歴史評論』第一一一号（一九五九年）、六六頁。

† 5　Sharp, "Mission Accomplished?" pp. 73-90; Andrew Barros, "Disarmament as a Weapon: Anglo-French Relations and the Problems of Enforcing German Disarmament, 1919-28," *Journal of Strategic Studies* 29, no. 2 (2006), pp. 301-321.

† 6　John P. Fox, "Britain and the Inter-Allied Military Commission of Control, 1925-26," *Journal of Contemporary History* 4, no. 2 (1969), pp. 143-164.

† 7　Grayson, *Austen Chamberlain and the Commitment to Europe*, pp. 128-130; Steiner, *Lights That Failed*, pp. 417-418, 426-427.

† 8　Shuster, *German Disarmament after World War I*, pp. 155-158.

† 9　Dutton, *Austen Chamberlain*, pp. 247-248, 263-264; Robert C. Self, ed., *The Austen Chamberlain Diary Letters: The Correspondence of Sir Austen Chamberlain with His Sisters Hilda and Ida, 1916-1937* (Cambridge: Cambridge UP, 1995), pp. 279-280.

† 10　Jacobson, *Locarno Diplomacy*, p. 95.

†11 US, Department of State, *Treaty of Versailles and After*, pp. 720-725.

†12 Memo by Central Department, Nov. 7, 1924, FO 371/9833/C17138/4736/18; Treasury to Foreign Office, Nov. 11, 1924, FO 371/9833/C17271/4736/18.

†13 Foreign Office to War Office, Nov. 28, 1924, WO 32/5797.

†14 Memo by General Staff, Dec. 3, 1924, WO 190/48; War Office to Foreign Office, Dec. 4, 1924, FO 371/9833/C18280/4736/18.

†15 Minute by McNeill, Nov. 26, 1924, FO 371/9833/C17812/4736/18.

†16 Memo by Lampson, Nov. 24, 1924, ibid.

†17 Minute by Crowe, Nov. 26, 1924, ibid.

†18 *DBFP* 1/26/608, "Memorandum of a conversation between Mr. Chamberlain and M. Herriot," Dec. 5, 1924.

†19 Chamberlain to Crowe, Dec. 6, 1924, FO 800/256.

†20 "Record of Conversation with M. Briand at Rome on Tuesday, December 9, 1924," Dec. 11, 1924, FO 371/10572/W10867/134/98; "Record of Conversation with M. Hymans at Rome on Wednesday, December 10, 1924," Dec. 11, 1924, FO 371/10531/W10865/9992/4; "Record of Conversation with M. Benes at Rome on Thursday, December 11, 1924," Dec. 11, 1924, FO 371/10572/W10866/134/98.

†21 Minutes of CID meeting, Dec. 16, 1924, CAB 2/4/CID192.

†22 Chamberlain to Howard, Jan. 28, 1925, Chamberlain MSS, AC 52/479.

†23 CC 67 (24) 2, Dec. 17, 1924, CAB 23/49.

†24 Chamberlain to Grahame (Brussels), Dec. 20, 1924, FO 371/9833/C19002/4736/18.

†25 Chamberlain to D'Abernon (Berlin), Dec. 20, 1924, FO 371/9834/C19172/4736/18.

†26 D'Abernon (Berlin) to Chamberlain, Jan. 5, 1925, FO 371/10702/C219/2/18.

†27 その代表例として、以下を参照。Erik Goldstein, "The Evolution of British Diplomatic Strategy for the Locarno Pact, 1924-1925," in *Diplomacy and World Power: Studies in British Foreign Policy, 1890-1950*, eds. Michael Dockrill and Brian McKercher (Cam-

bridge: Cambridge UP, 1996), pp. 115-135; Orde, *Great Britain and International Security*, pp. 99-154; Jacobson, *Locarno Diplomacy*, pp. 3-44; Grayson, *Austen Chamberlain and the Commitment to Europe*, pp. 31-75; Sibyl Eyre Crowe, "Sir Eyre Crowe and the Locarno Pact," *English Historical Review* 87, no. 342 (1972), pp. 49-74; Douglas Johnson, "Austen Chamberlain and the Locarno Agreements," *University of Birmingham Historical Journal* 8, no. 1 (1961), pp. 62-81; 大久保『大陸関与と離脱の狭間で』、三〇三－三九九頁。ロカルノ条約成立過程をフランス外交の観点から分析した研究として、以下を参照。Peter Jackson, "French Security and a British 'Continental Commitment' after the First World War: A Reassessment," *English Historical Review* 126, no. 519 (2011), pp. 345-385; 濱口學「ロカルノ体制成立の端緒――第一次エリオ内閣とラインラント安全保障問題」『國學院大學紀要』第一八巻（一九八〇年）、九二－一三五頁。

†28　ジュネーヴ議定書の原文については、以下を参照。"Protocol for the Pacific Settlement of International Disputes," Oct. 2, 1924, UNHCR, http://www.unhcr.org/refworld/docid/40421a204.html [accessed May 12, 2018]. 以下も参照。Peter J. Yearwood, "'The Wiser and Wider Security at which we are Ourselves Aiming': The Labour Government and the Geneva Protocol, 1924," in *Guarantee of Peace: The League of Nations in British Policy, 1914-1925* (Oxford: Oxford UP, 2009), pp. 282-325; B.J.C. McKercher, "The League of Nations and the Problem of Collective Security, 1919-1939," in *The League of Nations, 1920-1946: A Retrospective of the First International Organization for the Establishment of World Peace* (New York: United Nations, 1996), p. 69; Joseph Paul-Boncour, *Les lendemains de la victoire, 1919-1934*, vol. 2 of *Entre deux guerres : Souvenirs sur la Troisième République* (Paris: Librairie Plon, 1945), pp. 148-159; 大久保『大陸関与と離脱の狭間で』、三一八－三二六頁。

†29　Jackson, *Beyond the Balance of Power*, pp. 427-468; Serge Berstein, *Édouard Herriot ou la République en personne* (Paris: Presses de la Fondation nationale des sciences politiques, 1985), pp. 120-121. 以下も参照。Édouard Herriot, *Jadis*, vol. 2, *D'une guerre à l'autre, 1914-1936* (Paris: Flammarion, 1952), pp. 168-178.

†30　Orde, *Great Britain and International Security*, pp. 70-71; Daniel Gorman, "The Dominions and Britain in the 1920s," in *The Emergence of International Society in the 1920s* (Cambridge: Cambridge UP, 2012), pp. 21-51; 大久保『大陸関与と離脱の狭間で』、三三三頁。

†31 Minutes of CID meeting, Dec. 4, 1924, CAB 2/4/CID190.

†32 Antony Lentin, "Lloyd George, Clemenceau and the Elusive Anglo-French Guarantee Treaty, 1919: 'A Disastrous Episode'?" in *Anglo-French Relations in the Twentieth Century: Rivalry and Cooperation*, eds. Alan Sharp and Glyn Stone (New York: Routledge, 2000), pp. 104-119; 大久保「イギリス外交と英仏同盟交渉の破綻」。

†33 Memo by Churchill, Jan. 12, 1925, in Martin Gilbert, ed., *The Exchequer Years, 1922-1929*, vol. 11 of *The Churchill Documents* (Hillsdale, MI: Hillsdale College Press, 1979), p. 341.

†34 CC 2 (25) 3, Jan. 15, 1925, CAB 23/49.

†35 *DBFP* 1/27/189, D'Abernon (Berlin) to Chamberlain, Jan. 20, 1925. ドイツ政府の四国条約案とダバノン駐独大使の関わりについては、以下を参照。Gaynor Johnson, *The Berlin Embassy of Lord D'Abernon, 1920-1926* (Basingstoke: Palgrave, 2002), pp. 108-130; idem, "Lord D'Abernon, Austen Chamberlain and the Origin of the Treaty of Locarno," *Electronic Journal of International History* 2 (2000), http://sas-space.sas.ac.uk/3386/ [accessed May 3, 2017].

†36 Minutes of CID meeting, Feb. 13, 1925, CAB 2/4/CID195. 厳密にいうと、ＣＩＤ委員であったバルフォアがボールドウィン内閣の一員となるのは、カーズンの死を受けて枢密院議長に就任する一九二五年四月末である。

†37 CP 118 (25), memo by Churchill, Feb. 24, 1925, CAB 24/172.

†38 John Barnes and David Nicholson, eds., *The Leo Amery Diaries*, vol. 1: 1896-1929 (London: Hutchinson, 1980), pp. 384-385; CP 111 (25), memo by Birkenhead, Feb. 23, 1925, CAB 24/172. 第一次大戦後のエイメリーの帝国および大陸関与に対する態度については、以下を参照。Wm. Roger Louis, *In the Name of God, Go! Leo Amery and the British Empire in the Age of Churchill* (New York: Norton, 1992), pp. 75-122.

†39 CP 116 (25), memo by Worthington-Evans, Feb. 26, 1925, CAB 24/172.

†40 Ibid.

†41 Minutes of CID meeting, Feb. 13, 1925, CAB 2/4/CID195.

†42 Minutes of CID meeting, Feb. 19, 1925, CAB 2/4/CID196; CP 122 (25), memo by Chamberlain, Feb. 26, 1925, CAB 24/172.

† 43　Cecil to Salter, Mar. 5, 1925, [Cecil of Chelwood Papers, British Library, London, UK] BL Add MS 51113, ff. 38-40.

† 44　CP 112 (25), memo by Cecil, Feb. 23, 1925, CAB 24/172; Cecil to Baldwin, Mar. 16, 1925, [Stanley Baldwin Papers, Cambridge University Library, Cambridge, UK] SB 115.

† 45　Cecil to MacDonald, June 23, 1924, Cecil MSS, BL Add MS 51081, ff. 36-39. 以下も参照。Gaynor Johnson, *Lord Robert Cecil: Politician and Internationalist* (Farnham: Ashgate, 2013), pp. 121-152; 秦野貴光「ロバート・セシル卿の国際平和機構観——国家主権・世論・平和的変革」『国際政治』第一九三号（二〇一八年）、一一二一二八頁。

† 46　CC 17 (25) 2, Mar. 20, 1925, CAB 23/49.

† 47　Minute by Chamberlain, Mar. 19, 1925, FO 371/10756/C3539/3539/18.

† 48　Chamberlain to Stamfordham, Feb. 9, 1925, Chamberlain MSS, AC 52/378. 以下も参照。Chamberlain to Max Muller, May 19, 1925, Chamberlain MSS, AC 50/75.

† 49　欧州協調については、以下を参照。Hajo Holborn, *The Political Collapse of Europe* (New York: Knopf, 1966), pp. 27-36; F. H. Hinsley, *Power and the Pursuit of Peace: Theory and Practice in the History of Relations between States* (Cambridge: Cambridge UP, 1963), pp. 213-237; Mark Mazower, *Governing the World: The History of an Idea, 1815 to the Present* (New York: Penguin, 2012), pp. 3-12; 高坂『古典外交の成熟と崩壊』；君塚『近代ヨーロッパ国際政治史』、三三六－三三七頁。

† 50　ウィーン会議におけるカースルレイの外交については、以下を参照。C. J. Bartlett, "Castlereagh, 1812-22," in *The Makers of British Foreign Policy from Pitt to Thatcher*, ed. T. G. Otte (Basingstoke: Palgrave, 2002), pp. 52-74; Sir Charles Webster, *The Foreign Policy of Castlereagh, 1812-1815: Britain and the Reconstruction of Europe* (London: Bell & Sons, 1963), esp., pp. 437-499; Muriel E. Chamberlain, *'Pax Britannica'? British Foreign Policy, 1789-1914* (London: Longman, 1988), pp. 41-59; Henry A. Kissinger, *A World Restored: Metternich, Castlereagh and the Problems of Peace, 1812-22* (London: Weidenfeld & Nicholson, 1957), pp. 144-174; Harold Nicolson, *The Congress of Vienna: A Study in Allied Unity, 1812-1822* (London: Constable, 1946), pp. 206-211, 236-241; 高坂正堯「ウィーン会議と『ヨーロッパ』」『古典外交の成熟と崩壊 I』、五九－一七七頁。以下の評伝も参照。John Bew, *Castlereagh: The Biography of a Statesman* (London: Quercus, 2011), pp. 355-418; John W. Derry, *Castlereagh* (London: Allen Lane, 1976), pp.145-192; C. J.

Bartlett, *Castlereagh* (London: Macmillan, 1966), pp. 106-161.

†51　Headlam-Morley, "Memorandum on the History of British Policy and the Geneva Protocol," Feb. 12, 1925, FO 371/11064/W1252/9/98. ヘッドラム＝モーリーは強制軍縮や占領のように国家主権を制限する取決めを長期にわたってドイツに強要することには消極的な立場であった。二四年二月、パリ講和会議の討議過程をまとめた覚書の中で、彼は軍事条項に言及しながら次のような言葉を残している。「ドイツのような国家を従属的な状態に置き続ければ、先の大戦が残したあらゆる不安や敵意を長期化させることになるだろう」。Idem, "The Territorial Settlement with Germany (A Chapter of a History of the Peace Conference)," Feb. 13, 1924, FO 408/18.

†52　Minute by Chamberlain, Feb. 21, 1925, FO 371/11064/W1252/9/98. 以下も参照。細谷雄一「『新しいヨーロッパ協調』からシューマン・プランへ 一九一九－五〇年」細谷雄一編『イギリスとヨーロッパ――孤立と統合の二百年』（勁草書房、二〇〇九年）、六三頁。同年五月にチェンバレンは駐英ドイツ大使にも、自身の大陸政策がカースルレイを原則として踏襲したものであり、フランスの対独恐怖が緩和された後にドイツを「欧州協調」に迎え入れる用意があることを告げている。Chamberlain to D'Abernon, May 15, 1925, Chamberlain MSS, AC 50/71.

†53　"Final Report of the Inter-Allied Military Commission of Control on the General Inspection into German Armaments (September 8, 1924 to January 25, 1925)," FO 371/10708/C2355/21/18.

†54　Minute by Chamberlain, Feb. 20, 1925, ibid.

†55　War Office to Foreign Office, Feb. 18, 1925, FO 371/10708/C2407/21/18.

†56　War Office to Foreign Office, Feb. 25, 1925, FO 371/10708/C2745/21/18. 連合国の査察については、以下のようなエピソードが残されている。あるとき、ＩＭＣＣ担当官が民間旅客機を製造するロールバッハ社の工場を抜き打ちで訪れると、現場は大いに焦った。ヴェルサイユ条約によってドイツの軍用機開発が禁止されていたにもかかわらず、彼らの目の前にあったのは、翼下に機関砲を搭載できるよう改造された「ローランド」の試作機だったからである。慌てた工員たちは同機を格納庫の中央へと動かすや、その周りに作業用の足場やほこり除けのカバー、はしごなど、ありとあらゆる作業道具および資材を積み上げ、単なるがらくた置き場であるかのように繕った。ところがＩＭＣＣの査察官は、一同が

固唾を呑んで見守る中、その前を何も気づかずに通り過ぎていったという。Hanfried Schliephake, *The Birth of the Luftwaffe* (London: Ian Allan, 1971), p. 20.

†57 Memo by Worthington-Evans, Nov. 5, 1925, CAB 4/13/641-B.

†58 Kerr to Chamberlain, June 5, 1925, Chamberlain MSS, AC 24/8/32.

†59 Chamberlain to Kerr, June 6, 1925, Chamberlain MSS, AC 24/8/33.

†60 Crewe (Paris) to Chamberlain, Apr. 13, 1925, FO 371/10709/C5027/21/18.

†61 War Office to Foreign Office, Apr. 18, 1925, FO 371/10709/C5262/21/18; Chamberlain to Crewe (Paris), May 5, 1925, FO 371/10709/C5855/21/18.

†62 Allied note to Germany, June 4, 1925, Cmd. 2429.

†63 二五年四月に外相に就任した後のブリアンの対ドイツ政策については、たとえば以下を参照。Jackson, *Beyond the Balance of Power*; Jacques Bariéty, "Aristide Briand et la sécurité de la France en Europe, 1919-1932," in *Deutschland und Frankreich Vom Konflikt zur Aussöhnung: Die Gestaltung der westeuropäischen Sicherheit, 1914-1963*, ed. Stephen A. Schuker (Munich: Oldenbourg, 2000), pp. 117-134; Adamthwaite, *Grandeur and Misery*, pp. 111-118; Keeton, *Briand's Locarno Policy*, pp. 102-117; Andrew Barros, "Briand, l'Allemagne et le « pari » de Locarno," in *Aristide Briand, la Société des Nations et l'Europe, 1919-1932*, ed. Jacques Bariéty (Strasbourg: Presses universitaires de Strasbourg, 2007), pp. 160-172. 以下も参照。Robert Boyce, "Aristide Briand: Defending the Republic through Economic Appeasement," *Histoire@Politique* 16 (2012), pp. 71-93; Pierre-Étienne Flandin, *Politique française, 1919-1940* (Paris: Éditions Nouvelles, 1947), pp. 41-44.

†64 War Office to Foreign Office, July 30, 1925, FO 371/10710/C10068/21/18.

†65 Chamberlain to D'Abernon (Berlin), Sep. 26, 1925, Chamberlain MSS, AC 50/126.

†66 Chamberlain to D'Abernon, Sep. 30, 1925, Chamberlain MSS, AC 52/297.

†67 以下を参照。"Note remise à M. Stresemann par M. de Margerie," Aug. 24, 1925, in *Pacte de Sécurité, II : Documents signés ou paraphés à Locarno, le 16 octobre 1925, précédés de six pièces relatives aux négociations préliminaires (20 juillet 1925 – 16 octobre 1925)* (Paris:

Imprimerie des journaux officiels, 1925), http://gallica.bnf.fr/ark:/12148/bpt6k56131356 [accessed May 15, 2018], pp. 6-8.

† 68 *DBFP* 1/27, Appendix "Proceedings of the Conference of Locarno and Records of Conversations connected therewith October 5-16, 1925," pp. 1137-1143, 1159-1170; Orde, *Great Britain and International Security*, pp. 142-144.

† 69 Chamberlain to Drummond, Oct. 16, 1925, Chamberlain MSS, AC 52/333; Chamberlain to D'Abernon, Nov. 4, 1925, Chamberlain MSS, AC 52/302.

† 70 Tyrrell to Chamberlain, Oct. 14, 1925, Chamberlain MSS, AC 37/435.

† 71 Viscount D'Abernon, *An Ambassador of Peace: Lord D'Abernon's Diary*, vol. 3, *The Years of Recovery, Jan. 1924 – Oct. 1926* (London: Hodder, 1930), p. 204.

† 72 Gaynor Johnson, *Lord Robert Cecil*, pp. 151-152.

† 73 Jason Tomes, *Balfour and Foreign Policy: The International Thought of a Conservative Statesman* (Cambridge: Cambridge UP, 1997), p. 169. 以下も参照。Sydney H. Zebel, *Balfour: A Political Biography* (Cambridge: Cambridge UP, 1973), p. 286.

† 74 Amery to Chamberlain, Oct. 20, 1925, FO 800/258. エイメリーは同日の日記にも、チェンバレンはロカルノでの「重要な局面を確かに大変立派に処理した」と綴っている。Amery diary, Oct. 20, 1925, [Leopold Amery Papers, Churchill Archives Centre, Cambridge, UK] AMEL 7/19. 以下も参照。Barnes and Nicholson, eds., *Leo Amery Diaries*, vol. 1, p. 423.

† 75 German note to Allies, Oct. 23, 1925, Cmd. 2527.

† 76 ドイツ政府の外交攻勢の背景には、国内の批判をかわす狙いもあったと思われる。英仏との協調を主軸とするシュトレーゼマンの外交は、共和政およびヴェルサイユ条約に反発する右派（特にドイツ国家人民党）からの批判の声にさらされていた。D'Abernon to Tyrrell, Nov. 1, 1925, D'Abernon MSS, BL Add MS 48926B; Jonathan Wright, "Stresemann and Locarno," *Contemporary European History* 4, no. 2 (1995), pp. 121-122.

† 77 Chamberlain to Crewe (Paris), Nov. 3, 1925, FO 371/10710/C14018/21/18.

† 78 Crewe (Paris) to Chamberlain, Nov. 4, 1925, FO 371/10704/C14076/2/18.

† 79 Crewe (Paris) to Chamberlain, Nov. 5, 1925, FO 371/10710/C14125/21/18.

† 80 Chamberlain to Crewe (Paris), Nov. 5, 1925, ibid.

† 81 *DBFP* 1A/1/70, Crewe (Paris) to Chamberlain, Nov. 6, 1925.

† 82 Allied note to Germany, Nov. 16, 1925, Cmd. 2527; Crewe (Paris) to Chamberlain, Nov. 16, 1925, FO 371/10711/C14663/21/18.

† 83 Walch to Foch, July 2, 1926, FO 371/11289/C8239/436/18.

† 84 US, Department of State, *Treaty of Versailles and After*, pp. 333, 350.

† 85 Crewe (Paris) to Chamberlain, July 30, 1926, FO 371/11289/C8508/436/18.

† 86 Chamberlain to Crewe (Paris), Aug. 1, 1926, ibid.

† 87 Memo by Lampson, July 15, 1926, FO 371/11289/C8206/436/18.

† 88 Minute by Lampson, Aug. 5, 1926, FO 371/11289/C8689/436/18.

† 89 Note by Wauchope, May 19, 1926, FO 371/11287/C6113/436/18.

† 90 *Monthly Summary of the League of Nations* 6, no. 9 (1926), pp. 225-230. 以下も参照。Christoph M. Kimmich, *Germany and the League of Nations* (Chicago: University of Chicago Press, 1976), pp. 90-91; Jacques Bariéty, "Germany's Entry into the League of Nations," In *The League of Nations, 1920-1946: A Retrospective of the First International Organization for the Establishment of World Peace* (New York: United Nations, 1996), pp. 61-65.

† 91 Chamberlain to Tyrrell, Sep. 10, 1926, Chamberlain MSS, AC 53/562. 当時は駐ポーランド公使の任にあり、間もなく二七年一月からは国際連盟帝国事務局長となる佐藤尚武は回顧録の中で、ドイツが連盟に加入した二六年九月の連盟総会についての「どうしても忘れられない強い印象」を綴っている。佐藤曰く、その日の総会会場は定刻前から加盟国代表や職員で溢れかえり、傍聴席ならびに記者席も文字通りの超満員であった。シュトレーゼマンの演説は「質実剛健、さすがに敗戦《ママ》ドイツとはいえ、欧州の大国たる風格を遺憾なく発揮したりっぱなもの」であり、彼を迎えたブリアンの演説には「聴衆皆かたずをのみ、目に涙して聞きほれた」という。佐藤尚武『回顧八十年』(時事通信社、一九六三年)、二二三－二二六頁。

† 92 Phipps to Tyrrell, Nov. 22, 1926, [Eric Phipps Papers, Churchill Archives Centre, Cambridge, UK] PHPP 2/14.

† 93 Foreign Office to War Office, Sep. 21, 1926, FO 371/11290/C9950/436/18.

† 94 Minute by Sargent, Sep. 16, 1926, ibid.

† 95 Note by Wauchope, Sep. 29, 1926, FO 371/11290/C10593/436/18.

† 96 War Office to Foreign Office, Oct. 13, 1926, FO 371/11290/C10924/436/18.

† 97 Crewe (Paris) to Chamberlain, Nov. 9, 1926, FO 371/11292/C11854/436/18.

† 98 Note by Massigli, Nov. 19, 1926, FO 371/11292/C12203/436/18.

† 99 CC 61 (26) 2, 3, Dec. 1, 1926, CAB 23/53.

† 100 Poidevin and Bariéty, *Les relations franco-allemandes, 1815-1975*, pp. 269-273; Soutou, "Le deuil de la puissance, 1914-1958," pp. 322-325.

† 101 US, Department of State, *Treaty of Versailles and After*, p. 362.

† 102 Chamberlain to Tyrrell, Dec. 3, 1926, Chamberlain MSS, AC 53/565.

† 103 Chamberlain (Geneva) to Tyrrell, Dec. 7, 1926, FO 371/11294/C12917/436/18.

† 104 Note by Pawelsz, Dec. 9, 1926, FO 371/11294/C12990/436/18.

† 105 Chamberlain to Tyrrell, Dec. 9, 1926, Chamberlain MSS, AC 53/569.

† 106 Chamberlain (Geneva) to Tyrrell, Dec. 12, 1926, FO 371/11296/C13312/436/18.

† 107 Chamberlain (Geneva) to Tyrrell, Dec. 12, 1926, FO 371/11296/C13313/436/18.

† 108 *DBFP* 1A/2/355, Chamberlain (Geneva) to Tyrrell, Dec. 12, 1926.

† 109 Chamberlain to Hilda Chamberlain, Dec. 20, 1926, Chamberlain MSS, AC 5/1/403.

† 110 Phipps to Chamberlain, Dec. 14, 1926, Phipps MSS, PHPP 1/5.

† 111 Lindsay (Berlin) to Chamberlain, Dec. 13, 1926, FO 371/11295/C13146/436/18.

† 112 *Survey of International Affairs, 1927* (London: Oxford UP, 1929), pp. 100-101.

† 113 Shuster, *German Disarmament after World War I*, pp. 171-172.

第四章

ラインラント非武装化をめぐるイギリス外交と占領終結への道、一九二八－一九三〇年

はじめに

第一次大戦後、一九一九年六月二八日に締結されたヴェルサイユ条約第四二－四三条により、敗戦国ドイツは自国の領土であるライン川左岸全域ならびに右岸五〇キロ圏内において軍隊の召集や演習、要塞の建設など一切の軍事活動を禁止されることになった。[†1] ラインラントは古来、大陸の覇権を狙う者に欠かすことのできない戦略上の要衝であり、普仏戦争でも第一次大戦でもドイツが西欧に出撃する際の拠点となった。[†2] それゆえ連合国は対独講和の際、西欧への玄関口に位置するラインラントがドイツの前方基地に利用されないよう、同地におけるドイツの影響力を可能な限り排除しようとしたのである。

ラインラントの非武装化が維持される限り、まずドイツは同地に張り巡らされた鉄道網を軍事目的に利用することができない。その上、ライン川両岸が無防備であれば、フランスやベルギーといった西欧諸国にとってはドイツとの間に緩衝地帯が存在することを意味し、仮にドイツが一九一四年のように西方への侵攻を図っても、西欧諸国はドイツ軍が国境に到達するまでに総力戦への態勢を整え、自国の領土が血みどろの戦場と化すのを防ぐことができる。[†3] また東欧においても、ラインラント非武装化はドイツの一方的な現状変更を抑制する働きを有していた。ドイツとの領土問題を抱えるポーランドとチェコスロヴァキアはヨーロッパ随一の陸軍国家フランスと軍事援助協定を結んでおり、ドイツは非武装地帯を挟んでそのフランスによる追撃の可能性に絶えずさらされていたからである。[†4] このようにラインラント非武装化は、強制軍縮や占領といった他のヴェルサイユ条約の規定と並び、大戦後のヨーロッパにおいて対独安全保障の一翼を担う重要な取決めであった。

問題は、ラインラント非武装化をいかに維持していくかである。軍備は主権国家が独立を守るための究極的な手立てであり、これを長期にわたって国際的に管理あるいは制限していくには何らかの圧力が伴わなければならない。[†5]ましてやドイツの軍事活動が禁じられたラインラントはドイツ固有の領土であり、禁止された活動内容も軍隊の進入から各種防衛設備の建設、武器弾薬の備蓄に軍事教練の実施と多方面に及んでいたため、連合国が同地の非武装化を保全していくには強制手段が必要であった。

そして一九二〇年代を通じてその役割を果たしていたのが、連合国のドイツに対する優越を体現するラインラント占領軍であった。実際、イギリス陸軍省は二四年三月に政府内に回覧した覚書の中で、占領軍の存在がラインラント非武装化をドイツ政府に遵守させるための圧力として機能してきたと指摘している。[†6]ラインラント占領はヴェルサイユ条約履行の保証や連合国の掩護部隊(couverture: 主力の前方で敵に対応する時間や機動の余地を獲得する部隊)としての働きに加え、非武装地帯の番人という意味でも西欧における対独抑止に貢献していたのである。[†7]

それゆえ一九二〇年代終盤、占領の早期終結に関する議論が英仏独政府の間で始まると、非武装地帯のその後の処遇も併せて検討されることになったのは自然な成行きであった。そして二〇年代末のヨーロッパ外交において占領終結後にラインラントの現状維持を期待されたのは、調停委員会という新たな枠組みであった。

国際調停(conciliation)とは紛争の平和的解決を図る手続きの一つであり、当事国の合意を基にあらかじめ設置される中立的な委員会が、事実問題をあらゆる観点から調査するとともに和解の条件を当事国に提示する。[†8]調停において提出される解決案は仲裁裁判(arbitration)のそれとは対照的に法的拘束力を有さぬため、当事国政府が紛争解決手続きとしてより受け入れやすいという特徴がある。また調停は第三国政府を解決主体とする仲介(mediation)とも異なり、私人の資格で選ばれた専門家から成る独立機関が関与するため、紛争当事国の利害をより公平に勘案する見込みが高い。[†9]一九二〇年代には国際的な法の支配の確立を唱える平和運動が人々の注目を集めたが、[†10]そうした時代の中で調停委員会はヨーロッパを中心に次々と立ち上げられていった。[†11]

それではこの調停委員会という枠組みを占領終結後のラインラントに適用すると、少なくとも理論的にはどのような対独安全保障上の効果がもたらされるだろうか。第一に、事実調査（fact-finding）の実施による国際紛争の鎮静化が挙げられる。調停委員会は付託された事件の実態を確認するため、紛争発生地の国内法に従う限りにおいて情報の収集や実地検分が認められる。ラインラントでドイツ陸軍の進入や要塞建設といった条約違反が発見された際、専門家の現地調査が既存の手続きに従って行われるなら、そうした枠組みが全く存在しない状態よりは、紛争当事国であるドイツとフランス（もしくはベルギー）がいきなり戦争に訴えるリスクは軽減されるであろう。†12

調停委員会に見出しうるもう一つの効果は、ロカルノ条約の制度的補完である。調停委員会が設けられていれば、非武装地帯におけるドイツの行動が、ロカルノ条約でイギリスの軍事援助の要件とされた「明白な（flagrant）」侵犯にあたるか否かを判定することが可能となる。軍事制裁の発動を容易にする手続きの存在は、ドイツの武力行使に対するより実効的な抑制となるであろう。ただしそれには調停委員会がロカルノ条約の有効な間は常に活動でき、さらにロカルノで非武装地帯を保障した国、中でも軍事援助を提供するイギリスが調停委員会に代表を送り、事実調査や条約違反の認定プロセスに関与して、各政府が共同で制裁を実施するための基本的合意を形成することが肝要であった。以上を要するに、占領終結後に対独安全保障の有効な手段として調停委員会が立ち上げられるとすれば、事実調査の強制性および活動期間の恒久性、そしてイギリス代表の参加が担保されなければならなかったのである。

もちろん調停委員会は占領軍のようにラインラント現地でドイツの行動を抑制することはできない。しかし戦勝国がむき出しの暴力に頼って領土的現状を維持するという発想は、戦争の爪あとが色濃く残る終戦直後だからこそ実行可能であったといえる。その後ロカルノ条約の成立で旧交戦国間の政治的和解に道が開かれ、ドイツが国際連盟の加入をもって戦後の国際社会に復帰した一九二〇年代中盤以降のヨーロッパでは、調停委員会という国際法の専門家集団が、占領軍という実力組織に代わって非武装地帯の保全を担うというのも決して非現実的な構想ではなかった。そのうえ非武装地帯を対象とする調停委員会は、紛争当事国代表としてドイツ出身の専門家の参加が前提であったから、占領に比べると敗戦国の従属性を抑えた形でドイツの軍事的台頭を防止しうるという利点もあった。

そして一九二八年九月、イギリス・フランス・ベルギー・ドイツという占領当事国の代表がジュネーヴで発表した共同声明には、連合軍のラインラント完全撤退に向けた正式交渉の開始とともに、占領終結後の非武装地帯を保全するための調停委員会の発足が盛り込まれたのである。ところが翌二九年八月、ハーグにおいて連合国とドイツの代表が占領を翌三〇年六月末までに完全解除することで合意した際、前年秋にジュネーヴで確認された調停委員会の新規発足はその交換公文に規定されていなかった。一体なぜだろうか。

一九二〇年代後半のヨーロッパ外交を実証的に分析した研究は少なくないが、それらの主たる関心はヤング案の採択に伴う賠償問題の解決、またその帰結としての占領終結に集中してきたことから、占領終結後のラインラント非武装化をめぐる交渉は二次的にしか言及されてこなかった。外交史家のスタイナーは賠償や戦債といった政府間債務をめぐり国際関係が動揺した二〇年代前半を「経済問題の優位（The Primacy of Economics）」の時代と呼んだが、[†13]そうした見方は二〇年代後半のヨーロッパ外交を描く歴史家にも多かれ少なかれ共有されてきたといえるだろう。

それでも先行研究から、占領終結後の非武装地帯に関するフランスとドイツの基本的立場を知ることは可能である。大まかに示せば、ロカルノ条約を基礎としてドイツに対する自国の安全を強化したいフランス政府は、ラインラント非武装化を保障した英仏白独伊から成る恒久的な調停委員会を欲していた。だがドイツ政府は、対外政策上の宿願であった占領終結がいよいよ現実味を帯びる中、自国の領土を恒久的に監視するかのような多国間枠組みの構築には反対であった。[†14] 第一次大戦後のヨーロッパではヴェルサイユ条約、中でも強制軍縮や占領といった安全保障問題でフランスとドイツが幾度となく衝突したが、ラインラント非武装化についても両国の対立は例外でなかった。

そして一九二〇年代中盤から事あるごとに仏独間の緊張緩和に努めてきたのはイギリスであった。チェンバレン外相は永続的なヨーロッパ国際秩序への鍵が旧交戦国間の和解にあるとの考えから、ブリアンとシュトレーゼマン仏独両外相の歩み寄りを演出しつつ、条約執行を段階的に緩和してきたのである。占領終結後の非武装地帯をめぐってもフランスの対独安全保障とドイツの主権回復という二つの利害がぶつかる構図に変わりはなかったから、同問題の解決にはイギリスの仲介が欠かすことのできぬ条件であった。それでは二〇年代末のイギリス外交は先行研究によってどのように描かれてきたのか。

コーズの研究は一九二〇年代のヨーロッパ国際秩序形成における英米の政治経済的コミットメントを実証的に分析したもので、二〇年代末の賠償問題をめぐる英米仏独の政府間交渉は包括的に描かれているが、占領終結とその後の非武装地帯についてはフランス政府の立場などが触れられる程度で、そこからイギリス政府内の議論や政策決定過程を知ることは難しい。[†15] 他方、賠償と占領の連関を軸としながらフランスの視点より二〇年代後半のヨーロッパ外交を検討した唐渡晃弘の論文には、二九年八月のハーグ会議において「ラインラントの非武装化を維持するための特別委員会」がイギリス代表の明白な反対から実現しなかったとあるが、それ以上の指摘は認められない。[†16]

その点、仏独関係を中心的主題にしながらも一九二〇年代後半のヨーロッパ外交の総合的叙述を試みたジェイコブソンの研究は、イギリス政策決定者の多くの肉声を伝えて貴重である。ジェイコブソンによれば、チェンバレン外相は占領終結後にラインラントの現状を維持するため調停委員会を立ち上げようとしていたが、二九年六月の政権交代で新たに外相に就任した労働党のヘンダーソンは、非武装地帯をめぐってロカルノ条約以上の関与をイギリスに求める多国間枠組みの構築には否定的であった。[†17] こうしてジェイコブソンの研究からはイギリス外相の見解を窺い知ることができるが、二〇年代末に関わる記述の大半はやはり賠償をめぐる仏独両政府の攻防に割かれ、占領終結後の非武装地帯をめぐるイギリス外交の全体像、とりわけロカルノ条約成立後は対独宥和に傾斜していたチェンバレンがドイツの主張に与せず調停委員会を支持した理由、また当時のイギリスの対ドイツ政策形成に多大な影響力を有した外務省の態度まではつかむことができない。

そこで本章では、第一次大戦後のヨーロッパ安全保障を支える柱の一つであったラインラント非武装化の保全に関し、一九二〇年代末に占領軍の代替的選択肢と目されながら実現を見なかった調停委員会構想に着目しつつ、二九年八月の占領終結をめぐる合意に至るイギリスの政策決定および対外交渉過程を分析する。

一　占領問題の再浮上

占領の早期終結が喫緊の外交課題として連合国側に認識されるのは、第二章で取り上げた一万人規模の占領軍削減が実行に移されて半年と経たない、一九二八年一月末のことであった。

一月三〇日、シュトレーゼマン外相はドイツ国会における演説の中で、占領軍の即時無条件撤退という要求を従来通り強調するとともに、連合国に対し安全保障上の見返りを考慮する用意があることを発表した。ドイツはロカルノにおいて仏白両国と相互不可侵を誓約したにもかかわらず、戦勝国の軍隊がドイツ領内に未だ駐留しているという事実は、ドイツが連合国との友好関係を固める上で大いなる障害となっている。占領が継続する限り、ヨーロッパに大国協調を確立するというロカルノで始動した計画が前進することはないであろう。このようにシュトレーゼマンは占領の早期終結を主張する一方、連合軍がラインラントに駐留しうる年限の一九三五年までという条件のもと、ラインラント非武装化を保全するための多国間枠組みについて連合国と協議する姿勢を示したのだった。[†18]

それまで占領に関し要求一辺倒だったシュトレーゼマンも、一九二八年初頭になると、連合国に安全保障上の見返りを示唆するようになっていた。ドイツでは同年五月に総選挙が予定されていたが、当時の国会では国家人民党を中心とする右派勢力のシュトレーゼマンに対する風当たりが強く、連合国との協調を通じた条約修正政策への批判も鋭さを増していた。[†19] シュトレーゼマンとしては自らの対外政策が破綻したわけではないことを、占領終結という目に見える形でドイツ国民に示さねばならなかったのである。

だが当時のフランス国内には、ドイツの軍事大国化に対する憂慮がくすぶり続けていた。たとえば陸軍上層部にはドイツの平和的意志に疑いの目を向ける者がおり、彼らはしばしば匿名で新聞や雑誌に寄稿してドイツ再侵略の可能性を声高に論じていた。[†20] また一九二八年一月にはフランス社会党の下院議員ポール＝ボンクール（Joseph Paul-Boncour）がある雑誌のインタビューの中で、フランス政府はラインラント非武装化を保障したにもかかわらず、（遅くとも一九三五年には同地から撤退する）占領軍以外にドイツの侵犯を防止する実力手段を持ち合わせていないと指摘し、占領終結後に非武装地帯の現状維持を目的とする恒久的機関を設けるべきと論じていた。[†21] おそらくシュトレーゼマンはこうしたフランス国内の懸念とともにドイツ国内の批判をも踏まえ、非武装地帯を対象とする暫定的な多国間枠組みを提案することで、連合国を懐柔しつつ占領終結という対外的成果を手に入れようとしたのであろう。

シュトレーゼマンによる国会演説の三日後、やはり総選挙が近く予定されていたフランスにおいても、占領問題に関する政府の基本方針が発表された。ブリアン外相は上院で、占領の根本的意義がドイツによるヴェルサイユ条約履行の保証にあることを確認した後、もしドイツが連合軍の早期撤退を望むのなら、まずは条約上の義務、なかんずく賠償金の支払いを継続的に果たす姿勢を見せるのが筋であると語った。一九二四年九月よりドイツはドーズ案に即して連合国に賠償金を支払ってきたが、同案は当面五カ年の支払い額を設定した暫定的取決めにすぎず、ブリアンが望むようなドイツの継続的履行には、賠償総額の決定を含むドーズ案の包括的見直しが必須であった。

また非武装地帯をめぐる多国間枠組みについてブリアンは、シュトレーゼマンの付した暫定的という条件に反対し、一九三五年以降も実施されるべきであると主張した。ラインラント非武装化は三五年（まで）に占領軍が撤退した後も国際法上の効力を有し、ヴェルサイユ条約の中でもフランスの安全保障に欠くべからざる規定であるというのがブリアンの根拠であった。[†22] フランス政府は占領終結の条件として、現行の賠償支払い計画の全面的改定、および非武装地帯を対象とする恒久的枠組みの形成をドイツ側に要求していた。

このように一九二八年初頭、占領の早期終結をめぐって仏独外相が各々の方針を明確化する中、イギリスでもチェンバレン外相が同問題への態度を固めつつあった。チェンバレンはフランス政府の提示する条件を確保した上で、ドイツ政府の欲する占領の終結に踏み切りたいと考えていた。

チェンバレンの大陸政策における究極的目標は永続的なヨーロッパ国際秩序の確立であり、それは彼自身の言葉を借りるなら、「大国協調の復権（restoration of the concert of the Great Powers）」[†23] によって達成されるのであった。チェンバレンにとってイギリスは何よりもヨーロッパの一員であった。ヨーロッパの覇権を目指す敵対勢力がフランスや低地諸国を支配するようになれば、彼らの次なる標的は英仏海峡の対岸に位置するイギリスであろうから、その外交が大陸の動向と無関係でいられるわけがないと考えたのである。[†24]

そしてヨーロッパの安定が子や孫の世代に受け継がれるには、大陸の中央にあって豊富な人口と天然資源を擁する潜在的覇権国のドイツに関し、二つの異なる対策が講じられる必要があった。すなわちドイツが西欧の領土的現状を武力で修正しようとする場合に備え、これを阻止するコアリションの形成を保証するとともに、ドイツが敗戦の屈辱から立ち直れるようヴェルサイユ条約中の占領や軍縮規定を修正し、彼らの国際的地位を改善するのである。[†25]

一九二五年一〇月、イギリスが西欧の領土的現状を保障したロカルノ条約の成立によってドイツに対する抑止の条件を整えた後、チェンバレンは大陸政策の比重を対独宥和へと移すようになっていた。ナポレオン戦争後のウィーン会議で時のイギリス外相カースルレイが企図したように敗戦国を国際秩序へと包摂するには、ドイツの領域主権や軍事的自立性を制限するような戦後処理のあり方を改めねばならなかった。[†26] ロカルノ条約成立以降のチェンバレンが英仏独の対等性や共同性を意識しながら、ヴェルサイユ条約で定められた連合国軍事監督委員会（ＩＭＣＣ）の解散、さらには占領軍の大幅縮小にイニシアチブを発揮してきたのはこれまで見てきた通りである。

だが軍縮や占領に関わる規定を修正するのは、もう一つの戦勝大国フランスの同意を確保してからというのがチェンバレンの流儀であった。ヴェルサイユ条約の修正はあくまで英仏独を中心とした大国協調を確立するための手段であって、良好に保たれた英仏関係もまた彼の大陸政策を支える大切な柱だったのである。それゆえチェンバレンは一九二八年初頭に再浮上した占領問題においてもこれまでの路線を踏襲し、フランスとの協調に基づく占領終結の道筋を思い描いていた。

二月六日、チェンバレンは駐英ベルギー大使カルティエ（Émile de Cartier de Marchienne）から最近の仏独の議会演説に関して問われたところ、次のように答えている。ラインラント占領はいずれにせよ一九三五年に解除されるのが定めであるから、ドイツのみならず全当事国の利益に照らして早く撤退するに越したことはない。しかしイギリスは、ブリアン外相がフランス国内で直面する困難、とりわけ対独安全保障上の不安を拭い切れない軍部と世論のことも考慮せねばならない。それにはラインラント非武装化を保全するための何か簡単な方法を見出せれば都合がいいであろう。それはたとえば非武装地帯でドイツの疑わしい行動が目撃された際、専門家が速やかに現地入りして事実問題を調査できる類のものであろう、と。[†27] チェンバレンは、連合国とドイツが非武装地帯に関する新たな枠組みに合意した上で占領を早期終結することが最も望ましいと考えていた。

二　ドイツ政府の攻勢とチェンバレンの疑念

一九二八年春、フランスとドイツでは総選挙が行われ、チェンバレンと共にヨーロッパ国際秩序の再建に取り組んできたブリアンとシュトレーゼマンはいずれも外相に留任した。四月のフランス総選挙は二六年七月の発足より通貨安定化に邁進してきた国民連合（*Union nationale*）政府への実質的な信任投票であり、経済政策で一定の成功を収めたポワンカレ内閣は国民の大多数から支持を集めた。[†28]

一方、五月のドイツ総選挙では野党左派勢力の躍進が目立った。その結果、国会第一党となった社会民主党のミュラー（Hermann Müller）を首班とし、極右および極左政党を排した大連立内閣が六月末に誕生した。だがその連立を担う社会民主党・人民党・民主党・中央党・バイエルン人民党は、ヴァイマル憲法に基づく共和政や議会制民主主義を尊重するという原則以外、国内政策上の共通点にきわめて乏しかった。それゆえミュラー内閣の政権運営は対外政策、中でも政権各党が支持するヴェルサイユ条約の修正についてシュトレーゼマン外相が芳しい成果を上げられるか否かにかかっていたのである。[†29] これまで以上に国内政治の圧力にさらされるシュトレーゼマンにとって、占領終結をめぐる連合国との妥協はますます困難になっていった。

フランスに続いてドイツでも総選挙の終わった一九二八年五月末、チェンバレン外相は占領終結に向けた政府間交渉を軌道に乗せるべく動き始めた。彼が第一に説得にかかったのはフランスであった。

五月三〇日、チェンバレンはクルー駐仏大使に宛てて、占領軍のラインラント撤退を先延ばしにすべきではないとブリアン外相に念を押すよう要請した。チェンバレンによれば、ドイツ国内で中道勢力が幅広い支持を集めたのはシュトレーゼマンの対外政策が有権者から好意的に評価された結果であるから、連合国はドイツ国民が待ち望む占領終結に今こそ応じてやるべきであった。[†30]

しかし占領の早期終結に向けた協議を連合国から持ちかけることに、フランス外務省は難色を示していた。[†31] ブリアン外相は二月の議会演説に示されたように、ドーズ案の改定による継続的な賠償支払いとラインラント非武装化を保全する恒久的枠組みの二つを占領終結の条件に挙げていた。ドイツがこれらを受諾するまで連合国は占領問題でイニシアチブを取るべきではない、との方針をフランス政府は崩していなかったのである。[†32]

チェンバレンはフランスの説得にかかる一方、ドイツに働きかけることも忘れていなかった。一九二八年六月、療養中のシュトレーゼマンに代わってジュネーヴを訪れていたシューベルト外務次官と直接話す機会を得たチェンバレンは、[†33] 占領の終結が早ければ早いほど望ましいというイギリス政府の原則的立場を確認した後、しかしフランスの国内事情を考慮すれば、ドイツから「何らかの明確な利益（some tangible benefits）」を得られぬ限り、連合国として占領軍の早期撤退に同意することはできないだろうと指摘した。[†34] 占領をめぐって連合国とドイツが円満に合意できるよう、フランス政府を納得させるような見返り（すなわち賠償および非武装地帯に関してブリアンが提示した条件）をドイツ側から申し出てほしい旨、チェンバレンはシューベルトにそれとなく打診したのである。ドイツへの態度を軟化させるようフランス政府に説く一方、ドイツ政府にはフランスを満足させる譲歩を促す。そうしたチェンバレンの姿は、対独宥和と英仏協調を両立させることでヨーロッパの永続的安定を図る彼の大陸政策を象徴するものであった。

しかるにドイツから返って来たのは譲歩どころか、連合国への挑発とも取れる一方的な通告であった。七月三日、ミュラー首相はドイツ国会で施政方針演説を行ったが、その中ではドイツ政府がヨーロッパ復興の一翼を担うべく国際協調に邁進してきたことが強調された。ミュラーは続けて曰く、連合国はそうしたドイツの平和的意志を汲み取り、一日も早いラインラントの解放に着手すべきであった。「問題は明白かつ単純であり、ただ［連合国の――引用者注］善意さえあれば解決されるのです」。[†35]

ミュラーが施政方針演説で描いたドイツの対外政策は、その大枠において戦勝国との協調を前提としていたが、占領問題に関しては即時撤退を要求するばかりで、英仏が望む占領終結の二条件への言及はなかった。同演説の翌日、チェンバレンはシュターマー駐英ドイツ大使と面会し、ドイツ政府の思慮に欠ける態度をこう諫めた。占領問題はミュラーが述べるような、連合国の善意があれば片付く類の単純な問題ではない。フランス政府がドイツから何の見返りも得ぬまま占領を解除することは事実上不可能である。それゆえドイツ政府は連合国の受入れ可能な条件を提示する用意ができるまで、占領ないしは賠償問題を公の場で安易に持ち出さぬことを切に望む、と。ロカルノ会議以来、ドイツをいわばヨーロッパ国際秩序の共同運営国として扱おうとしてきたチェンバレンは「ごく親切心からくる警告」をシュターマーに発していた。[†36]

それでもドイツ政府の外交攻勢は止むことがなかった。一九二八年八月三日、シュターマー大使は外務省にリンジー外務次官を訪ね、翌月ジュネーヴで開かれる国際連盟総会の会期中、シュトレーゼマンが関係国代表と占領終結に向けて協議を開始する意向であることを伝えたのだ。シュターマー曰く、五月の総選挙によってシュトレーゼマンの対外政策がドイツ国民の信任を得た以上、ミュラー内閣は占領終結という国民の悲願を何としても達成せねばならなかった。占領問題の停滞に苛立つシュトレーゼマンは、連合国がロカルノで始まったドイツとの政治的和解を本当に進めようとしているのか訝しんでおり、次のジュネーヴでの会談が何の実りもないまま散会にならぬことを願っていた。[†37]

ここでシュターマーが述べたのは占領終結を連合国に改めて要求するとの事前通告であり、その中に連合国が考慮するよう申し入れてきた条件、すなわちドーズ案の全面的改定および非武装地帯を保全する恒久的枠組みへの言及はまたもなかった。同一の内容をドイツ側から通知されたフランス政府は、一切の返答を控えることを決定した。[†38] ベルギー政府もこれに足並みを揃え、賠償支払い計画の見直しとラインラント非武装化の追加的保障が伴わぬ限り、占領の早期終結に同意しない方針を確認した。[†39]

折悪しく、シュターマーが外務省を訪れた頃、イギリスの大陸政策を牽引してきたチェンバレン外相はロンドンを離れていた。過労で衰弱していたところに夏風邪をこじらせ、肺炎と神経炎を併発した末に倒れてしまったのである。[†40] 振り返ってみれば、チェンバレンは一九二四年一一月の外相就任から四年近く、イギリス政府を対外的に代表する顔として、ほとんど休暇らしい休暇も取れないまま働き通しであった。占領や賠償といったヴェルサイユ条約の懸案に加え、二七年に入ると中国やエジプトで反植民地主義運動が活発化し、そこへ追い討ちをかけるように補助艦の保有量をめぐって対米関係が悪化するなど、チェンバレンの頭痛の種は増えるばかりであった。[†41]

チェンバレンが公務に復帰する一九二八年一一月までの四カ月近く外相代理を務めたのは、彼のもとで政務次官を務めた経験を持ち、二七年一〇月からはランカスター公領相として第二次ボールドウィン内閣に加わっていたクーシェンダン（1st Baron Cushendun）であった。シュターマー駐英ドイツ大使から件の事前通告を受けたクーシェンダンは、二八年九月のジュネーヴでドイツ代表から占領問題が持ち出された際にいかなる立場を取るべきか、さっそく外務省内に諮った。

八月一八日、中欧局二等書記官パラウン（Victor Perowne）はジュネーヴに赴くクーシェンダンのため、占領問題に関する対処方針を起草した。イギリス政府はドイツ政府から何らかの補償が提示されるまで占領終結に向けた協議の開始には同意せず、占領国の総意によってのみ連合軍のラインラント完全撤退を決定する、との内容であった。[†42]その二日後、占領国の共通行動およびドイツからの見返りの必要性を説くパラウンの方針は、中欧局一等書記官のハワード・スミス（Charles Howard Smith）によって承認された。[†43]すでに八月八日、ハワード・スミスはクーシェンダンの求めに応じて次の通り具申していた。ドイツを打ち負かされた敗戦国として処遇しないことがロカルノ条約の政治的含意であるため、ラインラント占領の終結が早いほど好ましいのはいうまでもない。だが占領が連合国の名目で行われている以上、来るジュネーヴ会談では仏白両政府と歩調を合わせ、ドイツが賠償および非武装地帯に関する見返りを提供するまで、占領をめぐる本格的な協議は開始しないとの立場を取るべきである、と。[†44]チェンバレンが不在の中でも、彼の政策の大枠は外務省を介してクーシェンダンに受け継がれたのである。[†45]

ドイツ政府から占領に関する事前通告がもたらされたことは、サセックスの別邸で静養していたチェンバレンの耳にも届いていた。八月二二日、外相秘書官のセルビー（Walford Selby）がチェンバレンのもとを訪れると、彼らの話題は最近のドイツの対外姿勢へと向けられた。連合国が再三にわたり申し入れてきた占領終結の条件を一顧だにしないドイツ政府に対し、チェンバレンは苛立ちを募らせていた。ロカルノ条約が締結されてからというもの、イギリスはヨーロッパの永続的安定という長期的観点から、渋るブリアン仏外相を無理にも説得してＩＭＣＣの解散ならびに占領軍の一万人削減に奔走してきた。それも皆ドイツと連合国の関係を少しでも改善するための試みであったのに、ドイツから返ってくるのは占領軍の無条件撤退という一方的な主張ばかりではないか。チェンバレンはこれまでに溜まった不満を率直に語った。

セルビーが訪問した頃、チェンバレンは公刊されたばかりのイギリス外交文書集を読み終えたところだった。それには付録として、当時は西方局に勤務していた外務省きってのドイツ通、クロウの手になる一九〇七年一月一日付の覚書が掲載されていた。チェンバレンはこれを特に注意深く読んだという。[†46]

この覚書が作成されたのは第一次大戦前、イギリスの海上覇権に挑戦する海軍増強計画が実行に移されたり、皇帝ヴィルヘルム二世がフランスの勢力圏であるモロッコに突如上陸したりと、国際場裏におけるドイツの行動がイギリス（および協商関係にあったフランス）に対しますます挑発的になりつつある時期であった。[†47] 一九〇七年の年明け、次第に緊迫化するヨーロッパ情勢を受けて、クロウはイギリスが今後とるべき対ドイツ政策の青写真を描いてみせたのである。クロウによれば、ヨーロッパの勢力均衡と自由な通商を維持しようとするイギリスに対し、ビスマルク失脚後のドイツは世界帝国の建設を目論み、「名うての強請り屋（a professional blackmailer）」のごとく海軍や植民地をめぐってイギリスに要求を突き付けていた。もしこのままドイツの傍若無人な振舞いに抵抗せずにいれば、ドイツはきっとヨーロッパの覇権を掌握するまでパワーを拡張するであろう、とクロウは警鐘を鳴らしていた。

クロウは覚書の中で、ドイツを二流国に貶めるような軍事的もしくは経済的弱体化を推奨しているわけでは決してなかった。れっきとした大国のドイツは、ヨーロッパの勢力均衡に欠くべからざる構成員であると認めていたからである。「すでに獲得した権利を保護するという正当な範囲を逸脱しない限り、ドイツは常にイギリスの共感と善意、さらには道徳的支持すらも見込むことができる」。しかし彼らの行動が既得権益の範囲を越えるとなると話は別であり、イギリスがこれに無償の譲歩を重ねれば、ドイツは増長して要求を加速させるだけであろうというのがクロウの主張であった。[†48]

約二〇年の時を隔てて届いたクロウの警告を前に、静養中のチェンバレンは自問自答していた。これまで展開してきた大陸政策、すなわちドイツの要求に即したヴェルサイユ条約の修正は、ヨーロッパの永続的安定にとって賢明な政策だったのだろうか。もしかすると一九二八年のドイツは一九〇七年のドイツのように互恵的精神を欠いた、「真の友好と信頼」を育むことのできない相手なのではあるまいか、と。[†49] 占領問題で連合国との妥協に応じようとしないドイツ政府への不信感から、チェンバレンは自ら追求してきた対独宥和の妥当性について、従来ほど確信を持てなくなっていたのである。

三　ジュネーヴ共同声明という分水嶺

一九二八年九月三日、第九回国際連盟総会の開会に際し、クーシェンダン英外相代理、ブリアン仏外相、そして療養中のシュトレーゼマンに代わりミュラー独首相がジュネーヴに集結した。彼らは連盟会合の合間を縫って占領および賠償問題を討議することになる。全体会合の前にまずは二国間の予備協議が持たれ、お互いに腹の探り合いが始まった。

九月七日、イギリス連盟代表の定宿ボー・リヴァージュの一室でクーシェンダンとブリアンが会談し、二人は占領終結の条件として賠償支払い計画の改定ならびにラインラント非武装化を保全する恒久的枠組みの必要性について改めて合意した。ブリアン曰く、少なくとも米英への戦債返済額に相当する賠償金の確保に加え、連合軍が撤退した後に「ドイツ政府がラインラントにおいて要塞の建設や軍事力、もしくは平和への脅威となりうる軍需物資を集積していないと保証する必要が生じた際、同地において調査を実施する権限」を組織化することが重要であった。クーシェンダンはフランス政府の立場を詳細に知らせてくれたブリアンに感謝を述べた後、チェンバレン外相がこれまで重視してきた英仏協調の維持という方針を踏まえ、ブリアンの示す占領終結の二条件に同

意した。[†50]

続いてベルギー外相のイマンスがクーシェンダンのもとを訪れ、ベルギー政府もフランス政府の提示する占領終結の二条件に賛同していると伝えた。イマンスは非武装地帯をめぐる多国間枠組みについて、その本拠地をドイツ国外のたとえばルクセンブルクのような適当な場所に設定することで、ドイツ国民の自尊心を傷つけることなく非武装地帯の国際的監視を達成できるのではないかと考えていた。[†51]クーシェンダンは慎重を期してこの問題への明言を避けたものの、ドイツとの協議開始前に占領国である英仏白代表は、ドーズ案の全面的改定ならびに非武装地帯を対象とする恒久的枠組みの形成をドイツが承認するまで、占領軍の完全撤退には応じないとの立場で一致することができた。

ジュネーヴではドイツも早くからイギリスへの接近を試みていた。九月八日、ミュラー独首相はクーシェンダンと会見し、占領終結に向けたドイツ政府の並々ならぬ意欲を印象づけつつ、ドイツを含めた全占領当事国による協議の開催をイギリスから呼びかけてほしいと要請した。ミュラーによれば、仏独両国で総選挙が片付いた現在、占領問題の解決の機は熟した。連合軍がドイツ領内に駐留し続けることで、本来ならばとうに忘れられているべき連合国への敵意が未だドイツ国民の間にくすぶり、英仏独関係のさらなる改善を阻害している。ともかくもジュネーヴで何らかの前進を図るべく、ぜひともクーシェンダンの周旋を頼りにしたいというのである。クーシェンダンは当初、外相代理という自らの地位を顧みて全体協議のホスト役を買って出ることには及び腰であった。しかしミュラーの占領終結に賭ける意気込みを目の当たりにしたクーシェンダンは、とうとう協議の開催を呼びかけることに同意したのだった。[†52]

九月一一日、クーシェンダンの逗留する一室にブリアン仏外相、ミュラー独首相、イマンス白外相、また占領には関与していないものの賠償問題に利害を有するイタリアからシアロヤ国際連盟代表、日本から安達峰一郎駐仏大使が顔を揃え、三度にわたる六者協議が始まった。

議論の口火を切ったのは、連合軍のラインラント早期無条件撤退を要求するミュラーであった。ドイツ政府はヴェルサイユ条約で定められた軍縮義務を果たし、ドーズ案のもとで遅滞なく賠償金を支払ってきたのだから、占領はドイツの条約履行の保証としての役目をすでに終えている。またドイツ政府は西欧の現状維持を約したロカルノ条約、加盟国の領土保全と国際紛争の平和的解決を謳った国際連盟規約に加え、締約国間で国策の手段としての戦争を放棄すると誓ったパリ不戦条約（一九二八年八月二七日調印）にも参加しており、ドイツの平和的意志を疑う余地はない。さらにいえば、現在の連立内閣は占領終結への強い国内的圧力にさらされており、もしミュラーがベルリンに戻った際に占領問題で何の進展もないとドイツ国民に表明することになれば、シュトレーゼマン外相のみならず現政権の存続まで危ぶまれるであろう。このようにミュラーは国際法、対外政策、国内情勢という三つの観点から占領終結の正当性を連合国に強調したのである。

かかるミュラーの先制攻撃を、ブリアンは正面から受けて立った。占領および賠償というヴェルサイユ条約の未解決問題について検討するにあたり、クーシェンダンの仲立ちで開かれたこの度の六者協議はまことに好都合であるとした上で、ブリアンは占領終結に必ず伴わねばならない二つの条件に言及した。それは暫定的取決めにすぎないドーズ案に代わる賠償支払い計画の策定と、連合軍の撤退後にラインラント非武装化を維持するための恒久的枠組みの形成であった。同枠組みについてブリアン曰く、ドイツ代表は他国と対等な地位において参加できるのだから、かつてドイツの軍縮を監督したＩＭＣＣのごとき連合国組織とは一線を画すものであった。ブリアンは、連合国がドイツに強制するヴェルサイユ条約の延長でなく、連合国とドイツが相互的かつ自発的にラインラント非武装化を保障したロカルノ条約の補完として地域的枠組みを想定していたのである。

ここにクーシェンダンが割って入った。クーシェンダンはラインラント占領の早期終結を心から望んでいるというイギリス政府の立場を明確にした後、ミュラー政権の国内基盤を固めるために手を差し伸べたいのはやまやまだが、連合国、とりわけフランスの世論という要因を考慮すると、ドイツ政府が主張する無条件撤退は連合国のとりうる政策として現実的でない点にも理解を示してほしいとミュラーを諭した。またクーシェンダンは、賠償総額が確定されぬままドイツがドーズ案のもとで賠償金をいくら納めても、ヴェルサイユ条約の賠償規定を完全に履行したとは認定できないとの助言をイギリス政府内の法律専門家から受けているから[†53]、今後の協議において法的見地から占領終結の必要性を論じるのはドイツにとって得策でないことをミュラーに指摘した。

これを受けてミュラーは、賠償総額の定まっていない現在の状況が国際金融市場におけるドイツの信用の低さにつながっているとして、ドイツ政府としても賠償問題を占領問題と並行して討議することに異論はないと述べる一方、ブリアンの挙げたもう一つの条件、つまり非武装地帯を対象とする恒久的枠組みへの言及は巧みに回避した。[†54]

六者協議の初日を終えた各国政府の立場は明瞭であった。賠償および非武装地帯に関する二つの条件下での占領終結を主張したフランス・ベルギーにイギリスは寄り添い、ドイツはそのうち自国の経済的利益に直結する賠償に対してのみ前向きであった。初日の時点でドイツがドーズ案の改定に積極的な姿勢を示したことで、その後の協議はもっぱらラインラント非武装化問題を軸に展開する。

九月一三日、六者協議の二日目にブリアン仏外相は占領終結の二条件に関する自身の考えを具体的に説明し、ドイツ側の警戒を解こうと試みた。もしラインラント非武装化に対する違反行為が既存の枠組み、たとえば国際連盟理事会に付託されれば、当事国代表はジュネーヴに集まる記者たちが注目する中、事件内容の公表を前提に紛争を解決しなければならず、各政府に途方もない労力を強いることになる。そうした事態に陥ることなく、ロカルノで西欧の現状を保障した五カ国により速やかに事実の検証を進めることがフランス政府の目的であり、ドイツを連合国に従属させる意図など断じてない、とブリアンは述べた。賠償問題についてはドーズ案の形成過程と同じように、政府から独立した専門家委員会に報告書の作成を委嘱することから始めるべきであろうとブリアンは提案した。

しかしミュラー独首相は、フランス政府の意図はどうあれドイツ国民の目に連合国の新たな対独強制手段としか映らないであろう多国間枠組みは、せいぜいヴェルサイユ条約の規定で連合軍がラインラントに駐留できる年限(一九三五年)までしか認められない、との主張をくり返した。また賠償問題については、民間の金融専門家に支払い計画の見直しを依頼するのは良いが、ドイツ政府としての正式な承認は連合国が占領終結を公に表明するまで控えたいとミュラーは述べた。

六者協議二日目でも、仏独の議論は平行線をたどるばかりであった。フランスはドイツが連合国の条件を呑むまで占領を解除しないと譲らず、ドイツは連合国が先に占領終結の決定を発表しない限り賠償問題に関与しないとの立場を崩さなかったからである。非武装地帯を対象とする多国間枠組みの存続期間をめぐっても、仏独間の溝は埋まらなかった。同枠組みに恒久性を付与したいフランスと、これを一九三五年までの暫定的性格に留めようとするドイツの間には、容易に縮まることのない隔たりがあった。事態を見かねたクーシェンダンはブリアンとミュラーの間に入り、両人ともこれまでの展開を政府に報告して占領および賠償に関する対処方針を立て直してほしいと申し入れ、ひとまず散会の運びとなった。[†55]

フランスとドイツの対立は九月一六日の六者協議三日目でも収束しなかった。ミュラー独首相はこの数日、ベルリンの主要閣僚と電話と電信を使って協議を重ねたが、一九三五年を超えて存続するいかなる取決めも受け入れることができないとの結論に達したことを報告した。[†56] 三五年以降も効力を有するロカルノ条約の補完として多国間枠組みを考案していたブリアン仏外相としては、ミュラーの主張に肯くことはできなかった。イマンス白外相も、非武装地帯における紛争の可能性は三五年以降もなくならないのだから、ドイツは恒久的枠組みの構築に賛同するべきとブリアンを擁護した。それでもミュラーは、内閣全体の決定を首相の独断で覆すわけにはいかないと頑なだった。

クーシェンダンはこれ以上進展の見込みがないとの判断から、六者協議の総括に入ることを提案した。ブリアンとミュラーもこれに同意し、占領終結に向けた交渉を今後も継続すること、ドーズ案改定のために専門家委員会を発足させること、そして（存続期間などの詳細はともかく）ラインラント非武装化を保全するための多国間枠組みの構築に原則として合意したことを相互に確認した。[†57] 最後にクーシェンダンは賠償問題におけるイギリス政府の方針として、一九二二年の「バルフォア・ノート」に基づき、アメリカ政府に対する毎年の戦債返済額と釣り合うだけの取り分を要求することになると指摘して、三回にわたる六者協議を締めくくった。[†58]

こうして一九二八年九月一六日、ジュネーヴに集まった英仏白独伊日の各代表は、第一次大戦後のヨーロッパにおいて長らくの懸案であったヴェルサイユ条約に関する二つの問題、占領および賠償をめぐって次の合意に至ったことを共同声明という形で公表した（以下「ジュネーヴ共同声明」と表記）。

一、駐ラインラント連合軍の早期完全撤退に向けた正式交渉の開始
二、ドイツの賠償支払い計画を包括的に再検討する専門家委員会の発足
三、ラインラント非武装化の保全を目的とした調停委員会の設立。ただしその構成や活動権限、存続期間などの詳細は後の協議事項とする[†59]

ジュネーヴ共同声明には六者協議で表出した仏独対立の痕跡をありありと見て取ることができる。占領問題の

解決を最優先としたいドイツと、賠償および非武装地帯に関する条件についてドイツの承認を得るのが先決とするフランスは最後まで折り合わなかった。そこで共同声明はいずれが先に譲歩するかをひとまず措き、各問題を通常の外交チャネルを通じて個別に、しかし並行して処理することに落ち着いたのである。

ブリアンとミュラーの主張が平行線をたどる中、六者協議がともかくも共同声明の発表にまで漕ぎつけられたのは、事実上の座長として仲裁の労を取ったクーシェンダンの功績によるところが大きい。彼はあるときには議論を強引に打ち切って冷静な再検討を促し、またあるときには仏独双方の面子を立てるため、占領終結が望ましい一方で連合軍を無条件で撤退させるのは現実的な政策でないと主張した。クーシェンダンは英仏協調を重んじながら対独宥和を追求してきたチェンバレン外相の立場を踏襲し、ジュネーヴで彼の代役を見事に演じ切ったのだった。同じ頃、気候の温暖なアメリカ・カリフォルニア州で静養していたチェンバレンは、クーシェンダンの「見事な」仕事ぶりに深い満足と称賛の念を抱いていた。†60

戦間期ヨーロッパ外交史においてこのジュネーヴ共同声明は、ドイツ政府が長年訴え続けてきた占領の終結を、連合国政府が原則として容認した点においてきわめて重要である。ロカルノ条約の成立後、ケルン地区の占領解除や一万人規模の縮小には応じてきた連合国であったが、ラインラント早期完全撤退をこれまで公に明言したことはなかった。連合国は一九二八年九月に初めて、占領終結を今後の政治日程に上げることに正式に同意したのである。同声明はドイツ政府にとって、占領という講和条約の中でも最大級の桎梏から解放されるための一里塚を意味し、連合国政府からすれば占領終結を白紙撤回するという選択肢はこれ以降きわめて取りづらくなった。

九月二四日、一連の協議を終えてジュネーヴから帰国したクーシェンダンは、その成果を内閣に報告した。チャーチル蔵相は現行のドーズ案が再検討に付されることでイギリスの受取額が下方修正され、アメリカに対する戦債償還に支障をきたすのではないかと危惧していたが、クーシェンダンは賠償問題におけるイギリス政府の方針が「バルフォア・ノート」に基づくものであり、対米返済額を確保できないような賠償金の分配には承諾できないことを他の連合国代表に周知させたと説明した。またラインラント非武装化について、その保全に資するような多国間枠組みを設けることで合意はしたが、それ以上は踏み込んでいないと述べた。内閣はクーシェンダンの仕事を十分に評価し、これを了承した。[†61]

こうして一九二八年九月のジュネーヴ共同声明をもって、ヨーロッパ外交は占領終結への本格的な一歩を踏み出した。これ以降、連合国とドイツの政府間交渉は「いかなる条件で」占領を終結するかに焦点が絞られる。ラインラント占領はドイツ政府の条約履行に対する保証であると同時に、西欧の領土的現状がドイツによって勝手に変更されないよう監督する機能も担っていたから、占領軍の撤退後にラインラント非武装化をいかに維持していくかはヨーロッパ国際秩序の行方に関わる大問題であった。

四　イギリス政府内の対ドイツ認識——同情と脱脅威化の交錯

一九二八年秋、占領終結の具体的プロセスに関する交渉が当事国間で始まろうとしていた矢先、イギリス外務省にラインラント駐在の二人の外交官から長文の覚書が届いた。いずれもジュネーヴで占領終結の原則が確認されたのを受けて書かれたものだが、その根底にある両者の対ドイツ認識はきわめて対照的であった。これらに反応する形で、今まで占領問題でほとんど対立の見られなかった外務省内にも、占領終結後の対ドイツ政策をめぐる見解の相違が立ち現れることになる。

第一の覚書は一〇月一二日付で、筆を執ったのはラインラント南部の主要都市マインツで領事を務めるマゴーワン（John H. Magowan）である。ドイツのヨーロッパにおける勢力拡大は経済領域を中心に達成されるため、イギリス政府はドイツを軍事的脅威と捉えるべきでないというのが彼の論旨であった。
マゴーワン曰く、豊富な天然資源に恵まれ人口も増加傾向にあり、工業生産の相当なポテンシャルを備えるドイツは何よりも経済大国であり、彼らの繁栄はイギリス同様ヨーロッパの自由な通商や金融取引に依存している。なるほど現在のドイツ人も大戦前のように世界大国としての承認を欲してはいるが、先の大戦で敗北を経験した彼らは、そうした政治的目標を叶える手段として軍事力を持ち出すのが時代遅れであることを学んだ。またドイツの政治家が非軍事的手段をより重視するようになった背景として、連合国による二〇年代前半の強制軍縮政策の成功も指摘できる。IMCCによる武装解除の試みによって、ドイツ国民の間から軍国主義の熱情が薄れることになったからだ。「ヴェルサイユ条約は戦争の女神ゲルマニアに天使の光輪を押し付けたが、彼女も今ではこれを快く感じており、ついには世界から淑女になったと認められる日も近いであろう」。[†62]
マゴーワンは、一九二八年のドイツに諸列強との軍事衝突を招く意図はなく、ヨーロッパ安全保障上の脅威としてドイツを認識するのは誤りであること、それゆえドイツの膨張を抑止するための措置はもはや必要ないことを訴えていた。[†63] ドイツの脱脅威化に基づく占領不要論は、対独宥和を支持する主要閣僚および外務・陸軍官僚の見解と共通するものであり、その意味で、彼の議論にはチェンバレン外相の大陸政策を裏書きする以上の意義はなかったといえるかもしれない。だがマゴーワンの覚書は、ドイツの評価をめぐっていくつかの反論を呼び起こすことになった。
一〇月二二日、ラインラント中部のコブレンツに拠点を置き、現地で占領行政に携わる連合国ラインラント高等弁務団（Inter-Allied Rhineland High Commission）のイギリス代表シーズ（William Seeds）が、ドイツの軍事的脅威を過小評価すべきではないとの意見を外務省に送付した。これが第二の覚書である。ドイツが非軍事的手段によって成長を遂げるというマゴーワンの見通しは甘く、ヨーロッパにおいて経済上の優越を確立しようとするドイツの試みは、軍事力の増強および中東欧での領土拡大に転化する可能性を秘めているというのである。

シーズによれば、今後イギリス政府は対ドイツ政策を形成する上で、ヴィルヘルム二世時代のドイツ外交を参照基準とする必要があった。対外姿勢を謙虚から横柄へと一足飛びに変えるドイツ人の性格は今も昔も同じであり、一八九〇年代からイギリスは海軍や植民地をめぐって数え切れぬ譲歩を重ねてきたにもかかわらず、ドイツは現状に満足するどころか他のヨーロッパ列強を挑発し続け、一九一四年の破局に至った。ヴェルサイユ条約の諸規定、なかんずくラインラント占領は一八年に訪れた大戦の結末をドイツ人に忘れさせないための、また彼らの大陸における軍事的台頭を思いとどまらせるための役割を果たしてきた。もし連合軍がラインラントから撤退すれば、ドイツ政府は国防軍の秘密訓練を受けた民間の準軍事組織から力を得て、いよいよ本格的な再軍備へと舵を切るであろう。それゆえドイツから見返りを得ることのないまま占領終結に応じるべきではない、と。[†64]

シーズは何も占領終結そのものに異を唱えているわけではなかった。彼はジュネーヴ共同声明ですでに示された占領終結の筋書きを前提としながら、占領がこれまで担ってきた抑止機能に鑑みて、占領終結「後」のドイツといかに向き合うべきかを問題にしていたのである。無償の譲歩に対するシーズの警告は、裏を返せば（とりわけ安全保障上）満足のいく見返りの必要性を示唆するものであった。その意味で彼の覚書は、非武装地帯を対象とする調停委員会のような対独安全保障手段を真剣に検討すべき、と外務省に訴えかけていたといえる。[†65]

結局のところマゴーワンとシーズの論争は、ドイツ政府の対外目標に対する彼らの捉え方の違いに端を発していた。ドイツはもっぱら貿易や金融の領域で平和的にヨーロッパでの勢力拡大を目指すと見たマゴーワンにとって、彼らを軍事的に抑え込む占領は無用の長物でしかなく、占領終結後を見越して新たな策を講じる必要性も見出されなかった。一方、ドイツは武備の充実により第一次大戦後の現状を力ずくで変更するのではないかと疑うシーズにしてみれば、占領はドイツの侵略に対する貴重な抑止装置であり、占領終結後にはその代替策を講じる明白な必要性が存在するのだった。

それでは、ほぼ時を同じくしてラインラントから届いた二つの覚書にイギリス外務省はいかなる反応を示したのだろうか。まず占領終結後のドイツの針路に不安を抱く人々から声が上がった。たとえば外相秘書官のセルビーは、ドイツがシーズの指摘する通り大陸における軍事的覇権への夢を断ち切っておらず、連合国は一九一四年の再演を防ぐ手立てをもっと真剣に講じるべきと考えた。そして現在のヨーロッパにおける最も効果的な対独「抑止手段（deterrent）」はロカルノ条約に規定されたイギリスの軍事援助であるから、イギリス政府はフランスとの緊密な協調に基づき同条約をさらに強化すべきであると主張した。[†66] 続いて中欧局二等書記官のパラウンもドイツの軍事大国化への懸念から、連合国は占領終結と引換えに安全保障上の見返り、すなわち非武装地帯を保全するための多国間枠組みをドイツに要求すべきと示唆する覚書を作成した。[†67]

ところが、占領終結後の対独安全保障を重視するシーズやセルビー、パラウンらの意見が外務省内で採用されることはなかった。政策決定過程における彼らの発言力の乏しさもさることながら、療養中のチェンバレンが戻らぬ中、外務省で対ドイツ政策形成の鍵をますます強く握るようになっていたサージェント中欧局長とリンジー外務次官が、彼らの意見を退けたからである。

一九二八年七月、ティレルの後任として外務次官の座を射止めたリンジーは、未だ駐独大使の任にあった頃からドイツの条約修正要求に少なからぬ共感を抱いていた。たとえばドイツが国際連盟に加盟した二カ月後の二六年一一月、ベルリンに赴任したばかりのリンジーは保守党の政治家である兄クロフォードに宛てて、「この恐ろしいヴェルサイユ条約（this terrible Treaty of Versailles）」を打ち破りたくないドイツ人など一人もいないと述べた後、それは驚くに値しないし、そのことで彼らを非難しようとも思わないと綴っている。[†68] またラインラント占領について、リンジーはチェンバレン外相やサージェント中欧局長と同じく早期終結を支持する一人であった。二八年三月、リンジーはサージェントに宛てて自身の占領観をこう書き送っている。ラインラント占領はドイツが西欧の現状維持を約したロカルノ条約の締結をもって対独安全保障上の価値を失い、それは今や連合国とドイツの間に横たわる「永久的な摩擦の種（perpetual source of friction）」となった。占領に残された唯一の意義は賠償支払いの担保としての役割だが、ドイツが何世代にもわたって莫大な額を支払い続ける前提に立てば、その間ずっと連合国がラインラントを占領するというのは非現実的な政策といわざるを得ない、と。[†69] 安全保障装置としても条約履行の保証としても、占領はもはや無用の長物と化したというのが外務省事務方トップの認識であった。

一九二八年一一月一四日、占領終結後のラインラントに関するマゴーワンとシーズの論争を受けて、まずはサージェント中欧局長が自らの意見を次のようにまとめた。もし連合軍がラインラントから撤退した後に同地の非武装化を保全するための恒久的枠組みを設ければ、傷つきやすさと猜疑心を併せ持つドイツ人はそれを「陶片追放政策（policy of ostracism）」、すなわち連合国がドイツを国際社会から排除しようとしていると解釈し、彼らの軍事大国化をかえって助長することになりかねない。したがって連合国がドイツの主権を侵すような措置をとるのは極力控えるべきである、と。[†70] サージェントは、関係国がジュネーヴ共同声明で合意していたにもかかわらず、非武装地帯を対象とした多国間枠組みの構築に否定的であった。リンジー外務次官は自らの署名を添えることで、サージェントの見解に同意した。

外務省の中心にあったサージェントとリンジーが、ラインラント占領のみならず占領終結後の非武装地帯をめぐっても、ドイツ政府の非協力的姿勢を大目に見つつ彼らの主権を尊重しようとしたのは一体なぜか。それは主として、大戦前までイギリスに比肩する軍事力と国際的地位を持ちながら、革命と敗戦、講和を経て名実ともに弱体化したかつての大国への同情があったからである。一九二八年夏、在独大使館に一等書記官として勤務していたニコルソンは、ヴェルサイユ条約によって軍縮や占領を課せられた大戦後のドイツ人が、大国としての自己評価を未だ回復していないとの分析を外務省に送ったが、[†71]サージェントとリンジーはこれに次のような感想を記している。

サージェントによればニコルソンの診断はまことに正しく、連合軍に占領される現在のドイツ人が英仏と対等なヨーロッパ大国としての自負を取り戻していない以上、彼らの態度に現れる「高慢（pride）」や「神経過敏（extreme sensitiveness）」、「露骨な妨害行為（apparent obstructiveness）」に決して腹など立ててはならず、イギリス政府は占領問題で辛抱強くドイツを相手にする必要があった。[†72]リンジーはサージェントの見解に同意した上で、条約修正にまつわるドイツ政府の意固地な姿勢は、彼らの地位が国際的のみならず国内的にも脆弱であることの自覚によってますます強固になっている、と付け加えた。[†73]

サージェントとリンジーの見立てでは、占領によって従属的地位に貶められている限り、ドイツがヨーロッパの永続的安定といった共通の利益を考慮することも、そのために連合国に譲歩するような殊勝な態度をとることもないのだった。ならば連合国は彼らの理不尽な反抗に直面してもそれを我慢して、ドイツを占領というヴェルサイユ条約最大のくびきから解放してやらねばならなかったのである。サージェントとリンジーは、まるで分別ある大人が向こう見ずな若者をなだめるように、ドイツの自尊心あるいは大国としての承認欲求を満たす意味を込めて、ヴェルサイユ条約の修正を強く支持していた。これでは占領軍が撤退した後、ラインラントをなおも国際的に管理するような試みに彼らが賛成できるはずはなかった。

同時期のイギリス政府内では高次の事務レベルのみならず、政策決定の最終権限を有する内閣においても、対独宥和の妥当性を疑う者はいなかった。たとえば一九二八年一二月一三日のＣＩＤではドイツの軍事力について議論されたが、その際に出席者からドイツの軍事的脅威に対する懸念、あるいはポスト占領期の対独安全保障にまつわる提案が示されることはなかった。

同会合の一週間前、ワージントン＝エヴァンズ陸相はドイツの軍事力に関する覚書をＣＩＤに提出している。その中で参謀本部は、主に武器や各種装備の欠如から「現状における」ドイツの軍事的弱体化が明らかである点、それゆえドイツは一九一四年のような対外侵略はおろか、大国一国を相手にした防衛戦すら長期間になると覚束ない点を指摘していた。その一方、ドイツ国内に増殖する愛国主義団体の多くが準軍事組織としての実態を備えており、人員および戦闘意欲におけるドイツの潜在力を侮ることはできない点にも注意を促していた。[†74]

しかしドイツ国内の不穏な動きに関する参謀本部の指摘が、ＣＩＤの面々に真剣に受け止められることはなかった。時間も能力も限られた閣僚の多くにとって肝心なのは目前に迫った脅威や危機であり、ドイツの軍事大国化は参謀本部がいみじくも述べたように、「現状において」ほとんど起こりそうもない事態であった。たとえばエイメリー植民地相は陸軍省の示す事実、すなわちドイツ国内における準軍事組織の勢力拡大はイギリスの安全にとって危険ではなく、いかなる点でもドイツの軍縮違反を不安に感じる理由はないとして、ドイツ脅威論そのものを否定した。

政府内の軍縮に関する小委員会で議長を務めていた玉璽《ぎょくじ》尚書《しょうしょ》ソールズベリ（4th Marquess of Salisbury）は、ドイツ政府が民間に事実上の予備兵力を有する状況を認めながらも、イギリス政府が検討すべきは（いかにドイツの軍縮を維持するかではなく）いかに戦勝国側が軍備を縮小するかであると述べた。ドイツの強制軍縮を規定したヴェルサイユ条約第五編の冒頭には、国際社会における軍備制限の第一歩として敗戦国ドイツに武装解除が義務付けられると記されていた。[†75]ところが一九二〇年代前半、ドイツの軍縮はＩＭＣＣを通じてかなりの程度執行された一方、英仏をはじめとする戦勝国側の軍備はドイツの場合ほど大幅かつ急速には縮小していなかった。[†76]ソールズベリはこうした事実を踏まえ、ドイツが連合国の怠慢を理由に自らの再武装を正当化し始める前に、イギリスは自らの軍縮を本格的に進めるべきであろうと論じたのだった。

チャーチル蔵相は、ヨーロッパの安定を最終的に担保しているのがフランスの陸軍力であるとの前提に立ち、フランスがドイツより強大なパワーを保持する現状が続く限り、イギリス政府はドイツの国内問題に一喜一憂せずともよいとの意見を表明した。チャーチルはここでドイツの軍事力に直接言及しているわけではなかった。しかし、仏独の軍事バランスは現時点でフランスに有利であり、ドイツ国内における愛国主義団体の動向など気にかける必要はないとの見解から、チャーチルが当時のドイツをイギリスにとって少なくとも喫緊の脅威とは捉えていなかったことが読み取れるであろう。†77

このように一九二八年末、ドイツをヨーロッパの軍事的脅威とする視点は相変わらずボールドウィン内閣に欠落しており、占領終結後の対独安全保障を切実な外交課題として検討する土壌は閣内に整っていなかったといえる。

五　チェンバレンと外務省の不協和音

チェンバレン外相が晴れて外務省に復帰したのは一九二八年一一月半ばのことである。彼はサージェント中欧局長やリンジー外務次官とは対照的に、ロカルノ条約の締約国が非武装地帯を保全するための多国間枠組みを立ち上げることに一貫して好意的であった。ラインラント非武装化を保障したロカルノ条約がその締約国から成る紛争解決手続きによって補強されれば、それはチェンバレンの志向するヨーロッパ国際秩序、すなわち英仏独を基軸とした大国協調の体系にまた一つ安全保障上の確かな基礎が加わるのだった。

しかしチェンバレンが非武装地帯の保全に真剣に取り組んだ動機として、一九二八年末の彼が、ヨーロッパにおけるドイツの行く末をこれまで以上に不安視するようになっていた点も指摘しておくべきであろう。

たとえば一九二八年一二月、ルガーノで開かれた国際連盟理事会でシュトレーゼマン独外相は、大戦後にポーランドやチェコスロヴァキアに編入されたドイツ系住民の権利保護をきわめて強硬に主張した。[†78] フランスとドイツが占領および賠償問題の解決に向けてようやく足並みを揃えることのできた矢先、東欧の領土的現状への異議申し立てと見られる動きをシュトレーゼマンが公然と示したことは、チェンバレンの対独不信をいやが上にも強めた。ルガーノからロンドンに戻ったチェンバレンは妹への手紙の中で、「ドイツ人はこの世で最も手を貸しづらい民族」であり、彼が「やっとの思いで転がし上げた石を、いつも平気で山上から落としてしまう」と苦々しい思いで綴った。[†79]

その後、フィレンツェでイタリア首相ムッソリーニ（Benito Mussolini）と会談したチェンバレンは、ドイツが一九一四年のような軍事的破局をヨーロッパに再びもたらす可能性までほのめかしていた。すなわち、ドイツが現在の国際的地位を真に受け入れるのか、はたまたもう一度武力に訴えて大国間戦争にすべてを賭けるのか、その答えは知る由もない。しかしドイツは現に非武装地帯や軍備制限、またシュレジエン地方をはじめ大戦後に彼らが喪失した領土をあきらめる様子もなく、むしろそうした不遇を脱する機会を絶えず窺っているように見える、とチェンバレンは観察していた。[†80]

彼は前年夏のサセックスでの静養中にも、ドイツがイギリスの善意につけ込んで大陸での権勢をほしいままにするのではないかと疑っていた。その後もルガーノでの少数民族に関する一件を見るにつけ、チェンバレンはヨーロッパにおけるドイツの将来への不安を拭い切れずにいたのである。当時のドイツ政府が再軍備や武力による東欧の現状変更を公式に言明していたわけではなかったが、指導者からそうした事態をわずかでも連想させる発言が続いたことで、チェンバレンはヨーロッパ国際秩序の共同運営国としてのドイツに対する信頼をますます失いつつあった。大国協調の復活を目指しながらもドイツの軍事的台頭という最悪のシナリオを想起せざるを得なくなったチェンバレンにとって、占領終結後にラインラント非武装化をいかに維持していくかという問題は、ひときわ切実に彼の心中に迫っていたであろう。

そこでチェンバレンは、ラインラントでドイツが非武装規定に反する軍事行動を起こした場合に備え、現地調査ならびに当事国間の調停を任務とする委員会を非常設機構として発足させることを思い付いた。一九二八年一二月中旬、チェンバレンは信頼する外務官僚の一人で今は駐仏大使となっていたティレルに、自身の考えをこう打ち明けている。「私自身としては、ラインラントに拠点を置く常設委員会を正式に設置するのでなく、いかなる締約国の要請によっても直ちに会合を開くことができ、必要とあらば紛争地に赴いて事実を確認し、いかなる場合でも問題を外部機関に付託せず、当事国だけで合意に達することのできるよう働く個人をあらかじめ指名しておくとの考えに傾いています」。[†81]

有事には一国のみの要請で現地調査を可能にすることでフランス政府（および世論）の対独安全保障への欲求を満足させるとともに、ドイツ領内に本部を置くような常設機構の形式を回避することでドイツ政府（および世論）の自立性への欲求にも配慮する、というのがチェンバレンの創意であった。また、このような調停委員会は占領の代替でなく非武装地帯を保障したロカルノ条約の補完であるとの前提から、チェンバレンはこれをドイツ政府の主張する一九三五年までの時限措置とする気はなく、あくまでロカルノ条約が国際法上有効であるのと同じだけ存続させることを想定していた。[†82] 要するにチェンバレンは、かつてベルリンに本部を置いてドイツ中の軍備を監督したＩＭＣＣのごとき常設機構としない代わりに、存続期間において恒久性を、また活動権限において強制性を一定程度備えた多国間枠組みを考えていたのである。

一九二九年一月一五日、外務省法律顧問ハースト（Sir Cecil Hurst）はチェンバレン外相の求めに応じ、彼がぼんやりと思い描いていた調停委員会構想を法律家の観点から具体的に定義してみせた。ハースト草案の要点は次の通りである。

一、ロカルノにおいてラインラント非武装化を保障した英仏白独伊の文民代表は、同規定の侵犯に相当すると申し立てられた事実、もしくは事件を調査し報告するための委員会を発足させる

二、ラインラント非武装化に関わるいかなる事実もしくは事件も、フランス・ベルギー・ドイツいずれか一国の要請により、当該委員会に付託される

三、当該委員会はロカルノ条約と同じ期間その効力を有する

四、現地調査の実施ならびに紛争当事国政府に提示する最終報告書の採否は、当事国代表二名の投票によって決定される（残る三委員に投票権はなし）[†83]

ハースト草案はチェンバレンの構想に合致するように、常設機構としての体裁を打ち出すことなく、ロカルノ条約の締約国から成る調停委員会に無制限の存続期間ならびに（当事国の合意に基づく）ドイツ領内の調査権限を認めていた。これを読んだティレル駐仏大使は、恒久性と強制性がそれなりに担保されている以上、フランス政府が対独安全保障上の観点から反対する理由はないはずだとして、同案を仏独両政府に直ちに送付すべきであるとチェンバレンに進言した。[†84] ランボルド駐独大使も、調停委員会は常設機構の形式を免れる限りドイツ政府の了解可能な範疇にあるとの見通しから、即座の合意とはいかぬにせよ、ハースト草案を出発点として政府間交渉を進めてみてはどうかとの見解をチェンバレンに伝えた。[†85]

ところが外務省は、占領終結後のラインラント問題でイギリスが先手を打つことに消極的であった。サージェント中欧局長は一月二三日、「いくらか別の、もっとゆっくりした手順」を踏むべきではないかとチェンバレン

外相に具申した。サージェントは、イギリスの提案にフランスが同意する一方、ドイツがこれを拒否した場合を懸念していた。そのような事態になれば、フランスは占領終結後のラインラントに関しイギリスとの連携が成ったことに力を得て、交渉の邪魔をしているとドイツを非難し始めるかもしれない。するとイギリスは自国の提案を支持してくれたフランスを簡単に袖にすることもできず、「公平無私の第三者」として仏独の仲を取り持つのが困難になるというのである。[†86] 外務省の中でもドイツ問題を特に手がけ、チェンバレンの大陸政策を最も身近に支えてきた中欧局長が今、彼の動きにブレーキをかけようとしていた。

確かにサージェントの意見には一理あった。仏独間で容易に合意できそうもない問題でイギリスが最初に手の内を見せてしまうより、仏独が万策尽きてからハースト草案を手に登場する方が、イギリスの彼らに対する影響力は強くなるであろう。チェンバレンは迷っていた。二月一日、チェンバレンは省内に向けて、ロカルノ条約の締約国がラインラントの現状維持に資するような枠組みを新たに構築する考えには依然として賛成だが、イギリスがそのため直ちに行動すべきかについては自信が持てなくなっている、と書き残している。[†87]

一週間後、チェンバレンは外務省の助言を聞き入れ、調停委員会に関する提案を現時点では控える旨を決定した。チェンバレンはその主な理由として、サージェントが指摘したようにこの問題でイギリスが仏独の仲介役を演じるには時期尚早と判断し直したことをティレルとランボルドに説明している。[†88] 一歩離れた距離から仏独双方の歩み寄りを演出しようとする姿勢は、チェンバレンのヴェルサイユ条約をめぐる諸問題への取り組みに共通していた。ここでもチェンバレンは、ラインラントの現状維持に強い関心を持つフランス政府がこの件で沈黙を守っている以上、まずは彼らが動くのを待ち、フランス側の構想を把握した上でイギリス政府の立場を明確にしようとしたのである。

いずれにしてもチェンバレンは、ロカルノ条約を補完する多国間枠組みの構築から手を引いたわけではなかった。この問題で待ちの姿勢に入ったチェンバレンのもとに、間もなくフランス政府から一つの打診がもたらされる。

二月二七日、駐英フランス大使フルリオ（Aimé-Joseph de Fleuriau）は、占領終結後のラインラント非武装化に関するフランス政府の公式見解をリンジー外務次官に手交した。ドイツ政府にもほぼ同時に通達されたこの覚書には、フランスが希望する「検証調停委員会（*Commission de constatation et conciliation*）」の概要が次のように記されていた。

一、ロカルノにおいてラインラント非武装化を保障した英仏白独伊の文民代表は、国際連盟理事会の指名する議長のもとで、同規定の侵犯に相当すると申し立てられた事実、もしくは事件を調査し報告するための委員会を発足させる

二、ラインラント非武装化に関わるいかなる事実もしくは事件も、締約国いずれか一国の要請により、当該委員会に付託される

三、当該委員会はロカルノ条約と同じ期間その効力を有する

四、付託された問題の審査に有用と判断される場所での綿密な調査、目撃者の事情聴取、同問題に関するあらゆる情報の収集、ならびに紛争当事国政府に提示する最終報告書の採否を含む当該委員会の決定は、議長を除く全締約国代表の多数決によるものとする[†89]

フランス政府の描く調停委員会もまた常設機構としての体裁を前面に出さず、しかし恒久性および強制性を一定程度備えていた点において、チェンバレンが内々に準備していたハースト草案と似通っていた。だが他方でフ

ランス政府案にしか見られない点もあった。

ここで特に注目したいのは、委員会の下す決定をロカルノ条約の締約国である五カ国代表の多数決に基づくとした件である。チェンバレンの依頼によりイギリス外務省内で準備されたハースト草案では、非武装地帯をめぐる紛争の当事国代表にのみ投票権が与えられていた。ラインラントで非武装規定に反する軍事行動を起こす蓋然性が高いのはまずもってドイツであり、ドイツと国境を接するフランス（およびベルギー）もまたドイツの差し迫った脅威に対しラインラントで先制攻撃を仕掛ける見込みのある国であった。言い換えれば、イギリス自身は非武装地帯をめぐる紛争の当事国にほとんどなりえず、ハースト草案でイギリス代表に想定されたのは投票権を持たない実質的なオブザーバーの地位だったのである。しかしフランス政府案では、イギリス代表も現地調査の実施や報告書の採否に関する投票権を有していたから、紛争当事国としての性格がより強く規定されることになるのだった。

イギリス外務省はこの点に敏感に反応した。サージェント中欧局長は、もしイギリス代表が投票権を行使する立場となれば、フランス政府が国内世論のガス抜きのためだけに委員会へ付託するラインラントでの「けちな小競り合いすべて（every petty squabble）」に巻き込まれるとして、フランス政府案に同意することはできないと主張した。リンジー外務次官もサージェントの見解を支持した。[†90] サージェントもリンジーも、対独安全保障に固執するフランスが占領終結後に調停委員会を通じてイギリスを大陸政治に縛りつけるのではないか、と猜疑心を示したのである。

一見すると、外務省はイギリス政府が仲裁役として持つべき行動の自由を盾にして、ハースト草案にもフランス政府案にも反対しているようであった。だが実際のところ、サージェントとリンジーは非武装地帯をめぐる問題で英独両国が対決姿勢に陥るのを回避しようとしていたと見るべきであろう。そのことは、二人がハースト草案についてドイツの反対を懸念したばかりでなく、フランス政府案についても調停委員会での「けちな小競り合い」によってドイツを敵に回す可能性を懸念したことから窺える。

かかる外務省の姿勢は、英仏関係を良好に保ちながらヴェルサイユ条約の修正を試みてきたチェンバレンの政策と対立するものであった。占領の早期終結という点でドイツ政府の要求に応える代わりに、非武装地帯を対象とした多国間枠組みを構築することでフランス政府をも満足させる――。そうした外交上のバランス感覚を発揮することで、チェンバレンの思い描く大国協調はようやく維持することができた。なればこそチェンバレンはロカルノ条約を補完する調停委員会構想に前向きだったのである。占領終結を望む点で外相と外務省は一致していたが、ポスト占領期の非武装地帯の処遇をめぐって彼らの足並みは乱れ始めていた。

本来であれば、外相と外務省の不一致は対外政策の形成や執行に支障をきたしかねない事態であった。事実、イギリス政府は調停委員会に関するフランス政府案を前にしても、その是非をめぐって確固とした立場を打ち出すことができなかった。ドイツの中長期的な軍事脅威化に備えて調停委員会の発足を支持するにせよ、あるいはドイツの国際協調路線が今後も続くとの想定から調停委員会を無用と退けるにせよ、仏独がこの問題で対立する以上、いずれイギリス政府はその収束に向けて態度を明確にしなければならなかった。

しかし一九二九年春、ヨーロッパの主要大国は二つの出来事によってラインラント問題の交渉をしばし棚上げすることになり、調停委員会に関するチェンバレンと外務省の齟齬も早急に解消される必要はなくなってしまった。第一の出来事は賠償支払い計画の改定をめぐる専門家委員会の紛糾であり、第二はイギリス総選挙における労働党の勝利とそれに伴う政権交代である。

六　二つの間奏曲——ヤング委員会と第二次マクドナルド政権の誕生

国際的に活躍する金融専門家がドイツ賠償問題の「完全かつ最終的な合意」を目指し、パリで初会合を開いたのは一九二九年二月一一日のことであった。二四年八月にロンドンで採択された賠償支払い計画、いわゆるドーズ案は当面五年間のドイツの年次支払い額を設定した暫定的取決めであった。そしてドイツの賠償総額やその支払い期間・方法は未決定のまま、同案に基づく五年目の支払いが間もなく終わろうとしていた。

パリに顔を揃えたのは米ゼネラル・エレクトリック社会長であったヤング（Owen D. Young）を筆頭に、イングランド銀行理事を務めていたスタンプ（Sir Josiah Stamp）、フランス銀行総裁のモロー（Emile Moreau）、ドイツ中央銀行ライヒスバンク総裁のシャハト（Hjalmar Schacht）といった金融専門家であり、ドイツの経済実績と主要戦勝国政府の賠償要求を比較衡量した上で、賠償総額ならびに実行可能な支払い計画を決定することが彼らの責務とされた（以下、この金融専門家委員会を「ヤング委員会」と表記）。[†91]

ヤング委員会は滑り出しこそ順調であったものの、一九二九年四月になると銀行家たちがドイツと連合国に分かれて激しい応酬をくり広げるようになる。ライヒスバンク総裁シャハトがドーズ案改定に応じる見返りとして、ドイツ東部国境の変更や植民地の再獲得を要求したのが事の発端であった。[†92] そもそもヤング委員会は政治的衝突によって賠償問題が解決できなくなるのを防ぐために編み出されたにもかかわらず、シャハトはその席へ戦勝国の反発を招くこと必至の政治的条件を持ち出したのである。その後二カ月に及ぶ議論と混乱の末、[†93] ヤング委員会は二九年六月七日にようやく最終報告書をまとめ上げ、それは間もなく公表された（以下、この報告書を「ヤング案」と表記）。その主要点をまとめると、以下の通りになる。

・ドイツ政府は賠償金として、一九三〇年から八八年までの五八年間、平均二〇億五〇〇〇万マルクを連合国政府に支払う（各年の支払い額は一定でなく、初年度の一七億七〇〇万マルクから漸増し、六五年に二四億二〇〇〇万マルクで最高額に達した後、最終年度の八億九八〇〇万マルクまで逓減する）
・ドーズ案でドイツ政府に認められていたトランスファー保護の規定は解除され、代わりにいくつかの条件のもとで最高二年まで支払い猶予を申し立てる権利が与えられる[†94]
・ドイツ政府からの賠償金の回収ならびに債権国の分配については、賠償委員会に代わってドイツを含めた主要国中央銀行総裁から成る国際決済銀行（Bank for International Settlements）が請け負う[†95]

ヤング案は連合国およびドイツ双方の利益に合致するよう策定されていた。まず英仏白伊にとってはドイツ政府の賠償支払い期間と彼らの戦債償還期間が一致しており、アメリカ（あるいはイギリス）への戦債返済に伴う彼らの財政上の不安はかなりの程度解消されるはずであった。またドイツもドーズ案の標準支払い額（二五億マルク）に比べると約二〇パーセントも低い平均年次支払い額を獲得していた。また国際決済銀行の設立により、これまで賠償金の安定的確保を名目に、ドイツ政府の財政政策のみならずドイツ国内の主要産業や中央銀行の会計を監督してきた連合国の賠償委員会も解散されることになった。[†96]

さらにヤング案にはヨーロッパ大国の個別的利益もさることながら、ヨーロッパ国際秩序全体に関わる意義も備わっていた。ヤング案の冒頭には、同案の採択によって現在のヨーロッパから敵意に満ちた雰囲気が払拭され、共通の利益と友好の精神に則った国際協調の素地が作られることを切に望むと記されていた。そこには、パリ講和会議以来およそ一〇年にわたり尾を引いてきた賠償問題に終止符を打つことで、戦後処理に関わる大国の対立劇にいよいよ幕を引くべきとのメッセージが込められていた。ヤング案の採択には、英仏独が諸問題を友好的に解決しうる国際環境を作ろうとしたチェンバレンの大陸政策を、経済領域から促進する意義があったのである。

ところがヤング案の採択がいざ検討される段になると、イギリス政府の中にチェンバレンの姿はなかった。ヤング委員会が最終報告書を公表したのは一九二九年六月七日であったが、その約一週間前の五月三〇日にイギリスでは五年ぶりの総選挙が実施され、ボールドウィン率いる保守党の下野が確実となったからである。新たに政権の座を射止めたのは、一九〇〇年の結党より初めて下院第一党となった労働党であった。[†97]

一九二九年六月四日、マクドナルド首相は外相にヘンダーソン、蔵相にスノードン（Philip Snowden）、陸相にショウ（Thomas Shaw）と経験豊かな労働党議員を配し、五年五カ月ぶりに新政権を発足させた。それではこの第二次マクドナルド内閣は、本章の関心であるヴェルサイユ条約の占領問題をめぐって、いかなる対ドイツ政策を展開しようとしていたのだろうか。

ヴェルサイユ条約の修正は、国際紛争の平和的解決や一般軍縮の推進、それらを達成する場あるいは枠組みとしての国際連盟の重視と並び、一九二〇年代における労働党の対外政策の支柱であり続けた。だが同党のヴェルサイユ条約に対する態度は、その存在もしくは講和条約としての正当性を徹底的に否定するものでなく、批判の矛先は敗戦国ドイツに屈辱を与えるいくつかの条項へと向けられていた。そして講和成立後もドイツ領内のラインラントに連合軍が駐屯し続ける事態は、そうしたドイツの犠牲の代表例と見なされたのである。[†98] 二八年、労働党が来るべき総選挙に備えて発行したマニフェストには、連合軍の「ラインラントからの即時かつ無条件撤退」が対外公約の一つとして明記された。ドイツ政府は賠償および軍縮義務を十分果たしており、国際連盟規約やロカルノ条約、パリ不戦条約の締約国として国際平和を誠実に希求してきたのだから、戦勝国がラインラント占領を継続する理由はもはやないとの論理である。[†99] つまり占領の早期終結という原則において、労働党の対外政策は前保守党政権と軌を一にしていた。

それでは、チェンバレンと外務省の間で意見が分かれていた占領終結後の非武装地帯を保全するための調停委員会について、労働党はどのような見解だったのか。結論からいえば、労働党は一九二九年の総選挙における公約の中で、占領終結後の非武装地帯の処遇を争点に掲げることも、同問題に関する見解を党として具体的に示すこともなかった。しかし、ドイツ政府の領域主権や軍事的自立性が侵される限りヨーロッパの平和は定着しないというのが労働党の基本的見解であった以上、ラインラントをめぐって占領終結後に（少なくともチェンバレンが望んだような）強制力を備える調停委員会を設立することには否定的であったと考えられる。

このように労働党は、第二次マクドナルド内閣の発足する一九二九年六月以前から占領の早期終結を対外公約としていた一方、占領終結後のラインラント非武装化をめぐっては明確な姿勢を打ち出しておらず、そうした党の立場は新外相ヘンダーソンの立場にそのまま重なるものであった。[†100] ヘンダーソンは七月五日の下院における初の外相答弁で、ドイツ政府が講和条約中の諸義務をすべて履行しており、占領については段階的でなく包括的撤退が実現されるべきであると述べたが、ラインラント非武装化のための調停委員会については言及しなかった。[†101] その後、七月二二日の下院で調停委員会に関する新政権の方針を尋ねられたヘンダーソンであったが、彼は二八年九月のジュネーヴ共同声明を読み上げるばかりで、組織の具体的な態様や活動権限については今後の協議次第であると述べるに留まった。[†102]

ヘンダーソンは大戦中の一九一五年五月に発足したアスキス連立内閣に労働党初の閣僚（教育相）として迎えられて以来、第一次マクドナルド内閣では内相を務めるなど、政策決定における経験の最も豊かな労働党議員であったが、閣僚としてヴェルサイユ条約をめぐる対ドイツ政策を手がける機会には恵まれなかった。[†103] さらに、ヘンダーソンには占領終結がヨーロッパ安全保障に与える長期的影響について熟考する時間的余裕もなかった。選挙公約の一つであったソ連との外交関係再開をめぐる交渉が彼を待ち受ける一方、[†104] 占領および賠償問題を解決する国際会議の開催に向けて、フランスとドイツがすでに動き始めていたからである。[†105] ヤング案の採択と占領の終結、そして非武装地帯に関する多国間枠組みについてヨーロッパ主要大国が合意するための一大会議は目前に迫っていた。

こうした中、経験においても時間においても制約のあるヘンダーソン外相が対ドイツ政策を展開する上で頼りにしたのは、政策決定のノウハウやヴェルサイユ条約をめぐるヨーロッパ外交の経緯を知り尽くした外務省の官僚であった。第二次マクドナルド内閣の発足からしばらくの間、とりわけ二九年八月のハーグ会議に至るまでのイギリスの対ドイツ政策は、前保守党政権時よりも強力な外務省の影響力のもとで決定される。

七　ハーグ会議、あるいは「大戦の総決算」

(一)　イギリス政府の対処方針とその論理

一九二九年六月二四日、外務省は就任間もなく国際会議の大舞台にイギリス代表として立つことになったヘンダーソン外相のため、ラインラント問題に関する対処方針を策定した。起草したのは、占領終結後の非武装地帯についてチェンバレン前外相と異なる見解を持っていたサージェント中欧局長であった。そして同覚書はリンジー外務次官の承認を経て、後のハーグ会議におけるヘンダーソン外相の行動指針となった。

サージェントは覚書の中で、労働党も選挙公約に掲げていた占領の早期終結の必要性を改めて説くとともに、占領終結後に非武装地帯に関する多国間枠組みを設けることへの反対を、従来よりもはっきりと表明していた。サージェントによれば、同年二月末にフランス政府が正式に提案し（チェンバレン前外相も支持していた）現地調査の権限を備える調停委員会が設立されることで、これさえなければ表面化しないであろうラインラントでの些細な事件も国際調停の対象となり、仏（白）独政府間の大がかりな紛争に発展するおそれがある。つまり、調停委員会の存在はヨーロッパ国際関係の安定に資するどころか不和の種となりかねない。そこでイギリス政府は、必要とあらば外交的孤立を嫌うフランス政府にイギリス軍のラインラント単独撤退を示唆しても、ラインラント調停委員会の設立を阻止すべきである、というのがサージェントの主張であった。[†106]

それにしてもサージェントは、ドイツの軍事的台頭に歯止めをかける追加的措置になぜかくも一貫して反対したのだろうか。一九二六年一〇月にドイツ問題全般を扱う外務省中欧局の責任者となったサージェントは、これまで強制軍縮や占領、非武装地帯といったヴェルサイユ条約の諸問題について政策の賛否とその理由を断片的に記すことはあっても、その背後にある自身の論理を体系的に述べることはほとんどなかったといってよい。ところがハーグ会議の開催中、外務省でヘンダーソンの留守を預かるサージェントは、自身が対独宥和に傾倒する理由を丁寧に説き起こすことになる。

そのきっかけを提供したのは、ベルリンの在独大使館に一等書記官として勤務するニコルソンであった。八月七日、ニコルソンはサージェントに対し、連合軍がラインラントから撤退して占領という物理的抑制が外れた後、ドイツ政府はたとえばルール地方を防衛する待避壕の建設などを手始めにラインラントの非武装規定を次々と破り、いつしか東欧の国境変更をも射程に収める現状修正政策に打って出るかもしれないと書き送った。このときニコルソンは、目下ハーグで協議されている占領の早期終結について異議を唱えているわけではなかった。サージェントへの手紙に記された通り、彼は敗戦国への強制に特徴づけられた講和条約を道徳的に支持することはできないし、そうした講和にドイツ国民が反発し続けるのも納得のいくことだと考えていたのである。しかしニコルソンによれば、共和政に移行した現在のドイツから軍国主義の熱情が去り、ヨーロッパにおける彼らの勢力拡大が平和的に行われるとの見方は幻想であった。ラインラントから連合軍が去った後のドイツ政府はこれまで以上に大っぴらに同地で再軍備を進めるであろうから、イギリス政府もその点は覚悟をしておいた方がよい、とニコルソンはサージェントの注意を喚起したのだった。[†107]

サージェントはニコルソンの指摘を至極もっともと考えた。そして連合軍がラインラントを一たび後にすれば、ドイツ国防軍は政府の黙認があろうとなかろうとラインラント非武装規定を少しずつ侵食していくだろうとまで記している。だが彼は続けて曰く、「もし我々がそうした成行きに直面せねばならないとしても、現在提案されている調停委員会のような書類上の予防手段によって、ドイツ政府の不正行為を阻止できないことは明白なのです」。サージェントによれば、ラインラント非武装化の有効性は対独軍縮の場合と同じく、ドイツ政府と国民の善意ならびに自発的な受け入れにかかっているのであり、もし彼らがヴェルサイユ条約の諸義務を勝者による懲罰と見なして回避するなら、連合国はそれらの履行が形骸化していくのをただ黙って見守るしかないのだった。[†108]その後、サージェントは同じ内容をニコルソンへの返信としてしたためたが、その末尾にはこんな一節が添えられていた。「我々がドイツを軍事的に従属させられる時代は、とうの昔に過ぎ去ったのです」。[†109]

つまりサージェントがドイツに示す同情の裏には、そもそも主権国家（そしておそらくはイギリスやドイツのようなヨーロッパ大国）間で、一方が他方の政治的あるいは軍事的意志をコントロールし続けることなど不可能だ、という信念があったのである。そんな彼からすれば、ドイツ固有の領土を多国間調査の対象とする調停委員会構想は、それが恒久的であれ暫定的であれ到底賛成できるものではなかったであろう。大戦後のドイツは国土が主戦場になるのを免れたおかげで、敗戦国であるにもかかわらず六〇〇〇万の人口と豊富な石炭ならびに鉄鋼生産を誇るヨーロッパの一大勢力であった。さらにいえば、一八世紀にフリードリヒ二世（King Friedrich II）のもとで軍事的にも経済的にも目覚ましい成長を遂げてから第一次大戦に至るまで、プロイセンおよび統一後のドイツはヨーロッパの勢力均衡体系を構成する大国の一員であり続けた。パワーの面でも歴史的地位の面でも大国と呼ぶに値するドイツの主権に対し、いくらヨーロッパの安定のためとはいえ長期的に制約を加えることは、サージェントにとって道徳的に望ましくないのみならず技術的に困難な政策であった。来るハーグ会議でヘンダーソン外相が拠り所とする対処方針には、こうした論理が伏流していたのである。†110

(二) ラインラント調停委員会をめぐる攻防

一九二九年八月六日、北海沿岸にたたずむオランダ第三の都市ハーグにおいて、占領および賠償問題を討議する一大国際会議がいよいよ開幕した。パリ講和会議からちょうど一〇年目の夏、第一次大戦の戦後処理で未だ解決に至らぬ二つの問題に取り組むことから、当時の新聞紙上では「大戦の総決算(Final Liquidation of the War)」と銘打たれた†111このハーグ会議にはヨーロッパを中心に一三カ国が参加したが、†112その中核を成すのは以下主要六カ国の代表であった。

イギリス:スノードン蔵相、ヘンダーソン外相、グレアム(William Graham)商務相、ハンキー(Sir Maurice Hankey)内閣書記官長
フランス:ブリアン首相兼外相、シェロン(Henri Chéron)財務相、ルシュール(Louis Loucheur)労働相
ドイツ:シュトレーゼマン外相、クルティウス(Julius Curtius)経済相、ヴィルト(Joseph Wirth)被占領地担当相、ヒルファーディング(Rudolf Hilferding)財務相
ベルギー:ジャスパール(Henri Jaspar)首相、イマンス外相、ウタール(Maurice Houtart)財務相
イタリア:モスコーニ(Antonio Mosconi)財務相、グランディ(Dino Grandi)外相
日本:安達峰一郎駐仏大使、永井松三駐白大使、広田弘毅駐蘭公使

初日の六日には、政府機関の集中するビネンホフのオランダ上院議場に各政府代表が一堂に会し、開会式が行われた。まず開催国オランダの外相ブロックラント（Frans Beelaerts van Blokland）が、ハーグで一八九九年と一九〇七年に国際平和会議が開かれた過去をひもときながら、この街のおだやかな佇まいの中で参加者が「ヨーロッパにおける平和構築の総仕上げ（final organisation of peace in Europe）」に成功することを祈ると、今度はブリアン仏外相が参加国を代表し、一同は各国の個別的利益のみならず平和という人類全体の大義に資するよう全力を尽くすことを約束した。†113

続いて会議を総括する議長にジャスパール白首相、書記長にハンキー英内閣書記官長がそれぞれ選出され、さらには新たな賠償支払い計画であるヤング案の採択を目的とする「経済委員会（Financial Commission：委員長にウタール白財務相）」と、占領の早期終結ならびにその後の非武装地帯の取扱いを検討する「政治委員会（Political Commission：委員長にヘンダーソン英外相）」の立ち上げが決定され、具体的な協議はこの二つの委員会を舞台に進められることとなった。†114 これ以降は、本章の主題であるラインラント問題を扱う政治委員会の動向を中心に、連合国とドイツの政府代表がハーグでいかなる合意に達したのかを、特にイギリス外交の視点から見ていくことにしたい。

八月八日、英仏白独という占領当事国の外相に主要連合国である伊日の代表を加えて、政治委員会の第一回会合が開かれた。ブリアン仏外相は、現在経済委員会で討議されている実効的な方法、すなわちヤング案の採択によって賠償問題が解決され、さらに調停委員会をめぐってこの政治委員会が合意を見るのであれば、フランス政府は占領の早期終結を実行に移すのにやぶさかでないと述べた。これを受けてシュトレーゼマン独外相は、ドイツがヴェルサイユ条約の軍縮および賠償義務を誠実に果たしてきた上、ロカルノ条約、国際連盟規約、そしてパ

ハーグ会議での一コマ。紙を手にして立っているのはヘンダーソン

リ不戦条約の締約国として国際平和への貢献を誓約しているのだから、連合国の兵士がドイツ領土を占領し続ける現在の状況は「政治的異常事態（political anomaly）」である、と連合軍の即時無条件撤退を要求した。

次に口を開いたのは政治委員会の座長を務めることになったヘンダーソン英外相であった。ヘンダーソンは政治委員会の協議対象が連合軍のラインラント撤退の具体的日程、および非武装地帯をめぐる紛争解決制度の構築であると確認した後で、こう付け加えた。ここに集う我々ヨーロッパの代表が占領問題を解決することでのみ、世界は永続的平和という恩恵を受けられる。それゆえ長い目で見れば、ハーグ会議はその経済的側面よりも政治的側面によって歴史的に評価されるであろう、と。[†115]

この第一回会合の後、ヘンダーソンの動きは早かった。八月九日、彼は外務省の対処方針に従ってまずは占領の早期終結を確実にしようとブリアンを訪ねた。これまでブリアンはフランスが連合国の中でなるべく孤立しないよう、占領国としての統一を保ちつつ撤退に関する合意をまとめようとしてきたが、ヘンダーソンはそのブリアンにイギリス軍単独撤退の可能性をちらつかせた。すなわち、占領軍の即時無条件撤退を望む点でイギリス国民は一致しており、労働党はこれを選挙公約の一つに掲げて政権の座を得た以上、イギリス政府はたとえ単独でも来月（九月）中旬にラインラントからの撤退を開始するつもりだとヘンダーソンはブリアンに告げたのである。

ハーグ会議の序盤からブリアンは、チェンバレン外相の時代に見られた英仏の緊密な連携を新外相ヘンダーソンとの関係に期待できなくなっていた。ブリアンは、ヴェルサイユ条約の規定で一九三五年まで占領可能なラインラント南部（マインツ地区）の撤退完了日、つまり連合軍最後の兵士がドイツの領土をいつ離れるかがフランス政府にとって決定的に重要であり、イギリス兵の集中するラインラント中部（コブレンツ地区）の占領解除には異を唱えなかった。コブレンツ地区に限るものの九月中の撤退開始についてブリアンから言質を取ったヘンダーソンは、その足でシュトレーゼマンのもとに向かい、今年のクリスマスまでには全イギリス兵がラインラントから姿を消しているだろうとの見通しを語ることでシュトレーゼマンを満足させた。[†116]

同日に開かれた政治委員会第二回会合では、いよいよ占領終結後の非武装地帯について話し合われた。まずブリアンが、イギリスをはじめ関係各国政府にすでに通達していた、恒久的かつ現地調査の権限を持つ調停委員会案を改めて解説した。国際連盟理事会や通常の外交チャネルといった既存の手続きはいくつもの国際問題を同時に扱うのが常であり、それらによってラインラント非武装化をめぐるすべての紛争に関し、事実問題の確認および当事国の利害調整を通じて両者を和解に至らしめることは不可能である。そこでロカルノ条約で非武装地帯を保障した五カ国（英仏白独伊）から構成され、ラインラントの紛争に特化した調停委員会が必要となるのであり、同委員会はロカルノ条約を補完するという性質上、同条約が国際法上有効である限り存続されるべきだとブリアンは述べた。

続いてベルギーのイマンス外相が、非武装地帯を対象とする多国間枠組みを新たに設ける意義を説くことで、ブリアンの主張を支えた。イマンスが指摘するところ、実は国際連盟規約や通常の外交チャネルの他にも、ロカルノで調印された一連の条約の中に非武装地帯をめぐる紛争をドイツとフランス（もしくはベルギー）が二国間ベースで解決するための手続きが規定されていた。ところがドイツによって引き起こされるであろう違反、つまりラインラントでの要塞建設や軍事力の結集は仏白両国の安全に関わるがゆえに、そうした問題は二国間の手続きに付託しても全当事国にとって満足のいく解決を得るのが難しいのだった。

イマンスが言及したのはロカルノですでに合意されていた調停委員会のことであり、非武装地帯をめぐるこれまでの政府間協議ではほとんど顧みられることのない、実に埋もれた存在であった。一九二五年一〇月一六日、ロカルノでは西欧の領土的現状を保障する五カ国協定の他に、ドイツとフランス、ならびにドイツとベルギーの間で仲裁裁判条約が締結されたが、その中には締約国が紛争を仲裁裁判に付託もしくは常設国際司法裁判所に提訴する前段階として、「常設調停委員会（Permanent Conciliation Commission：構想段階にあった調停委員会と区別するため、以下「ロカルノ調停委員会」と表記）」を通じた解決への努力を規定していたのである。

・定員五名（締約国であるドイツとフランスもしくはベルギーの代表に加えて、第三国の代表三名）
・紛争の事実解明、そのための情報収集、ならびに紛争当事国に和解をもたらすことを目的とする
・紛争当事国政府は、委員会が先述の目的を達成するのに必要とされるあらゆる情報を提供し、また委員会がそれぞれの国内法のもとで証人あるいは専門家と接触したり紛争現場を訪れたりするための便宜を図る
・委員会の下す決定は原則として多数決に基づく[†117]

ロカルノ調停委員会には現地調査の権限が与えられ、存続期間も限定されてはおらず、さらに一九二九年八月の段階で仏白独の各政府は構成メンバーをすでに指名していたから、[†118]両委員会が非武装地帯に関する紛争を処理

する準備は整っていた。しかしロカルノ調停委員会は仏独および白独の二国間ベースで作られており、イギリスをはじめ非武装地帯を保障した全五カ国が参加しているわけではなかった。だからこそイマンスは、西欧の主要国すべてに関わるドイツの非武装規定違反を扱うのにこれらの枠組みでは不十分であり、英仏白独伊から成る調停委員会を新たに発足させるべきだと主張していた。

ヴィルト被占領地担当相はこれまでの政府方針に則り、恒久的な調停委員会の設立構想を取り下げてくれるようブリアンとイマンスに嘆願した。フランス政府がヨーロッパの平和を心から希求していることは承知しているが、非武装地帯の問題を扱うにあたってはドイツ世論をもっと考慮に入れてほしいというのである。ドイツではハーグ会議の開かれる前から、国家人民党のフーゲンベルク（Alfred Hugenberg）や国民社会主義ドイツ労働者党のヒトラー（Adolf Hitler）といった極右政党党首と産業界の一部資本家を旗振り役とするヤング案採択反対運動が勢いづいていた。[†119] そんな中、ハーグでドイツ政府代表がヤング案のみならずラインラントの恒久的監視組織まで承諾してしまったら、ただでさえ国内基盤の脆弱な現在のミュラー内閣は崩壊し、これまでシュトレーゼマンが牽引してきた英仏との協調に基づく穏健な対外政策も水泡に帰すであろう、とヴィルトは語った。[†120]

仏独代表が対立する政治委員会で、ヘンダーソンは非武装地帯をめぐるドイツの言い分にきわめて好意的であった。ヘンダーソンはラインラントに関する紛争の処理には国際連盟など既存の手続きで事足りるとの認識から、フランス政府が欲する調停委員会の設立を望んでいない旨を強調したが、それでもなお非武装地帯を対象とする多国間枠組みが構築されねばならぬとすれば、それはドイツの主張するように恒久的でなく、なおかつ現地調査を可能とする一切の権限を排した形でなければならないと付け加えた。[†121]

ここでヘンダーソンは、ドイツ領内における調査活動が行われないことを条件に、非武装地帯に関わる多国間枠組みを支持する用意があると明らかにしていた。こうした立場は、サージェント中欧局長が作成し、調停委員会の設立自体を回避するよう指示していた外務省の対処方針には見られぬものであった。同時期にヘンダーソンが外務省とこの件について打ち合わせた形跡もないことから、おそらくは占領終結の日程が決まる前に非武装地帯をめぐって政治委員会が頓挫するのを恐れたヘンダーソンが、その場でこしらえたフランスに対する配慮だったと思われる。

だがそうしたイギリス側の気遣いも、ブリアンらフランス代表にとっては無意味なジェスチャーに過ぎなかったであろう。ヴィルトが恒久的な調停委員会の設立に反対していたのに加え、ヘンダーソンはその活動権限から現地調査すらも排除するよう要求していたのである。仮に英独の条件に基づいて調停委員会が設立されても、それはドイツの再軍備や軍事大国化への歯止めとしてフランス政府が想定していたものとは程遠い形態になるはずだった。ブリアンは占領終結後の非武装地帯をめぐってもヘンダーソンからの支持を得られず、明らかに孤立していた。

こうしてラインラント問題で円満な解決の兆しすら見られぬまま、ハーグ会議は最初の一週間を終えようとしていた。しかし政治委員会での行き詰まりはまだましな方であった。同じ頃、賠償問題を扱う経済委員会では、ヤング案に定められた債権国の受領額をめぐって、イギリスと他の連合国の代表たちが泥仕合をくり広げていたのである。

(三) 賠償金の分配という難問

スノードン蔵相は賠償問題について、閣議決定に基づく確固とした政策を持ってハーグ会議に臨んでいた。その政策とは、ヤング委員会の編み出した新しい賠償計画の中でイギリスが(現行のドーズ案と比較すると)失うことになる経済的利益の回復であり、より具体的には同案で規定された賠償金の分配率の是正であった。†122

ヤング案ではドイツの賠償総額の決定に併せて、一九二〇年七月のスパ会議より債権国の受領額に適用されてきた分配率（いわゆる「スパ・パーセンテージ」）、フランス：五二％、イギリス（自治領含む）：二二％、イタリア：一〇％、ベルギー：八％）も修正されていた。イギリスはその新しい分配率においてフランスら他の連合国と同じく、毎年の対米戦債支払い額とほぼ同等の賠償金を得ることになっていたが、従来のスパ・パーセンテージと比べると、イギリスの獲得する割合はフランスやイタリアのそれとは対照的に減少していたのである（フランス：五二・三％、イギリス（自治領含む）：二〇・四％、イタリア：一一・八％、ベルギー：五・六％）。[†123]

第二次マクドナルド内閣で蔵相に就任したスノードンはこの点が気に入らず、大蔵省もまたスノードンと同意見であった。スノードンが七月一五日に内閣に提出した覚書からは、イギリスよりも他の連合国が多額の賠償金を得る状況に対する、嫉妬に満ちた彼の憤りを見て取ることができる。すなわち、イギリスは先の大戦において連合国の資金供給国として、まるで「ヨーロッパのあらゆる需要にこたえる乳牛」のように、惜し気もなくフランスやイタリアに信用を供与してきた。それなのにヤング案ではイギリスにスパ・パーセンテージが適用されるより年平均二四〇万ポンドも低い額が割り当てられ、仏伊両国はその分自らの受取額を増加させている。こうした事態はイギリスにとってきわめて不当といわざるを得ない。イギリス代表は来る国際会議の席で、従来の分配率に基づきドイツの賠償金を得る権利があることを断固として主張せねばならない、と。[†124]

そしてスノードンはハーグ会議の開幕早々、初日の総会の席でイギリス政府の賠償問題に関する原則的立場を次の通り宣言した。ヤング委員会の最終報告書に記されたドイツの賠償総額については金融専門家の勧告を承認するつもりだが、年次支払い額の分配率についてはこれ以上ない懸念を抱いている。スパ・パーセンテージの修正は一九二〇年七月の合意から一度も提案されておらず、イギリスの受取額がかくも不利な扱いを受けたままでは、イギリス下院がヤング案を支持する見込みはないであろう。ハーグ会議に出席する各国代表は、こうしたイギリス政府の見解を十分踏まえた上で今後の協議に臨んでもらいたい、と。[†125] だがヤング案における ドイツの賠償総額と年次支払い額が既定である以上、スノードンの要求を満たすには他国の取り分を減らしてイギリスの受領額に充当するしか手立てはなかった。案の定というべきか、翌日の総会ではイギリス以外の主要債権国であるフランス・イタリア・ベルギーの代表がヤング案の無条件採択を主張し、イギリス代表と真っ向から対立することになった。[†126]

八月一四日、スノードンはハーグ会議総議長を務めるジャスパール白首相を仲介役として、イギリスの受領額にスパ・パーセンテージと等しい分配率が適用されるのを認めるよう、他の債権国代表に決然とした調子で書き送った。[†127] しかし最後通牒を突き付けるかのようなスノードンの申し入れを仏伊白代表は真剣に取り合おうとせず、[†128] 賠償をめぐる経済委員会の協議は遅々として進まなかった。二一日にはこうした戦勝国間の仲たがいを見かねたシュトレーゼマン独外相がスノードンとブリアンの間に入り、両者とも「ヨーロッパの復興と政治的和解」のためにどうか妥協点を見出してほしいと訴える一幕すら見られた。[†129] それでも翌二二日、スノードンは賠償の受領額という問題には蔵相としての信念がかかっており、これまでの要求を後退させるつもりは一切ないと断言した。シュトレーゼマンは、ここでは何もかも上手くいかない、と首を振るばかりだったという。[†130]

（四） 最終合意へ

停滞するハーグ会議に転機が訪れるのは、開幕から二週間余りが経過した八月二一日のことであった。ラインラントの現状を保障した五カ国による恒久的な調停委員会を立ち上げようとしたフランスであったが、ドイツから強硬な反対に遭うのみならずイギリスの後ろ盾も得られず、とうとう調停委員会の設立自体を断念したのである。[†131] ブリアンはこの決定をヘンダーソン、シュトレーゼマン、イマンスら占領当事国代表を前に発表し、さらにはフランス外務省法律顧問フロマジョ（Henri Fromageot）の助言に従い、占領終結後に発生するラインラント非武装化の侵犯については、一九二五年一〇月にロカルノで合意されていた調停委員会への付託で満足すると述べた。[132]

ここでブリアンがいっているのは、八月九日の政治委員会会合にてイマンスがその存在を指摘したロカルノ調停委員会のことであった。仏独仲裁裁判条約に規定されたこの調停委員会はその活動期間に制限がなく、また被調査国の法律が許す限りという但し書きはあるものの、係争中の問題を解明するための現地調査も認められていた。そしてラインラントに関する恒久的取決めを忌避していたドイツ政府にとっても、ロカルノですでに合意されていた仲裁裁判条約の有効性を再確認するというフランス側の妥協案は受け入れやすいものであった。しかし、ロカルノ調停委員会には当事国である仏独の代表に第三国の法律家が三名加わるのみで、ロカルノで共に非武装地帯を保障したイギリスは参加していなかった。

占領終結後の非武装地帯をめぐって仏独代表が一たび歩み寄ると、政治委員会におけるもう一つの懸案、すなわち連合軍の撤退スケジュールについても比較的速やかに合意が得られることとなった。[133] 八月二九日、政治委員会において占領当事国の代表であるブリアン、シュトレーゼマン、ヘンダーソン、イマンスの四人は以下の合意に達し、その内容は翌三〇日に占領国およびドイツ代表間の交換公文という形で公式に確認された。

・連合軍のラインラント撤退に関し、イギリスおよびベルギー軍は一九二九年九月中に撤退を開始し、三カ月以内（すなわち同年中）に完了する。フランス軍はラインラント中部（コブレンツ地区）の撤退をイギリス・ベルギー両軍と同時に進める一方、南部（マインツ地区）の撤退については仏独両議会の批准によってヤング案が発効した後直ちに開始され、遅くとも三〇年六月末日までには全占領軍のラインラント撤退が完了する

・ドイツ政府がヴェルサイユ条約第二四九条および関連する行政協定に基づき支払ってきた占領軍の諸経費は、一九二九年九月一日以降、ドイツならびに占領国政府が出資する六〇〇〇万マルク相当の共同基金によって賄われる

・占領終結後に非武装地帯をめぐってフランス・ドイツもしくはベルギー・ドイツ間に生じる問題は、一九二五年一〇月にロカルノで締結された仲裁裁判条約中の常設調停委員会によって友好的に処理される。なおこの了解は、ヴェルサイユ条約第二一三条で国際連盟理事会に認められた調査権を侵害するものではない[†134]

八月二八日未明には、一時は交渉決裂の寸前まで行った賠償問題にも解決への光明がようやく見え始めていた。ヤング案で規定された賠償金の分配に不服を唱えるスノードンと、ヤング案の無条件採択を訴える他の債権国代表は、ハーグ会議の議長ジャスパールの辛抱強い仲介に助けられ、ヤング案を次のように修正した上で採択することに同意したのである。

・イギリス政府はヤング案の発効から三七年間、年間四〇〇〇万マルク（約二〇〇万ポンド）を追加的に獲得する（スノードンが要求していたスパ・パーセンテージの適用によって得られる額の約八三％に相当）

・イタリア国鉄はヤング案の発効から三年間、一〇〇万トンの石炭をイギリスから購入する（ドイツの石炭による現物賠償支払いでイギリスの石炭産業が被る損失の実質的補償として）[†135]

八月三一日、約一カ月に及んだハーグ会議の閉会式に出席するため、参加国代表はビネンホフに再び集まった。あいにくヘンダーソン、ブリアン、ヴィルト、グランディは開会を翌々日に控えた第一〇回国際連盟総会に出席

するためハーグをすでに後にしており、残るシュトレーゼマンらもジュネーヴに間もなく移動せねばならないため、閉会式はごく簡素に進められた。

議長を務めたジャスパールは、わずか一カ月のうちに多くの浮き沈みを経験したハーグ会議をこう総括している。パリ講和会議から一〇年が経過した今、大戦という破局をくぐり抜けた世界の諸国民は、占領および賠償問題に終止符を打った本会議によって幸福な明日のきらめきをようやく目にしている、と。[†136] ベルギーは一九一四年夏、ライン川を越えて西方に侵攻したドイツ軍のいわば最初の犠牲者であり、中世には商業で栄えたフランドルの街々も、大戦中は連合国とドイツ両軍による殺戮の場と化した。二九年夏、そのベルギーの首相がドイツやフランス、イギリスといった旧交戦国の代表たちを前に、「大戦の総決算」がつつがなく済んだことを静かに告げていた。

閉会式当日は、開催国オランダの女王ウィルヘルミナ（Queen Wilhelmina）の四九回目の誕生日にあたり、ハーグの街は祝賀の雰囲気に包まれていたという。やがてビネンホフの厳かな沈黙を破ったのは、外から流れてくる讃美歌「いざやともに（Now Thank We All Our God）」の調べであった。[†137]

まよいを去り　やすきをあたえ
つねにめぐみ　なぐさめたもう
父なるかみ、み子、みたまに
代々みいつと　みさかえあれ[†138]

こうしてパリ講和会議から一〇年目の夏、「大戦の総決算」と銘打たれたハーグ会議は幕を下ろした。一九二九年一一月末にはコブレンツに駐留していたベルギー軍が、[139] また翌一二月中旬にはウィースバーデンに駐留していたイギリス軍がそれぞれ撤退を完了する。[140] そして三〇年六月三〇日、マインツ一帯に残るフランス占領軍最後の兵士がラインラントを後にしたとき、[141] 一一年余りにわたる連合国のラインラント占領は終結した。

おわりに

一九二九年八月のハーグ会議の結果、連合国のラインラント占領はヴェルサイユ条約で規定されるより約五年早く終結することとなり、連合国がドイツに要求していた非武装地帯に関する多国間枠組み、すなわち英仏白独伊の五カ国代表で構成される調停委員会の発足は見送られた。ハーグ会議の最終議定書で再確認されたロカルノ調停委員会には、ドイツの「明白な」条約違反に対する制裁で中心的役割を担うはずのイギリスが不在であった。これはラインラントをめぐる危機に際し、非武装化を保障した軍事大国が紛争解決プロセスに関与しない可能性を示唆している。ラインラントはヨーロッパ屈指の戦略的要衝であり、連合国は一八年一一月の休戦協定成立以来、同地の占領を通じてドイツの侵略行為を抑止するとともに非武装地帯を保全してきたが、三〇年六月末に連合軍最後の兵士がドイツを離れた後は、主にロカルノ条約および国際連盟規約中の紛争解決手続きによって西欧の現状が維持されることになった。

ハーグ会議でのイギリス外交はラインラントをめぐる大国間協議の帰趨を決した。そもそも非武装地帯を対象とする多国間枠組みの構築は、ドイツに対する安全を少しでも強化したいフランスと、領域支配が制限されるのを少しでも回避したいドイツが衝突する問題だったため、その解決には両国の利害を調整してきたイギリスの仲介が不可欠であった。そしてハーグにおいてヘンダーソン外相は、イギリス軍単独撤退の可能性をブリアン仏外相に示唆して英仏関係の結束を解き、さらに現地調査権の削除をイギリスの参加条件とすることで調停委員会構想を骨抜きにしたのである。

このときのヘンダーソンの政策は、かなりの程度イギリス外務省の見解を反映していた。すでにチェンバレンの長期休養や政権交代の影響で外相の指導力が相対的に揺らぐ中、外務省は対ドイツ政策の形成にますます強い影響を及ぼすようになっていた。ハーグ会議が開催される二カ月前に外相に就任したヘンダーソンは占領の早期終結にこそ固い決意を持っていたが、占領終結後の非武装地帯となると定見といえるものはなく、後者に関するヘンダーソンの外交は外務省の対処方針におおむね則る形となった。そしてドイツ問題全般を担当するサージェント中欧局長と外務省を統括するリンジー外務次官は、いずれも調停委員会構想について否定的な立場を貫いていた。

サージェントとリンジーにとって一九二〇年代末のドイツは国際的にも国内的にも脆弱な存在であり、占領終結後にドイツの領土をなおも国際管理下に置くことは弱い者いじめにも似た所業であった。一九世紀には英仏とともにヨーロッパ国際秩序を支える大国であったドイツも、大戦後は国際場裏で戦勝国に対する従属を強いられ、国内は不安定な議会政治によって混乱し続けていた。そうした苦境の中でもドイツ政府は戦勝国との合意による漸進的な条約修正に努めていたから、彼らが示す多少の挑発や頑迷さは大目に見てやるべきだし、せっかく占領終結によって満たされるドイツ国民の自尊心を調停委員会の発足で再び傷つけることはないと考えたのである。イギリス外務省の目に映った二〇年代末のドイツとは、三〇年代後半にヨーロッパの現状を次々と打破していくナチ政権とは似ても似つかぬ、大国としての自信を喪失した敗者の姿であった。

†1 ラインラント非武装規定の原文は、以下を参照。US, Department of State, *Treaty of Versailles and After*, p. 159.

†2　カエサルは現在のコブレンツ周辺からライン川を渡ってゲルマニア人を撃退したし、ナポレオンは一八世紀末にライン川左岸の諸領邦を獲得して大陸支配への足場を固めた。カエサル、近山金次訳『ガリア戦記』（岩波文庫、一九四二年）、一三九－一五三頁；Michael Rowe, *From Reich to State: The Rhineland in the Revolutionary Age, 1780-1830* (Cambridge: Cambridge UP, 2003), pp. 48-83. また一四年八月、小モルトケ率いるドイツ軍が西部侵攻の拠点としたのもラインラントであった。B. H. Liddell Hart, *A History of the First World War* (London: Pan, 1934), pp. 59-62; Hajo Holborn, "Moltke and Schlieffen," in *Germany and Europe: Historical Essays* (Garden City, NY: Doubleday, 1970), pp. 90-95; Annika Mombauer, *Helmuth von Moltke and the Origins of the First World War* (Cambridge: Cambridge UP, 2001), pp. 227-237.

†3　Jean Doise and Maurice Vaïsse, *Politique étrangère de la France : Diplomatie et outil militaire, 1871-1991* (Paris: Imprimerie, 1987), pp. 331-332; Jackson, *Beyond the Balance of Power*, pp. 276-283; Paul-Émile Tournoux, *Haut commandement, gouvernement et défense des frontières du nord et de l'est, 1919-1939* (Paris: Nouvelles éditions latines, 1960), pp. 335-336; Stephen A. Schuker, "France and the Remilitarization of the Rhineland, 1936," *French Historical Studies* 14, no. 3 (1986), p. 303.

†4　George Sakwa, "The Franco-Polish Alliance and the Remilitarization of the Rhineland," *Historical Journal* 16, no. 1 (1973), pp. 129-130. 以下も参照。Piotr S. Wandycz, *France and Her Eastern Allies, 1919-1925: French-Czechoslovak-Polish Relations from the Paris Peace Conference to Locarno* (Minneapolis: University of Minnesota Press, 1962), pp. 217-218, 300; Georges-Henri Soutou, "L'alliance franco-polonaise (1925-1933) ou comment s'en débarrasser?" *Revue d'histoire diplomatique* 95, no. 2-4 (1981), p. 321.

†5　Erik Goldstein, "Disarmament, Arms Control, and Arms Reduction," in *War in the Twentieth Century: Reflections at Century's End*, eds. Michael A. Hennessy and B.J.C. McKercher (Westport, CT: Praeger, 2003), pp. 45-64; Robert R. Bowie, "Basic Requirements of Arms Control," in *Theories of Peace and Security: A Reader in Contemporary Strategic Thought*, ed. John Garnett (London: Macmillan, 1970), pp. 163-177. 国際政治学者のヘドリー・ブルは、戦後処理として行われる強制軍縮であれ国際合意に基づく軍備管理であれ、「査察（inspection）」と「強制（enforcement）」のシステムがなければいずれは破綻すると論じている。Hedley Bull, *The Control of the Arms Race: Disarmament and Arms Control in the Missile Age*, 2nd ed. (New York: Praeger, 1965), pp. 228-233.

†6　"General Staff Memorandum on the Military Aspect of the Future Status of the Rhineland," Mar. 28, 1924, FO 371/9813/

C5185/1346/18. すでにパリ講和会議前夜の一九年初頭、当時の英参謀総長ウィルソン（Sir Henry Wilson）ならびに参謀本部は、ベルギーやルクセンブルクといった低地諸国の軍隊が弱小であり、ドイツからフランス首都圏に向かうルートがほとんど無防備に近い状態であることを踏まえ、ドイツ領内の西部一帯に非武装地帯を設けることの戦略的意義を認めていた。*BDFA* II/I/4/122, General Staff, "Memorandum on the Future Franco-German Frontier," Jan. 2, 1919.

†7　Maurice Vaïsse, "La ligne stratégique du Rhin (1919-1930) : De la réalité au mythe," in *Problèmes de la Rhénanie, 1919-1930* (Metz: Centre de recherches relations internationales de l'Université de Metz, 1975), pp. 1-13. 以下も参照。Robert J. Young, "Preparations for Defeat: French War Doctrine in the Inter-War Period," *Journal of European Studies* 2, no. 2 (1972), pp. 156-158.

†8　J. G. Merrills, *International Dispute Settlement*, 5th ed. (Cambridge: Cambridge UP, 2011), pp. 58-82; 田畑茂二郎『国際法新講（下）』（東信堂、一九九一年）、七九－八九頁；杉原高嶺『国際法学講義　第二版』（有斐閣、二〇一三年）、五六六－五六七頁；山本草二『国際法　新版』（有斐閣、一九九四年）、六八二－六八三頁。二〇世紀初頭から一九二〇年代にかけての国際調停の発展については、Jean Efremoff, "La conciliation internationale," in *Recueil de cours – Académie de droit international, la Haye*, 1927, III (Paris: Hachette, 1928), pp. 5-145.

†9　田岡良一「国際調停の意義」『国際法外交雑誌』第三八巻二号（一九三九年）、二一頁。

†10　その最も急進的な例は、集団安全保障における軍事制裁を含むあらゆる戦争の廃絶を唱え、二〇年代のアメリカを中心に多くの賛同者を集めた戦争違法化運動であろう。三牧聖子『戦争違法化運動の時代――「危機の二〇年」のアメリカ国際関係思想』（名古屋大学出版会、二〇一四年）、一一八－一七三頁。第一次大戦後の国際平和思想（あるいは運動）に関するより一般的な研究として、以下を参照。入江昭『二十世紀の戦争と平和［増補版］』（東京大学出版会、二〇〇〇年）、七七－一〇七頁；篠原初枝『戦争の法から平和の法へ――戦間期のアメリカ国際法学者』（東京大学出版会、二〇〇三年）、九一－一三四頁；Peter Wilson, "Introduction: *The Twenty Years' Crisis* and the Category of 'Idealism' in International Relations," in *Thinkers of the Twenty Years' Crisis*, eds. Long and Wilson, pp. 1-24; William Mulligan, *The Great War for Peace* (New Haven: Yale UP, 2014), pp. 339-369.

†11　ある調査によれば、連合国とドイツの間で休戦協定が成立した一八年一一月から二八年一一月までの一〇年間で、

五二カ国により一三〇もの仲裁裁判や調停といった国際紛争の平和的解決に関する条約が締結され、その中で常設調停委員会の設立を規定したものは八一あったという。Max Habicht, *Post-War Treaties for the Pacific Settlement of International Disputes* (Cambridge, MA: Harvard UP, 1931), pp. xix-xxi. 戦間期において国際紛争が調停委員会に実際に付託され当事国間の合意に至った主な事例に、ボリビアとパラグアイの国境紛争（二九年）、メーメルからのドイツ人追放に端を発するドイツとリトアニアの紛争（三一年）、密輸に関するベルギーとルクセンブルクの紛争（三四年）、鉄道建設をめぐるデンマークとリトアニアの紛争（三八年）などが挙げられる。Merrills, *International Dispute Settlement*, pp. 60-65.

†12　二〇年代、事実調査が国際紛争の平和的解決に貢献した事例は決して少なくなかった。その代表としてオーランド諸島の帰属をめぐるスウェーデンとフィンランドの紛争（二〇年）、アルバニアの国境画定をめぐるユーゴスラヴィア、ギリシア、アルバニアの紛争（二一年）、メーメル港の使用権をめぐるリトアニアとポーランドの紛争（二三年）、モスルの帰属をめぐるイギリスとトルコの紛争（二三年）、そしてギリシアとブルガリアの国境紛争（二五年）が挙げられる。これらはいずれも当事国政府から独立した専門家委員会が紛争発生地に直接赴いて調査を実施し、国際連盟理事会を介して彼らの調停案を通知された当事国政府が、かかる提案に基づき一定の合意に達した例であった。Edwin Brown Firmage, "Fact-Finding in the Resolution of International Disputes – From the Hague Peace Conference to the United Nations," *Utah Law Review* 1971, pp. 426-432; William I. Shore, *Fact-Finding in the Maintenance of International Peace* (New York: Oceana, 1970), pp. 38-41; 海野芳郎『国際連盟と日本』（原書房、一九七二年）、三七－五〇頁。他方、国際連盟事務局も二〇年代には東欧諸国に現地調査団を独自に派遣し、その報告を基に少数民族の社会的権利の保護について当該国政府に勧告して、ポーランドやルーマニアでは教育問題の立法を中心に一定の成果を収めていた。Joost Herman, "The League of Nations and Its Minority Protection Programme in Eastern Europe: Revolutionary, Unequalled and Underestimated," in *The League of Nations, 1920-1946: A Retrospective of the First International Organization for the Establishment of World Peace* (New York: United Nations, 1996), pp. 52-54. その後、三一年九月の満洲事変発生後に極東に派遣されたリットン調査団は、三三年三月の日本の連盟脱退によって紛争解決への道を閉ざされてしまう。しかし二〇年代末のラインラントをめぐる調停委員会構想を論じる際には、当時のヨーロッパの政治家や官僚が三〇年代の顕著な失敗例に未だ接していないという事実に留意すべきであろう。

†13 Steiner, *Lights That Failed*, Chapter 4.

†14 Marks, *Illusion of Peace*, pp. 107-112; Steiner, *Lights That Failed*, p. 481.

†15 Cohrs, *Unfinished Peace After World War I*, pp. 477-571. 同じことは二〇年代後半のヨーロッパ外交をドイツの視点から、特にシュトレーゼマン外相の政治指導に焦点を絞って論じた牧野雅彦の研究にも当てはまる。牧野『ロカルノ条約』、一六〇－一七五頁。

†16 唐渡「ロカルノ外交（四）」、一四頁。

†17 Jacobson, *Locarno Diplomacy*, pp. 296-297, 332-333. ヨーロッパのみならずアメリカや極東までを射程に収めてチェンバレン外相の対外政策を実証的に分析したグレイソンも、チェンバレンがドイツ国民の反発を招かぬ形で占領終結後にラインラント非武装化を保全するための方策を考えていたことを指摘している。Grayson, *Austen Chamberlain and the Commitment to Europe*, p. 133.

†18 "German Foreign Policy: Demand for Free Rhineland," *Times*, Jan. 31, 1928, p. 11. 以下も参照。Eric Sutton, ed., *Gustav Stresemann: His Diaries, Letters and Papers*, vol. 3 (New York: Macmillan, 1940), pp. 349-352; Wright, *Gustav Stresemann*, p. 412.

†19 Jacobson, *Locarno Diplomacy*, p. 146. 以下も参照。"German Foreign Policy: The Former Colonies in Africa," *Times*, Feb. 2, 1928, p. 11; "German Cabinet Discredited: Chancellor Marx's Lost Prestige," *Manchester Guardian*, Jan. 23, 1928, p. 12.

†20 Fred Greene, "French Military Leadership and Security against Germany, 1919-1940" (Ph. D. diss., Yale University, 1950), pp. 252-256.

†21 Jacobson, *Locarno Diplomacy*, p. 145; Pitts, *France and the German Problem*, p. 225. この約二年前、非武装地帯を対象とする多国間枠組みに関するボンクールの見解は、駐仏イギリス大使館を通じてイギリス外務省（および陸軍省）にすでに報告されていた。*DBFP* 1A/1/213, Crewe (Paris) to Chamberlain, Jan. 26, 1926; memo by Phipps, Jan. 26, 1926, WO 106/461.

†22 Address by Briand (Séance du 2 février 1928), *Journal officiel de la République française, Débats parlementaires*, Sénat, Feb. 3, 1928, pp. 64-72; "French Policy in the Rhineland: M. Briand's Reply to Herr Stresemann," *Times*, Feb. 3, 1928, p. 11. 以下も参照。Jacobson, *Locarno Diplomacy*, pp. 148-150. 上院での演説の六日後、ブリアンは駐仏ベルギー大使に対し、ラインラント非武装化

を維持していくのにロカルノ条約という法的取決めだけでは不十分であり、ドイツが同地における要塞や鉄道の建設を通じて仏独国境付近に軍備を容易に拡張できぬよう、恒久的な監視組織を設ける必要があると説明した。*Documents Diplomatiques Belges*（以下 *DDB* と略記）Vol. 2/No. 167, Gaiffier (Paris) to Hymans, Feb. 9, 1928.

†23　Chamberlain to D'Abernon (Berlin), Mar. 19, 1925, Chamberlain MSS, AC 50/54.

†24　Speech by Chamberlain, Mar. 24, 1925, *Parliamentary Debates*, Commons, 5th ser., vol. 182, cols. 315-318, 321-322. 後にチェンバレンはティレル外務次官への手紙の中で、自分が他のイギリス人と比べるとはるかに「ヨーロッパ人（an 'Européen'）」としての性格を備えているのは、イギリスの国益が大陸で起こるあらゆる可能性と分かち難く結びついていることを彼らより明瞭に認識しているからだ、と述べている。Chamberlain to Tyrrell, Sep. 19, 1927, Chamberlain MSS, AC 54/482.

†25　Minutes of CID meeting, Feb. 19, 1925, CAB 2/4/CID196; ibid., June 22, 1925, CAB 2/4/CID200.

†26　たとえば二七年二月、チェンバレンはあるフランス実業家との会話において、連合国がドイツを潜在敵としてのみ扱っている限り、ドイツは「身を持ち崩した賭博師（the ruined gambler）」の気分から自暴自棄の軍事行動に走る危険があるとして、条約修正の必要性を論じている。Selby to Phipps, Feb. 21, 1927, Phipps MSS, PHPP 2/11.

†27　Chamberlain to Grahame (Brussels), Feb. 6, 1928, Chamberlain MSS, AC 50/414.

†28　二八年四月のフランス総選挙の結果については、以下を参照。Édouard Bonnefous, *Cartel des gauches et Union nationale (1924-1929)*, vol. 4 of *Histoire politique de la Troisième République* (Paris: Presses universitaires de France, 1960), pp. 247-253; Jacques Chastenet, *Les années d'illusions, 1918-1931*, vol. 5 of *Histoire de la Troisième République* (Paris: Hachette, 1960), pp. 170-172; 唐渡「ロカルノ外交（三）」、六四頁。

†29　二八年五月のドイツ総選挙の結果、およびその国内政治上の意味については、以下を参照。Larry Eugene Jones, *German Liberalism and the Dissolution of the Weimar Party System, 1918-1933* (Chapel Hill: University of North Carolina Press, 1988), pp. 295-305; Eyck, *History of the Weimar Republic*, pp. 155-160; Jacobson, *Locarno Diplomacy*, pp. 169-171. 総選挙後に難航した組閣の試みと政党間抗争については、以下を参照。Henry Ashby Turner Jr., *Stresemann and the Politics of the Weimar Republic* (Princeton: Princeton UP, 1963), pp. 237-244; 平島健司『ワイマール共和国の崩壊』（東京大学出版会、一九九一年）、五一―六一頁。

† 30 *DBFP* 1A/5/42, Chamberlain to Crewe (Paris), May 30, 1928.
† 31 *DBFP* 1A/5/60, Henderson (Paris) to Chamberlain, June 19, 1928.
† 32 この点において、当時のベルギー政府もまたフランス政府と同様の見解を有していた。Grahame (Brussels) to Chamberlain, June 6, 1928, FO 371/12902/C4428/969/18.
† 33 二八年五月初頭、ドイツで総選挙に向けたキャンペーンが本格化する中、シュトレーゼマンは五〇歳の誕生日を目前に腎不全で倒れた。彼は直ちにバーデン・バーデン近郊のサナトリウムで療養を開始したが病状の回復は思わしくなく、その後もカールスバートやオーバーホーフといった保養地を転々とする生活が同年一一月まで続く。Christian Baechler, *Gustav Stresemann (1878-1929) : De l'impérialisme à la sécurité collective* (Strasbourg: Presses universitaires de Strasbourg, 1996), pp. 747-749; Felix Hirsch, "Gustav Stresemann: A Biographical Portrait," in *Gustav Stresemann 1878/1978* (Bonn: Inter Nationes, 1978), pp. 73-76. その間、一時的ではあるがシュトレーゼマンは失語症にも苦しんでいた。ミュラー首相は、診察のためベルリンに戻っていたシュトレーゼマンが政治家最大の武器である演説能力を失いつつあることに直面し、涙に暮れる姿を目撃している。Wright, *Gustav Stresemann*, p. 429.
† 34 Memo by Chamberlain, June 9, 1928, FO 371/12902/C4516/969/18.
† 35 "New German Cabinet: Declaration of Policy," *Times*, July 4, 1928, p. 16; "New German Cabinet's Policy: All Ideas of Revenge Renounced," *Manchester Guardian*, July 4, 1928, p. 14. このときミュラーは賠償問題について、暫定的取決めにすぎないドーズ案に代わる最終的な賠償支払い計画を策定する機は熟した、と積極的な姿勢を示していた。
† 36 Chamberlain to Nicolson (Berlin), July 4, 1928, Chamberlain MSS, AC 50/452a.
† 37 Memo by Lindsay, Aug. 3, 1928, FO 371/12902/C6051/969/18.
† 38 Cushendun to Henderson (Paris), Aug. 8, 1928, FO 371/12902/C6093/969/18.
† 39 Cushendun to Granville (Brussels), Aug. 11, 1928, FO 371/12902/C6115/969/18.
† 40 Dutton, *Austen Chamberlain*, p. 281; Self, ed., *Austen Chamberlain Diary Letters*, pp. 325-327. 倒れる直前に送られた家族への手紙には、「疲れた、疲れた、疲れた!」とチェンバレンの心の叫びにも似た一行が見られる。Chamberlain to Hilda

Chamberlain, Apr. 8, 1928, Chamberlain MSS, AC 5/1/450.

†41 二〇年代中盤から後半にかけて中国で高揚した反英（日）ナショナリズムに対するイギリス政府の対応については、以下を参照。後藤『上海をめぐる日英関係』、五五―一七一頁；秋田茂「インド軍の上海派兵問題 一九二七年」『イギリス帝国とアジア国際秩序――ヘゲモニー国家から帝国的な構造的権力へ』（名古屋大学出版会、二〇〇三年）、九八―一一一頁。海軍軍縮をめぐる同時期のイギリスの対米外交については、以下を参照。McKercher, *Second Baldwin Government and the United States*, pp. 55-103.

†42 Memo by Perowne, Aug. 18, 1928, FO 371/12903/C6400/969/18.

†43 Minute by Howard Smith, Aug. 20, 1928, ibid.

†44 Minute by Howard Smith, Aug. 8, 1928, FO 371/12902/C6051/969/18.

†45 ジュネーヴへの出発直前、クーシェンダン自身もチェンバレンに宛てて、これまでの彼の対外政策をきちんと踏襲することを約束すると書き送っている。Cushendun to Chamberlain, Aug. 25, 1928, Chamberlain MSS, AC 38/3/38.

†46 Memo by Selby, Aug. 22, 1928, FO 371/12903/C6444/969/18.

†47 Christopher Clark, *The Sleepwalkers: How Europe Went to War in 1914* (London: Penguin, 2012), pp. 141-157; 君塚『近代ヨーロッパ国際政治史』、二九九―三〇七頁。英独建艦競争や第一次モロッコ危機の起こった一九〇〇年代初頭、ドイツ皇帝ヴィルヘルム二世が「世界政策（*Weltpolitik*）」に込めた思いについては、以下を参照。John C. G. Röhl, *Kaiser Wilhelm II, 1859-1941: A Concise Life*, trans. Sheila de Bellaigue (Cambridge: Cambridge UP, 2014), pp. 73-92; Christopher Clark, *Kaiser Wilhelm II* (London: Routledge, 2000), pp. 130-144; 竹中亨『ヴィルヘルム二世――ドイツ帝国と命運を共にした「国民皇帝」』（中公新書、二〇一八年）、一一二―一三九頁。カイザーの対外的野心の的になったモロッコをめぐり、英仏が協商関係を築いていく過程をイギリス外務省の視点から論じた研究として、以下を参照。谷一巳「イギリス外交と英仏協商交渉、一九〇三―一九〇四年――モロッコに関する秩序の構築」『法学政治学論究』第一〇三号（二〇一四年）、二六七―二九九頁。

†48 Crowe, "Memorandum on the Present State of British Relations with France and Germany," Jan. 1, 1907, in *British Documents on*

the Origins of the War, 1898-1914, vol. 3, *The Testing of the Entente, 1904-6*, eds. G. P. Gooch and Harold Temperley (London: His Majesty's Stationery Office, 1928), pp. 397-420. 以下も参照。Steiner and Neilson, *Britain and the Origins of the First World War*, pp. 46-48, 195-197. 第一次大戦以前のクロウの対外思想を読み解いた研究として、以下を参照。T. G. Otte, "Eyre Crowe and British Foreign Policy: A Cognitive Map," in *Personalities, War and Diplomacy: Essays in International History*, eds. T. G. Otte and Constantine A. Pagedas (London: Frank Cass, 1997), pp. 14-37. 一九〇七年一月のクロウ覚書の詳細ならびにその後のイギリス外交への影響については、以下を参照。J. S. Dunn, *The Crowe Memorandum: Sir Eyre Crowe and Foreign Office Perceptions of Germany, 1918-1925* (Newcastle, UK: Cambridge Scholars Publishing, 2013).

†49　Memo by Selby, Aug. 22, 1928, FO 371/12903/C6444/969/18.

†50　Cushendun (Geneva) to Lindsay, Sep. 8, 1928, FO 371/12903/C6823/969/18.

†51　Cushendun (Geneva) to Lindsay, Sep. 8, 1928, FO 371/12903/C6825/969/18; *DDB* 2/185, memo by Hymans, Sep. 8, 1928.

†52　Cushendun (Geneva) to Birkenhead, Sep. 8, 1928, FO 371/12903/C6826/969/18.

†53　Memo by Headlam-Morley, Nov. 14, 1928, FO 371/12905/C8739/969/18; report by Inskip and Merriman, Feb. 14, 1929, FO 371/13616/C1211/45/18.

†54　Cushendun (Geneva) to Lindsay, Sep. 13, 1928, FO 371/12903/C6938/969/18; *DDB* 2/187, "Évacuation de la Rhénanie (Première séance)," Sep. 11, 1928. 日本政府代表として六者協議に同席した安達峰一郎駐仏大使による報告は、一九二八年九月一二日在ジュネーヴ連盟三全権発田中外相宛第一九号、『日本外交文書』昭和期I第二部第二巻、文書番号二六九。以下も参照。Pitts, *France and the German Problem*, pp. 263-265.

†55　Cushendun (Geneva) to Lindsay, Sep. 15, 1928, FO 371/12903/C6941/969/18; *DDB* 2/188, "Évacuation de la Rhénanie (Deuxième séance)," Sep. 13, 1928; 一九二八年九月一三日在ジュネーヴ連盟三全権発田中外相宛第二三号、『日本外交文書』昭和期I第二部第二巻、文書番号二七〇。以下も参照。Pitts, *France and the German Problem*, pp. 266-268.

†56　Jacobson, *Locarno Diplomacy*, pp. 198-199.

†57　安達駐仏大使によれば、九月一六日の会合ではラインラント非武装化を保全する多国間枠組みを恒久的とするかも

しくは暫定的とするかについて、ブリアンとミュラーの間で「数回押問答」があった後、クーシェンダンが「双方意見の接近を試みたるも効《ママ》を奏せず、遂に右残存期間の問題は仏独両国間の直接交渉に委することに決定」したという（引用文については仮名を平仮名に統一し、適宜濁点を補いつつ句読点を付した。以下同じ）。一九二八年九月一六日在ジュネーヴ連盟三全権発田中外相宛第二九号、『日本外交文書』昭和期I第二部第二巻、文書番号二七二。

†58　Cushendun (Geneva) to Lindsay, Sep. 18, 1928, FO 371/12904/C7057/969/18; *DDB* 2/189, "Évacuation de la Rhénanie (Troisième séance)," Sep. 16, 1928. 以下も参照。Pitts, *France and the German Problem*, pp. 270-271. この前日、ジュネーヴでの六者協議においてドーズ案の包括的見直しがいよいよ現実味を帯びてきたことを知ったチャーチル蔵相は、新しい賠償支払い計画のもとでイギリスが他の連合国と比べて不当に扱われないよう、二二年八月に発表された「バルフォア・ノート」の原則――イギリスはアメリカに負う戦債支払い義務と釣り合うように、賠償金ならびに戦債返済をヨーロッパ諸国に要求する――を他の連合国代表に知らしめてほしい、とクーシェンダンに緊急の電報を送っていた。このときチャーチルの念頭にあったのは、二六年七月に英仏戦債協定を調印しながらその批准を見送り、イギリスへの戦債支払いを本格的に開始しないフランスであった。もしフランスがイギリスへの返済を先延ばしにしたままドイツから多額の賠償金を獲得し、対米返済の実質的財源であるイギリスの賠償金受領額がその犠牲になるようなことだけは何としても避けたい、とチャーチルは考えていたのである。Birkenhead to Cazalet (Geneva), Sep. 15, 1928, FO 371/12904/C6975/969/18. 同年七月、チャーチルは大蔵省内に回覧する覚書にこう記していた。「覚えておかなければならないのは、イギリスは大戦中に連合国に貸した金から利益や見返りを得ようとしているのではなく、ただドイツからの賠償金同様、我々のアメリカに対する支払いを埋め合わせるだけの……額を受け取ろうとしているだけなのである」。Minute by Churchill, July 18, 1928, [Winston Churchill Papers, Churchill Archives Centre, Cambridge, UK] CHAR 18/75/121-122.

†59　"Rhineland: An Agreement at Geneva," *Times*, Sep. 17, 1928, p. 12; "The Rhineland and Reparations: Fresh Approach to Settlement," *Manchester Guardian*, Sep. 17, 1928, p. 12; *Survey of International Affairs, 1929* (London: Oxford UP, 1930), p. 176; Jacobson, *Locarno Diplomacy*, pp. 199-200; 牧野『ロカルノ条約』、一六〇頁。

†60　Chamberlain to Lindsay, Oct. 19, 1928, Crawford and Balcarres MSS, ACC 9769/100/1.

†61　CC 44 (28) 5, Sep. 24, 1928, CAB 23/58.

†62　Rumbold (Berlin) to Cushendun, Oct. 20, 1928, FO 371/12905/C7917/969/18.

†63　大戦後のドイツが覇権への野望をとうに捨て去ったというマゴーワンの主張は、首都ベルリンの当時の様子と併せて考えると、決して不自然とはいえない観察であった。第一次大戦後のドイツでは都市文化が大輪の花を咲かせ、中でもベルリンは世界中から人々を惹きつける歓楽の巷と化していたからである。もちろんヴァイマル期のドイツを文化における黄金時代と捉えるのは一面的な見方だが、それでも二〇年代後半、ベルリンに暮らす若者の多くは政治および軍事的活動に没頭するより、昼は新型自動車のスピードに興じ、ルドルフ・ヴァレンティノやグレタ・ガルボの映画に夢を見て、夜はキャバレーでタンゴの情熱的な調べに酔いしれたのだった。ベルリンに暮らす人々の（第一次大戦の前と後で対照的な）生活スタイルについては、以下を参照。Alexandra Richie, *Faust's Metropolis: A History of Berlin* (New York: Carroll & Graf, 1998), pp. 251-270, 350-361; 蔭山宏「ベルリン——都市文化論の試み　いくつかの『回想録』への注釈」『甲南法学』第五七巻三・四号（二〇一七年）、一－五四頁。二〇年代のドイツ、とりわけベルリンの文化的状況については、以下を参照。P・ゲイ、亀嶋庸一訳『ワイマール文化』（みすず書房、一九九九年）；平井正・岩村行雄・木村靖二『ワイマール文化——早熟な《大衆文化》のゆくえ』（有斐閣、一九八七年）、特に第三・六章；O・フリードリク、千葉雄一訳『洪水の前——ベルリンの一九二〇年代』（新書館、一九八五年）。

　二八年八月、駐独イギリス大使としてベルリンに赴任したランボルド（Sir Horace Rumbold）は、大戦前と比べて変わり果てた首都の印象を国王ジョージ五世（King George V）にこう書き送っている。「ベルリンに着いた日の午後、私はこの街で大戦前に軍国主義が最も色濃く現れていた場所、たとえば王宮や旧陸軍参謀本部のあたりを歩いてみたのです。全く別の場所にいるかのようでした。大戦前のベルリンを他のあらゆる街と異ならしめているように思われたあの主たる特徴が、すっかり消え失せていたのですから。散策の道すがら、わずか六人しか非番の兵士が歩いているのを見かけなかったのですが、彼らは一様に小柄で、かなりひ弱な印象を受けました」。そしてランボルドはこう結論づけている。「大半のドイツ人は軍国主義に何の用もなく、それは失敗に終わったのです」。Rumbold to George V, Oct. 24, 1928, [Horace Rumbold Papers, Bodleian Library, Oxford, UK] MS Rumbold dep. 36, ff. 79-84.

†64 Seeds (Coblenz) to Cushendun, Oct. 22, 1928, FO 371/12905/C7981/969/18.

†65 そしてマゴーワンの場合同様、シーズが強調したドイツの軍事国家としての顔もまた、当時のドイツ国内の動きを少なからず反映していた。たとえばシーズの覚書が書かれる一カ月ほど前の二八年九月下旬、シュレジエン南部でドイツ陸軍の大規模な公開軍事演習が行われ、駐在武官として在独大使館に勤務していたコーンウォール（James Marshall-Cornwall）は一般の参観者に混じって見学に訪れた。その折に彼が抱いた印象とは、次のようなものであった。二〇年代前半に連合国が実施した対独軍縮が功を奏し、ドイツ陸軍の装備や軍需物資はかなり粗末である一方、兵士の肉体はかなり強靭で、彼らの行進は厳格に規律され、騎兵隊の馬も手入れがよく行き届いている。ドイツの潜在的な工業生産力を考えれば、陸軍におけるもろもろの技術的欠陥を補うのは容易であり、本格的再軍備の核となるような戦闘組織はドイツに残されたままである、と。*DBFP* 1A/5/174, Rumbold (Berlin) to Cushendun, Oct. 3, 1928.

†66 Memo by Selby, Nov. 23, 1928, FO 800/263.

†67 Memo by Perowne, Dec. 10, 1928, FO 371/12906/C9590/969/18.

†68 Lindsay to Crawford, Nov. 21, 1926, Crawford and Balcarres MSS, ACC 9769/97/10.

†69 Lindsay to Sargent, Mar. 29, 1928, Phipps MSS, PHPP 2/7.

†70 Minute by Sargent, Nov. 14, 1928, FO 371/12905/C7981/969/18.

†71 ニコルソンによれば、元々自尊心の高いドイツ人には、自らの能力に対する疑念を空威張りで隠そうとする傾向があり、こうした心性を持つ者は他者から協力を依頼されても、これを自己の独立を脅かす介入と見なしてしまいがちであった。連合国の占領下に置かれ、領土上の主権を完全に取り戻していない現在のドイツ政府となれば、そうした傾向はなおのこと当てはまるであろう、とニコルソンは考えていた。Nicolson (Berlin) to Chamberlain, July 20, 1928, FO 371/12902/C5644/969/18.

†72 Minute by Sargent, July 25, 1928, ibid.

†73 Minute by Lindsay, July 26, 1928, ibid.

†74 参謀本部の分析によれば、この覚書の書かれた二八年末の時点で、ドイツの成年男子の大部分はきわめて民族主義

的な結社に何らかの形で所属しており、「鉄兜団（*Stahlhelm*）」「人狼団（*Wehrwolf*）」「青年ドイツ騎士団（*Jungdeutscher Orden*）」といった有力団体の会員数は数百万に上った。そこで実施されている軍事訓練の質はさほど高くないが、それでもいざ戦争となれば、彼らの中で心身ともに健康な約二百万の会員は、予備役兵としてドイツ政府の召集にさしたる混乱もなく応じることができるのであった。Memo by Worthington-Evans, Dec. 6, 1928, CAB 4/18/926-B.

こうした準軍事組織の実態を備える各種団体の起源は、革命と敗戦によってドイツ国内が極度に混乱していた一八年末までさかのぼることができる。当時、ベルリンなどドイツ主要都市ではスパルタクス団に代表される左翼急進派が武力闘争を展開していたが、四年余りの戦闘に疲れ切った旧帝国陸軍はすでに機能不全に陥っていた。そこで新生の共和国政府は、愛国心に駆られた下級将校や学生から成る「義勇軍（*Freikorps*）」を投入することで国内秩序の回復を実現したのである。その後、ヴェルサイユ条約のもとで国防軍が一〇万人規模に制限され、さらには非正規軍事組織の禁止および解体が命じられたことで、義勇軍の一員として市街戦の経験を持つ人々の多くは、退役軍人を中心に結成された鉄兜団や大戦前の青年運動の流れをくむ青年ドイツ騎士団といった民間政治団体へと吸収されていった。James M. Diehl, *Paramilitary Politics in Weimar Germany* (Bloomington: Indiana UP, 1977), pp. 96-100; 村瀬興雄「ワイマール共和制とドイツ国防軍」『思想』第四〇〇号（一九五七年）、一四四一－一四四七頁；岩崎好成「ワイマール共和国における準軍隊的組織の変遷」広島大学『史学研究』第一五三号（一九八一年）、五九－七〇頁。ドイツ革命期における義勇軍運動については、以下を参照。今井宏昌『暴力の経験史――第一次世界大戦後ドイツの義勇軍経験 一九一八～一九二三』（法律文化社、二〇一六年）、三一－七三頁。

†75 US, Department of State, *Treaty of Versailles and After*, p. 309.

†76 二〇年代における英仏両政府の軍縮努力（あるいはその停滞）については、B.J.C. McKercher, "Of Horns and Teeth: The Preparatory Commission and the World Disarmament Conference, 1926-1934," in *Arms Limitation and Disarmament: Restraints on War, 1899-1939* (Westport, CT: Praeger, 1992), pp. 176-179; Andrew Webster, "An Argument without End: Britain, France and the Disarmament Process, 1925-34," in *Anglo-French Defence Relations between the Wars*, eds. Martin S. Alexander and William J. Philpott (Basingstoke: Palgrave, 2002), pp. 50-51; 松永友有「ジュネーヴ軍縮会議に至るイギリス国際軍縮政策とフランス安全保障問

題」榎本珠良編著『国際政治史における軍縮と軍備管理 一九世紀から現代まで』（日本経済評論社、二〇一七年）、一二三―一五四頁。

†77 Minutes of CID meeting, Dec. 13, 1928, CAB 2/5/CID239; CP 405 (28), Dec. 19, 1928, CAB 24/199. そして実際これより約三カ月前、チャーチルは大蔵次官フィッシャー（Sir Warren Fisher）ら省内の主要官僚に回覧した覚書の中で、ドイツ政府が賠償支払い計画の改定に応じさえすればとの但し書きを付しながら、占領の早期終結に「もちろん賛成」であると記している。Minute by Churchill, Sep. 14, 1928, Churchill MSS, CHAR 18/75/167-173. 財政均衡努力が大蔵省を挙げての基本方針である中、チャーチル蔵相は社会的安定への信念から中所得者向けの減税を打ち出しており、不必要な政府支出の抑制は彼の関心事であり続けた。そんなチャーチルにとって軍事にかかる費用は格好の削減対象であったから、陸軍予算を増大させてしまうようなドイツ脅威論には与することができないとの思惑もあったのではなかろうか。第二次ボールドウィン内閣におけるチャーチル蔵相の財政政策については、以下を参照。Martin Daunton, "Churchill at the Treasury: Remaking Conservative Taxation Policy, 1924-29," *Revue belge de philologie et d'histoire* 75, Fasc. 4 (1997), pp. 1063-1083; Martin Gilbert, *Churchill: A Life* (London: Minerva, 1991), pp. 482-487. 同時期のイギリス政府内における大蔵省の影響力については、以下を参照。G. C. Peden, "The Treasury as the Central Department of Government, 1919-1939," *Public Administration* 61, no. 4 (1983), pp. 371-385; Anthony Rowley, "Le Trésor britannique pendant l'entre-deux-guerres : « An Economic Policy Maker »," *Histoire, économie et société* 1, no. 4 (1982), pp. 621-632.

†78 *League of Nations Official Journal* 10, no. 1 (1929), pp. 57-71. このとき連盟理事会は、ポーランド領上部シュレジエンのドイツ系住民団体が提出した請願（主に教育環境の改善）を討議しており、ポーランド外相兼連盟代表のザレスキ（August Zaleski）はこうした請願がポーランド政府の国内政策に対する不当な告発であると述べた。これに激昂したシュトレーゼマンは、件の請願が不当であるかどうかを明確にするためにも、中東欧で少数者の地位に置かれたドイツ系住民の問題すべてを次回の連盟理事会で提起する、と主張したのだった。Carole Fink, "Stresemann's Minority Policies, 1924-29," *Journal of Contemporary History* 14, no. 3 (1979), pp. 410-412; Kimmich, *Germany and the League*, pp. 139-140; Zygmunt J. Gasiorowski, "Stresemann and Poland after Locarno," *Journal of Central European Affairs* 18, no. 3 (1958), pp. 315-317; 篠原初枝「国際連盟と

少数民族問題——なぜ、誰が、誰を、誰から、どのようにして、保護するのか」『アジア太平洋討究』第二四号（二〇一五年）、八一－八三頁；牧野『ロカルノ条約』、一六二－一六八頁。以下も参照。Bretton, *Stresemann and the Revision of Versailles*, pp. 116-125.

†79 Chamberlain to Hilda Chamberlain, Dec. 17, 1928, Chamberlain MSS, AC 5/1/463.

†80 Note by Chamberlain, Apr. 3, 1929, Baldwin MSS, SB 113, ff. 207-212. 以下も参照。Peter Edwards, "The Austen Chamberlain – Mussolini Meetings," *Historical Journal* 14, no. 1 (1971), pp. 162-163.

†81 Chamberlain to Tyrrell (Paris), Dec. 18, 1928, FO 800/263.

†82 Chamberlain to Rumbold, Jan. 1, 1929, Rumbold MSS, MS Rumbold dep. 36, ff. 141-144.

†83 Memo by Hurst, Jan. 15, 1929, FO 371/13616/C454/45/18. ハーストはこの覚書を起草するにあたり、一九〇九年一月に調印された米加国境水域条約を参考にしたという。アメリカとカナダ両政府は同条約のもとで、五大湖ならびにその水路をめぐる両国の紛争について事実問題を調査・報告する国際共同委員会（International Joint Commission）を立ち上げていた。同条約の原文は、以下を参照。Richard W. Brant and Willoughby Maycock, eds., *British and Foreign State Papers, 1908-1909*, vol. 102 (London: His Majesty's Stationery Office, 1913), pp. 137-144.

†84 Tyrrell (Paris) to Chamberlain, Jan. 19, 1929, FO 371/13616/C823/45/18.

†85 Rumbold (Berlin) to Chamberlain, Jan. 30, 1929, FO 371/13616/C1001/45/18.

†86 Minute by Sargent, Jan. 23, 1929, FO 371/13616/C878/45/18. その後、中欧局一等書記官のハワード・スミスもサージェントの意見に同調し、イギリスがラインラント調停委員会について自案を発表するのは、フランスとドイツの交渉が行き詰まるまで待つべきである、と論じている。Minute by Howard Smith, Jan. 31, 1929, FO 371/13616/C884/45/18.

†87 Minute by Chamberlain, Feb. 1, 1929, FO 371/13616/C884/45/18.

†88 Chamberlain to Rumbold and Tyrrell, Feb. 8, 1929, FO 371/13616/C1001/45/18.

†89 Memo by French government, Feb. 25, 1929, FO 371/13616/C1569/45/18.

†90 Minutes by Sargent and Lindsay, Feb. 27 and 28, 1929, FO 371/13616/C1569/45/18.

†91　ヤング委員会には他にもベルギーの名高い国際銀行家フランキ（Emile Francqui）やイタリア実業界の大立者ピレッリ（Alberto Pirelli）、そして日本から元大蔵官僚の森賢吾が参加していた。森は二〇世紀初頭から第一次大戦期にかけて活躍した、日本の国際金融家のはしりといえる人物である。一九〇〇年に大蔵省に入った森は一三年六月に海外駐箚財務官に就任し、以後一四年の長きにわたりヨーロッパで日本国内および大陸経営のための外債募集に携わった。ヤング委員会に出席した当時の森はすでに退官し、貴族院勅選議員となっていた。三谷太一郎『ウォール・ストリートと極東——政治における国際金融資本』（東京大学出版会、二〇〇九年）、四八頁；齊藤壽彦『近代日本の金・外貨政策』（慶應義塾大学出版会、二〇一五年）、一四五四－一四六七頁；津島寿一『芳塘随想 第十一集　森賢吾さんのこと（上）』（芳塘刊行会、一九六三年）、一－一三頁。ヤング委員会は各国政府から独立しているという建前のもと発足していたが、参加者の多くは中央銀行の要職に就いていたり各国財務当局と浅からぬ関係にある経済人であったりしたから、事実上彼らは賠償問題の政府代表として振舞うことになる。Sir Frederick Leith-Ross, *Money Talks: Fifty Years of International Finance* (London: Hutchinson, 1968), p. 119. 約四カ月にわたるヤング委員会の討議内容については、以下を参照。Jacobson, *Locarno Diplomacy*, pp. 250-276; Kent, *Spoils of War*, pp. 287-303; Cohrs, *Unfinished Peace After World War I*, pp. 532-536; Étienne Weill-Raynal, *Les réparations allemandes et la France*, vol. 3, *L'application du plan Dawes, le plan Young et la liquidation des réparations (Avril 1924-1936)* (Paris: Nouvelles éditions latines, 1947), pp. 422-438; Jacques Seydoux, *De Versailles au plan Young : Réparations – dettes interalliées, reconstruction européenne* (Paris: Librairie Plon, 1932), pp. 229-236. ヤング委員会に日本の金融専門家代表として参加した森賢吾による一連の報告は、『日本外交文書』昭和期I第二部第二巻、文書番号二八七－三〇六を参照。

†92　四月一三日、英仏白伊の委員は主要債権国の「最低限の要求」として、ドイツ政府が二九年から五九年にわたり年平均二一億九八〇〇万マルクを支払う計画を提案した。*Papers Relating to the Foreign Relations of the United States 1929*, vol. 2, Armour (Paris) to Stimson, Apr. 13, 1929, pp. 1051-1053. 一七日、シャハトがドイツ政府に相談することなく提示した対案には、債権国の要求額を認める代償として領土的現状の大胆な修正が盛り込まれていた。シャハトによれば、ドイツは連合国との講和によりアフリカや太平洋上に保有していた植民地、ならびにポーランド回廊やシュレジエン地方の一部を手放したおかげで、食糧や原料の大部分を輸入に依存せざるを得なくなった。これこそドイツの財政を逼迫させている

主要因であるから、連合国は賠償支払いの見返りとして先に挙げた領土の回復をドイツに認めよ、というのである。Treasury to Foreign Office, May 1, 1929, FO 371/13594/C3243/1/18.

†93　その模様はヨーロッパ各国で連日報道され、投資家たちは賠償をめぐる交渉決裂の可能性を見逃さなかった。ドイツに大量の資本を投下してきたフランスその他の投資銀行は短期資金を一気に引き上げ、ライヒスバンクは四月後半のわずか二週間でおよそ一〇億マルクの金および外貨を失い、同月二五日にはとうとう公定歩合を六・五%から七・五%まで上昇させねばならなくなったのである。Eyck, *History of the Weimar Republic*, p. 187; Liaquat Ahamed, *Lords of Finance: The Bankers Who Broke the World* (New York: Penguin, 2009), p. 334; Stephen V. O. Clarke, *Central Bank Cooperation, 1924-31* (New York: Federal Reserve Bank of New York, 1967), pp. 165-166.

　ドイツ政府は、ヤング委員会の頓挫によって二〇年代前半に経験したハイパーインフレと大量失業の時代を招来させるわけにはいかなかった。こうして五月三日、ミュラー内閣はヤング委員長が四月末に提示していた妥協案を受諾すると決定した。Jacobson, *Locarno Diplomacy*, pp. 262-266. この折衷案のもとで、ドイツの平均年次支払い額は当初の債権国案より約七%低い二〇億五〇〇〇万マルクに設定されていたから、対米戦債支払いなど特定の使途を想定してドイツへの提案を行った債権国の委員たちは、新しいドイツの支払い額をいかに分配するかで再び議論を重ねることになった。彼らがドイツの賠償総額、支払い方法、分配率などすべての事項で合意に達したのは五月二二日のことであった。Leonard Gomes, *German Reparations, 1919-1932: A Historical Survey* (Basingstoke: Palgrave, 2010), pp. 171-172.

†94　二四年八月に採択されたドーズ案では、ドイツが連合国に遅滞なく賠償金を支払いながらも、同時にフランスおよびベルギー軍のルール占領で決定的となった経済的混乱から立ち直ることのできるよう、トランスファー保護と呼ばれる規定が設けられていた。賠償金の支払いプロセスは通常、債務国がまず自国通貨で定められた額を用意し、次にそれを債権国の通貨に交換するという手順から成るが、連合国によって課せられたドイツの賠償義務は膨大な金額であり、ドイツがその分の自国通貨を他国の通貨にいちどきに交換すれば、ドイツの為替レートは大幅かつ急激に変動することが想定された。そうした事態を防ぐため、賠償金を支払うドイツ政府とこれを受け取る連合国政府の間でいわば両替商の役割を担う「トランスファー委員会（Transfer Committee）」がドーズ案のもとで設けられ、同委員会がその時々のド

イツ経済ならびに外国為替市場の状況に応じ、ドイツ通貨（ライヒスマルク）で用意された年次支払い額を連合国の通貨に適宜交換することになったのである。Harold G. Moulton and Leo Pasvolsky, *War Debts and World Prosperity*, vol. 1 (1932; repr., Port Washington, NY: Kennikat, 1971), pp. 165-168. 以下も参照。Charles S. Maier, "The Truth about the Treaties?" *Journal of Modern History* 51, no. 1 (1979), pp. 63-65.

†95 "Report of the Committee of Experts on Reparations," June 7, 1929, Cmd. 3343. ドイツ政府に課せられた債務のうち、毎年の無条件履行は六億六〇〇〇万マルクに限られ（それ以外は延期可能）、その財源にはドイツ国有鉄道ライヒスバーンの営業利益に課せられた直接税が充てられることになっていた。

†96 Kent, *Spoils of War*, pp. 302-303; Gomes, *German Reparations*, pp. 172-175; John W. Wheeler-Bennett and Hugh Latimer, eds., *Information on the Reparation Settlement* (London: Allen & Unwin, 1930), pp. 93-105; 唐渡「ロカルノ外交（四）」、九一－一〇頁。

†97 ただし、労働党はこのとき過半数の議席を獲得するには至らなかった。二九年のイギリス総選挙における主要政党の議席獲得数は以下の通りである。労働党：二八七（得票率は三七・一%）、保守党：二六〇（同三八・一%）、自由党：五九（同二三・六%）。Chris Cook and John Stevenson, *A History of British Elections since 1689* (London: Routledge, 2014), pp. 139-142. 二九年のイギリス総選挙における最大の争点は、増加する一方の失業者をめぐる対策であった。前回（二四年一〇月）の総選挙で下院保有議席を一〇〇以上減らし、野党第一党の座を労働党に明け渡した自由党は、二六年末にアスキスの政界引退で党首へと返り咲いたロイド・ジョージのイニシアチブで、当時としては斬新だった大規模な公共事業による雇用創出を提案し、党勢を盛り返そうとしていた。保守党はロイド・ジョージのぶち上げる経済政策が実行不可能なものであり、他方で労働党が最終的に目指す産業の国有化もイギリス国民の自由と繁栄を蝕むものであるとして、「安全第一（Safery First）」の五年にわたる実績（地方税・鉄道輸送費の引下げや年金・住宅・保険の諸改革など）を強調しつつ、その継続を約束するという穏健な手法を貫いた。そして労働党はというと都市労働者という従来の支持基盤に留まることなく、農村部の労働者や年金受給者、さらには二八年の選挙法改正で選挙権を得た二一歳以上の女性までをターゲットに、肉や小麦の価格安定、出産および寡婦年金の拡充、教育・医療サービスの改善、家庭用品の減税などを公約に盛り込んだ。こうした選挙運動が一因となり、労働党はバーミンガムやマンチェスター、リーズ、シェフィー

ルド、ブリストルなど大都市で中産階級の得票数を大きく伸ばすことに成功した。二九年総選挙時の主要政党のマニフェストは、F.W.S. Craig, ed., *British General Election Manifestos, 1900-1974* (London: Macmillan, 1975), pp. 69-88; Charles Loch Mowat, *Britain between the Wars, 1918-1940* (London: Methuen, 1968), pp. 346-350 を、保守党の選挙運動については、Philip Williamson, "'Safety First': Baldwin, the Conservative Party and the 1929 General Election," *Historical Journal* 25, no. 2 (1982), pp. 385-409 を、労働党の選挙運動については、David Redvaldsen, "'Today is the Dawn': The Labour Party and the 1929 General Election," *Parliamentary History* 29, no. 3 (2010), pp. 395-415; Andrew Thorpe, "The 1929 General Election and the Second Labour Government," in *Britain's Second Labour Government, 1929-31: A Reappraisal*, eds. John Shepherd, Jonathan Davis and Chris Wrigley (Manchester: Manchester UP, 2011), pp. 16-36 を、また自由党の選挙運動および他二党の反応については、Robert Skidelsky, *Politicians and the Slump: The Labour Government of 1929-1931* (London: Macmillan, 1967), pp. 51-61; John Campbell, *Lloyd George: The Goat in the Wilderness, 1922-1931* (London: Jonathan Cape, 1977), pp. 223-239 をそれぞれ参照。

†98 Carlton, *MacDonald versus Henderson*, pp. 33-34; Tucker, *Attitude of the British Labour Party*, pp. 54-69, 116-120; Rhiannon Vickers, *The Evolution of Labour's Foreign Policy, 1900-51*, vol. 1 of *The Labour Party and the World* (Manchester: Manchester UP, 2003), pp. 80-92; John Callaghan, *The Labour Party and Foreign Policy: A History* (London: Routledge, 2007), pp. 61-72. もちろん第一次大戦後の労働党内は対外政策において一枚岩でなく、たとえばヘンダーソンやドールトン（Hugh Dalton）、ノエル・ベーカー（Philip Noel Baker）らが国際連盟の集団安全保障機能を強化するのと並行して一般軍縮を推進しようとしていたのに対し、独立労働党（Independent Labour Party）や民主統制連合（Union of Democratic Control）に関係の深いポンソンビ、ウェッジウッド（Josiah Wedgwood）、ウォールヘッド（Richard Wallhead）らはイギリス単独の軍縮およびあらゆる国際紛争の仲裁裁判付託義務など、より急進的な平和主義を提唱していた。しかし労働党が再び政権の座に就く二九年六月までには、党執行部を中心とする主流派が対外政策における急進派の影響力を抑えることにおおむね成功したのだった。Henry R. Winkler, *Paths Not Taken: British Labour and International Policy in the 1920s* (Chapel Hill: University of North Carolina Press, 1994), pp. 155-191. 以下も参照。Paul Bridgen, *The Labour Party and the Politics of War and Peace, 1900-1924* (Woodbridge, Suffolk: Boydell, 2009), pp. 109-128, 147-158.

†99 Labour Party, *Labour and the Nation*, pp. 48, 57.

†100 たとえばヘンダーソンは外務省に到着すると間もなく、占領の早期終結や対ソ外交関係の回復などが盛り込まれた労働党のマニフェストを省内局長級に配布し、今後はこれに基づいてイギリス外交を展開していく旨を彼らに説明したが、その中に占領終結後の非武装地帯に関する記述は含まれていなかった。Mary Agnes Hamilton, *Arthur Henderson: A Biography* (London: Heinemann, 1938), p. 285; F. M. Leventhal, *Arthur Henderson* (Manchester: Manchester UP, 1989), p. 145. 以下も参照。Dalton diary, June 10, 1929, [Hugh Dalton Papers, British Library of Political and Economic Science, London, UK] DALTON 1/10.

†101 Answer by Henderson, July 5, 1929, *Parliamentary Debates*, Commons, 5th ser., vol. 229, cols. 410-421.

†102 Answer by Henderson, July 22, 1929, *Parliamentary Debates*, Commons, 5th ser., vol. 230, col. 887.

†103 このことはヘンダーソンの対外政策上の知識や経験の欠如を意味するものではない。彼は大戦中より戦後構想の一環として普遍的国際機構の設立に熱心であり、大戦後はウルフ（Leonard Woolf）やネイミアといった知識人の協力を得ながら労働党内において国際連盟の集団安全保障機能の強化を推進し、そうした努力は第一次マクドナルド政権時の二四年秋、国際連盟総会で採択されたジュネーヴ議定書に結実する。Henry R. Winkler, "The Emergence of a Labour Foreign Policy in Great Britain, 1918-1929," *Journal of Modern History* 28, no. 3 (1956), pp. 247-258; Hughes, *British Foreign Secretaries in an Uncertain World*, pp. 81-83.

†104 Hugh Dalton, *Call Back Yesterday: Memoirs, 1887-1931* (London: Muller, 1953), pp. 229-235.

†105 Pitts, *France and the German Problem*, pp. 307-308. 第二次マクドナルド内閣発足直後にマドリッドで開かれた国際連盟理事会の会期中、シュトレーゼマンは駐西イギリス大使グレアム（Sir George Grahame）に対し、賠償および占領問題を討議するための国際会議の開催地について、ヨーロッパ主要大国の首都以外のどこか落ち着いた場所を希望すると伝えている。Grahame to Henderson, June 13, 1929, FO 800/280.

†106 Memo by Sargent, June 24, 1929, FO 371/13617/C4668/45/18.

†107 Nicolson (Berlin) to Sargent, Aug. 7, 1929, FO 371/13619/C6180/45/18.

†108 Minute by Sargent, Aug. 13, 1929, ibid.

†109 Sargent to Nicolson (Berlin), Aug. 20, 1929, ibid.

†110 サージェントはドイツに対しイギリスと対等なヨーロッパ大国にふさわしい処遇を望んでいたが、彼と同じくラインラント調停委員会構想に否定的であったリンジー外務次官のドイツに対する眼差しは庇護者のそれに近く、彼にとっての対独宥和は未熟な民主国家への外交的援助といった趣であった。二九年四月一〇日、リンジーがＣＩＤに提出した覚書はその好例である。

　リンジーは第一に、ドイツ政府が民主的な憲法を備えた共和政下にある限り、拡張主義的な政策を国内向けに口にすることはあっても実行に移すことはまずないと考えていた。大戦後のドイツ政府は主としてブルジョワ中産階級を支持基盤とする政党によって担われ、政府は彼ら中間層のため戦後復興と国内経済の安定化に邁進してきた。その政府が大がかりな軍備拡張と対外侵略を選ぶなら財政面で自らの首を絞めるのみならず、政府を支持する都市部の商工業者らの離反を招くだけであり、責任ある政治家がそんな愚を犯すはずはないというのである。

　しかしリンジーはミュラー内閣の対外政策、特に戦勝国との協調によるヴェルサイユ条約の漸進的修正が、好戦的かつ復古主義的な野党とメディアから猛批判にさらされていることも承知していた。そして現在のドイツの泣き所が「国民の政治的未成熟（political immaturity of the German people）」にあり、中道政党を結集した連立内閣といえども盤石といえる状態にはないことも見抜いていた。だからこそ極右勢力が政府批判をこれ以上加速させ、シュトレーゼマン外相を更迭に、あるいはミュラー内閣を崩壊に追い込むことのないよう、連合国は可能な限りドイツの要求に沿って占領問題を早急に解決し、ドイツ政府に対外政策上の成功をもたらしてやらねばならない、とリンジーは主張していた。Memo by Foreign Office, Apr. 10, 1929, CAB 4/18/945-B; *DBFP* 1A/6/115, Memo by Lindsay, Apr. 10, 1929. 以下も参照。Gaynor Johnson, "Sir Ronald Lindsay and Britain's Relations with Germany," pp. 85, 88.

　ドイツ政府が国内の批判をかわせるよう条約修正を手助けしたいリンジーからすれば、ロカルノ条約ですでに保障されたラインラント非武装化をめぐって追加的方策を講じることはどんな形であれ危険な選択であったろう。占領終結後にドイツ固有の領土を国際監視下に置くような取決めは、ドイツの反政府勢力から強制政策の再来と見られかねず、彼らに格好の攻撃材料を提供するはずだったからである。

† 111　“Delegates at The Hague: Discussion of Preliminaries,” *Times*, Aug. 6, 1929, p. 10; “The Hague Conference (editorial),” *Manchester Guardian*, Aug. 5, 1929, p. 6; “Young Plan Envoys Clash on Chairman on Eve of Meeting,” *New York Times*, Aug. 6, 1929, p. 1.

† 112　その他にオブザーバーとして、アメリカのウィルソン（Edwin C. Wilson）在仏大使館一等書記官が出席していた。第一次大戦後のアメリカ政府はドイツの賠償問題に公式に関与するのを避ける一方、自国が貸し付けた戦時債務の返済についてはヨーロッパの戦勝国に執拗に要求するという態度をとっていた。しかし英仏ら債務国にとってはドイツから獲得する賠償金が対米戦債支払いの主要財源であったから、ドイツの円滑な賠償支払いはアメリカの経済的利益にも合致するものであり、実際のところアメリカ政府としても賠償と戦債という二つの問題を厳密に切り分けてヨーロッパ諸国と交際することは困難であった。二〇年代中盤にヨーロッパの主要債務国との戦債協定がともかくも締結されると、こうした取決めに累が及ばぬ限り、アメリカ政府は賠償総額の決定を含むドーズ案の改定にヨーロッパ諸国が取り組むのを原則的に支持するようになった。ヤング委員会やハーグ会議に政府代表という形をとらずにアメリカが参加していたのはそのためである。Leffler, *Elusive Quest*, pp. 178-187; B.J.C. McKercher, *Transition of Power: Britain's Loss of Global Pre-eminence to the United States, 1930-1945* (Cambridge: Cambridge UP, 1999), pp. 67-69; Cohrs, *Unfinished Peace After World War I*, pp. 492-500, 538-540.

† 113　Henderson (The Hague) to Lindsay, Aug. 6, 1929, FO 371/13602/C6083/1/18.

† 114　Henderson (The Hague) to Lindsay, Aug. 8, 1929, FO 371/13603/C6126/1/18.

† 115　Henderson (The Hague) to Lindsay, Aug. 8, 1929, FO 371/13603/C6128/1/18; ibid., Aug. 9, 1929, FO 371/13604/C6183/1/18.

† 116　*DBFP* 1A/6/300, Henderson (The Hague) to Lindsay, Aug. 9, 1929.

† 117　ロカルノ調停委員会が規定された仏独および白独仲裁裁判条約の原文は、以下を参照。League of Nations, *Arbitration and Security: Systematic Survey of the Arbitration Conventions and Treaties of Mutual Security Deposited with the League of Nations* (Geneva: League of Nations, 1927), pp. 408-416.

† 118　フランス・ドイツ間のロカルノ調停委員会には二六年一二月に、F.V.N. Beichmann (President of Court of Appeal at Trondhjem, Norway; Deputy Judge of the Permanent Court of International Justice), Paul Logoz (Professor at the University of Geneva),

Jonkheer W.J.M. van Eysinga (Professor at the University of Leyden), Jacques Seydoux (former Director in the French Foreign Ministry), Ernst von Simson (former Under-Secretary of State in the German Foreign Ministry) が、ベルギー・ドイツ間のロカルノ調停委員会には二七年四月に、G. Motta (Swiss Federal Councillor), Östen Unden (Professor at the University of Upsala; former Swedish Foreign Minister), Jonkheer W.J.M. van Eysinga (Professor at the University of Leyden), Louis de Brouckère (Senator, Professor at the University of Brussels), Ernst von Simson (former Under-Secretary of State in the German Foreign Ministry) が指名されている。Habicht, *Post-War Treaties*, pp. 292-293, 310.

†119　Jones, *German Liberalism*, pp. 338-340; Eyck, *History of the Weimar Republic*, pp. 203-211; 牧野「ロカルノ条約」、一七〇頁。

†120　Carl E. Shepard, "Germany and The Hague Conferences, 1929-1930" (Ph. D. diss., Indiana University, 1964), pp. 98-101.

†121　Henderson (The Hague) to Lindsay, Aug. 9, 1929, FO 371/13604/C6182/1/18; ibid., Aug. 10, 1929, FO 371/13604/C6214/1/18.

†122　CC 29 (29) 6, July 17, 1929, CAB 23/61. 以下も参照。Carlton, *MacDonald versus Henderson*, pp. 38-40; Cohrs, *Unfinished Peace After World War I*, pp. 552-555.

†123　CP 175 (29), memo by Snowden, June 24, 1929, CAB 24/204. 以下も参照。Moulton and Pasvolsky, *War Debts and World Prosperity*, pp. 171, 197.

†124　CP 203 (29), memo by Snowden, July 15, 1929, CAB 24/205. ヤング委員会が発足する前の二八年、当時の蔵相チャーチルと大蔵省は、対米戦債支払い額に見合うだけの賠償金をドイツから獲得できればそれで良しとの立場を取っていた。Churchill to Baldwin, Sep. 26, 1928, Baldwin MSS, SB 115, ff. 316-320; note by Waley, [n.d., circa late Mar. – early Apr. 1928,] FO 800/275; memo by Leith-Ross, Oct. 1, 1928, FO 800/275. ところがヤング委員会の進捗状況から、新しい賠償計画ではイギリスの受領額がフランスやイタリアより抑えられる可能性が浮上すると、チャーチルはヤング案の受諾を留保する姿勢に転じた。CP 136 (29), memo by Churchill, May 8, 1929, CAB 24/203; CC 21 (29) 1, May 9, 1929, CAB 23/60; answer by Churchill, May 9, 1929, *Parliamentary Debates*, Commons, 5th ser., vol. 227, cols. 2310-2311. したがって、ヤング案の賠償金分配率に対する不満およびその是正への意欲において、第二次ボールドウィン内閣と後継の第二次マクドナルド内閣の立場は共通していたといえる。その後、政権交代によってスノードンが蔵相に就任すると、大蔵省の中ではヤング案の採否をめ

ぐって意見が分かれた。フィッシャー大蔵次官はともかくもヤング案ではイギリスの対米戦債支払い額が確保されている以上、ここで異議を唱えてアメリカ政府ならびに世論の不興を買うべきではないとする一方、理財局次長リース＝ロス（Frederick Leith-Ross）はイギリスの受取額を少しでもスパ・パーセンテージに近づけるよう断固として主張すべきと論じた。スノードンは自身の立場と同じリース＝ロスの意見を採用した。Fisher to Snowden, June 19, 1929, [The National Archives, Kew] T 160/388; Leith-Ross, "Summary of Questions Arising on the Young Report," June 24, 1929, ibid. 以下も参照。Robert Boyce, *British Capitalism at the Crossroads, 1919-1932: A Study in Politics, Economic and International Relations* (Cambridge: Cambridge UP, 1987), pp. 203-206.

†125 Henderson (The Hague) to Lindsay, Aug. 8, 1929, FO 371/13603/C6126/1/18; Treasury, "A Short Summary of the Events relating to Financial Matters at The Hague Conference," n.d., T 172/1694.

†126 Henderson (The Hague) to Lindsay, Aug. 7, 1929, FO 371/13603/C6112/1/18. ちなみにハーグ会議日本政府代表団から本国外務省に送られた報告によれば、八月八日に開かれた経済委員会第一回会合においても、賠償金の分配率をめぐってスノードンとシェロン仏財務相らは鋭く対立したようで、特に他の債権国に対するスノードンの批判は「頗る露骨なりしを以て仏伊等の反感を買ひ会議の空気を相当緊張せしめたり」という状況であった。一九二九年八月（九）日在ハーグ賠償会議代表発幣原外相宛第一一号、『日本外交文書』昭和期I第二部第二巻、文書番号三一八。

†127 Snowden to Jaspar, Aug. 14, 1929, CAB 21/317. 以下も参照。Carlton, *MacDonald versus Henderson*, pp. 46-47.

†128 Jaspar to Snowden, Aug. 16, 1929, CAB 21/317.

†129 Snowden (The Hague) to MacDonald, Aug. 22, 1929, FO 371/13606/C6543/1/18. 同じ頃、ハーグ会議日本政府代表であった安達駐仏大使も、スノードンとブリアンの仲立ちを買って出るなど賠償問題の解決に独自の努力を重ねていた。『日本外交文書』昭和期I第二部第二巻、文書番号三二三、三三一。以下も参照。牧野雅彦「安達峰一郎と戦間期ヨーロッパの協調」柳原正治・篠原初枝編『安達峰一郎——日本の外交官から世界の裁判官へ』（東京大学出版会、二〇一七年）、九二－九四頁。この件に関する安達自身の回想として、以下を参照。安達峰一郎『欧州の近情並に世界当面の重要諸問題』（日本経済連盟会・日本工業倶楽部、一九三〇年）、一一－一三頁。

†130 Note by Phipps, Aug. 23, 1929, Phipps MSS, PHPP 1/9. ハーグ会議に同行した蔵相秘書グリッグ（P. J. Grigg）は同地で英国旗を見たスノードンが、「平和主義者（a pacifist）であり国際主義者（an internationalist）であるこの私も、どういうわけかあの旗を海外の地で目にすると、信じられぬほど帝国主義的（incredibly imperialist）になるのだよ」と独り言ちたのを記憶している。P. J. Grigg, *Prejudice and Judgment* (London: Jonathan Cape, 1948), p. 229. スノードン蔵相の意志の強さは、ハーグ会議に参加した日銀ロンドン代理店監督役の田中鉄三郎にもひときわ印象深かったようだ。田中曰く、足の不自由なスノードンが「いつも両方の手にそれぞれ一本ずつのつえを突いて、松葉づえは使わず、また人手も借りないで、よちよちしながらもひとりで歩くといったところは、相当強情張りのようにも見うけられた」、と。田中鉄三郎『今とむかし』（非売品、一九六八年）、九一頁。

†131 Keeton, *Briand's Locarno Policy*, pp. 321-322; Vaïsse, "La ligne stratégique du Rhin," p. 10; Pitts, *France and the German Problem*, p. 330.

†132 Note by Schmidt, Aug. 21, 1929, FO 371/13619/C6651/45/18; Henderson (The Hague) to Lindsay, Aug. 30, 1929, FO 371/13606/C6709/1/18.

†133 ハーグ会議における仏独間の占領軍撤退スケジュールをめぐる交渉については、以下を参照。Jacobson, *Locarno Diplomacy*, pp. 318-322; Pitts, *France and the German Problem*, pp. 317-329; Carlton, *MacDonald versus Henderson*, pp. 52-53.

†134 Henderson (The Hague) to Lindsay, Aug. 29, 1929, FO 371/13606/C6701/1/18. 以下も参照。"International Agreement on the Evacuation of the Rhineland Territory," Aug. 30, 1929, Cmd. 3417.

†135 Hankey (The Hague) to MacDonald, Aug. 28, 1929, FO 371/13606/C6668/1/18; Waley to Sargent, Sep. 3, 1929, FO 371/13608/C6859/1/18. 以下も参照。"Protocol with Annexes approved at the Plenary Session of The Hague Conference," Aug. 31, 1929, Cmd. 3392.

†136 Protocol of The Hague Conference, Aug. 31, 1929, FO 371/13607/C6797/1/18; Snowden (The Hague) to Lindsay, Aug. 31, 1929, FO 371/13607/C6803/1/18. 以下も参照。"Happy Hague Farewell," *Daily Mail*, Aug. 31, 1929, p. 10.

†137 Philip Snowden, *An Autobiography*, vol. 2 (London: Nicholson, 1934), pp. 825-826; *DBFP* 1A/6/351, n. 2, memo by Hankey, Aug.

31, 1929.

†138 日本基督教団讃美歌委員会編『讃美歌』(日本基督教団出版局、一九五四年)。「いざやともに」は現在でもドイツをはじめ、ヨーロッパ各地の祝日や感謝祭の礼拝に欠かすことのできない讃美歌の一つである。神聖ローマ帝国の再編を促した点でヨーロッパ国際政治史の画期を成す、かの三十年戦争が終結した際にも軍隊付きの牧師たちが好んでこの讃美歌を歌ったという。原恵『賛美歌——その歴史と背景』(日本基督教団出版局、一九八〇年)、九八頁。

†139 Seeds (Coblenz) to Henderson, Dec. 2, 1929, FO 371/13621/C9291/45/18.

†140 Imperial War Museum, *The Occupation of the Rhineland, 1918-1929* (London: Her Majesty's Stationery Office, 1987), p. 320. 以下も参照。"Rhineland: End of British Occupation," *Times*, Dec. 13, 1929, p. 14; "Farewell to the Rhineland: British Army's Final Ceremony," *Manchester Guardian*, Dec. 13, 1929, p. 13; "British Leave the Rhine: Striking of Union Jacks," *Daily Telegraph*, Dec. 13, 1929, p. 12; "British Leave the Rhine," *Daily Mail*, Dec. 13, 1929, p. 5.

†141 "Rhineland: The Evacuation Completed," *Times*, July 1, 1930, p. 16; "Rhineland Free: French Flag Struck at Mainz," *Manchester Guardian*, July 1, 1930, p. 11; "Last French Troops Leave Germany: The End of the War," *Daily Mail*, June 30, 1930, p. 12.『デイリー・テレグラフ』の記事によれば、マインツの占領軍本部でフランス国旗が降納される際に群衆から「ブラヴォー」の声が上がり、フランス兵の行進に合わせてドイツ国歌(*Deutschland über alles*)の合唱が起こったという。"Evacuation of Rhineland: Last French Troops Leave," *Daily Telegraph*, July 1, 1930, p. 11.

結論

対独「宥和」の意義と限界

もし新たな復讐戦争を防ぐのであれば、ドイツを国際社会に連れ戻し、
彼らにふさわしい世界的地位を与えなければなりません。[†1]
サー・オースティン・チェンバレン（一九二八）

現在の仏独関係を政治的側面から見るならば、我々はヨーロッパ問題の
まさしく転換点にたどり着きました。先の戦争は清算されたのです。[†2]
オーム・サージェント（一九三〇）

一　イギリス外交の論理

本書の目的は、一九二〇年代後半のイギリスが対独宥和（ドイツの要求に沿ったヴェルサイユ条約の修正）に積極的姿勢を示し、同条約の中でもドイツの直接的な弱体化を企図した三条項、すなわち占領・軍縮・非武装化の執行を緩和するに至った論理を、主要政策決定者の対外認識に着目して解明することであった。その結論をごく大づかみに述べれば、二〇年代後半のイギリスはもはやドイツを強制的に抑え込む必要を見出さなかったがゆえに右記三条項の修正を図った、となるであろう。イギリスの大陸政策の要諦はウィーン会議の昔から勢力均衡、すなわち英仏海峡の対岸に覇権国が出現するのを阻止することであり、ヨーロッパの大国はお互いに強すぎても弱すぎてもいけなかった。二〇年代後半のイギリスの政策決定者にとって、当時のドイツはヨーロッパの現状を

根本から覆そうとする軍事的脅威ではなかったから、ヴェルサイユ条約の執行によってドイツのさらなる弱体化を図るのは、まずもって勢力均衡の伝統に反する政策だったといえる。以下では本論の分析を振り返り、イギリス政府内で具体的にどのような点からドイツの弱体化が必要ないと判断されたのかを明らかにした上で、二〇年代後半のイギリス外交をヨーロッパ国際秩序との関連から評価することにしたい。

第一に、一九二〇年代後半、イギリスの対独宥和の原動力となったのはチェンバレン外相のヨーロッパ国際秩序構想であった。第二次ボールドウィン内閣において対外問題に最も強い発言力を有し、二四年一一月の就任から四年半にわたってイギリス外交を牽引したチェンバレンは、イギリスが何よりもヨーロッパの一員であり、イギリスの安全は仏独が国境を接する西欧一帯の安定にかかっていると認識していた。彼自身、ドイツをヨーロッパにおける切迫した軍事的脅威とは見なしていなかったが、かかる状況が子や孫の世代にまで続く保証はないとも考えていた。そこでチェンバレンが目指したのは、ナポレオン戦争後のウィーン会議でカースルレイやメッテルニヒが築いた欧州協調をひな型とし、イギリス・フランス・ドイツが対等な立場で秩序の運営にあたる、すぐれて古典的な大国協調の枠組みをヨーロッパに用意することであった。

しかしその実現には、ヴェルサイユ条約の執行が大きな障害となる。英仏がドイツの領土や軍備を制限し続けていては、ドイツの連合国に対する憎悪は一向に収まらず、戦勝国と敗戦国の間の溝だけが深まり、大国協調の夢は遠のくばかりだったからである。すでに連合国によって大幅に武装解除されたドイツは、一九二五年一〇月に成立したロカルノ条約でヨーロッパの領土的現状を武力で変更しないことを、また翌二六年九月の国際連盟加盟時には国際紛争の平和的解決に尽力することを公に誓約していた。こうしてフランスの対独恐怖をひとまず緩和しえたチェンバレンは、今度はドイツ側の要求に応じて条約修正に本腰を入れるようになったのだった。

こうしたチェンバレンの大陸政策は、一九二九年六月に発足した第二次マクドナルド内閣の外相ヘンダーソンにも受け継がれた。労働党の対外政策は元来、ヨーロッパ大国に限らず世界規模で平和を組織しようとする傾向が強かったが、ヴェルサイユ条約に関しては調印直後からドイツを無理やり抑え込む諸規定に反対の立場であったため、チェンバレンがかねて支持していた占領の早期終結にも異論はなかったのである。

第二に、一九二〇年代後半、イギリスが対独宥和を展開する上で潤滑油の役割を果たしたのが、ドイツに対する脅威認識の希薄な外務・陸軍両省および内閣であった。すでに第二次ボールドウィン内閣発足直後、外相の指導下で対外政策を立案する外務省は、連合国による強制軍縮のおかげでその攻撃能力が十分低下したとの判断から、ドイツをヨーロッパにおける差し迫った軍事的脅威とは認識していなかった。内閣でもカーズンやバルフォア、チャーチル、ワージントン＝エヴァンズ、セシルといった主要閣僚は、ロカルノ条約の成立以前よりドイツがヨーロッパの現状打破に動き出す可能性を退ける点で共通していた。

同じ頃、大量の軍縮違反に関する報告を受けたことでドイツの軍事的台頭を警戒していた陸軍省も、その後ドイツがイギリスの安全に死活的重要性を持つ西欧の現状をロカルノで保障したのを境に、そうした警戒を主張することはなくなっていった。要するに、一九二〇年代後半のイギリス政府内ではドイツによる侵略の危険が等閑視されていたため、チェンバレンのヴェルサイユ条約をめぐる方針に表立った批判が集まらなかったのである。かくて占領・軍縮・非武装化三条項の修正は、イギリスの対外政策に結実したのだった。

もちろん、一九二〇年代後半のイギリス政府はドイツの処遇に関して一枚岩ではなかった。特に二八年九月にジュネーヴ共同声明が打ち出され、それまでドイツの膨張を抑え込んできた占領の終結が外交日程に正式に上がった頃より、外務省内には占領に代わる対独安全保障措置を講ずるべきではないかとの意見がいくつか提出された。チェンバレン外相も同じ頃、ラインラントをめぐって非妥協的になる一方のドイツ政府の態度に接し、シュトレーゼマンらドイツの代表がロカルノやジュネーヴで示した平和的意志に疑いの目を向け始めていた。そのためチェンバレンは、占領終結後にロカルノ条約の実効性を高めるであろう多国間枠組み、すなわちラインラント非武装化の保全を目的とした全締約国（英仏独白伊）から成る調停委員会の発足を支持したのである。

ところがこうした動きは、外務省のサージェント中欧局長ならびにリンジー外務次官によって巧みに覆された。チェンバレン外相の認識とは異なり、サージェントとリンジーの目に映ったドイツは依然として軍事的に弱体化している上に国内政治でも安定を得られず、内外で苦境にあえいでいた。そうした中で連合国がラインラントに干渉し続ける限り、ドイツ政府は傷ついた国家の自尊心や激昂する一部国内世論への配慮から、英仏との協調を長く続けることができないだろうと彼らは推察した。一九二〇年代末のイギリス外務省で対ドイツ政策を手がけるサージェントとリンジーは、当時のドイツをヨーロッパの軍事的脅威とする発想にきわめて乏しく、それゆえロカルノ条約を補強する多国間枠組みにも緊急の必要性を見出さなかったのである。

二　再編されたヨーロッパ国際秩序

それでは一九二〇年代後半、特にロカルノ条約の成立から「大戦の総決算」と銘打たれたハーグ会議の妥結に至るまでイギリスが主導した対独宥和を、以上の実証結果を踏まえつつ、果たしてどのように評価できるだろうか。二〇年代後半のイギリス外交は、パリ講和会議で形成された戦後処理のあり方を部分的に修正することで、第一次大戦が終結してもなおヨーロッパにくすぶり続ける仏独対立の余燼を消し去り、ヨーロッパ国際秩序をそれ以前の状態に比して安定させた、というのが本書の基本的評価である。

そもそも上位権力の存在しない国際場裏において、大国のパワーがおおむね均衡状態にあったとしても、それだけで平和が保たれる保証はない。国際秩序、すなわち国家がお互いの行動を持続的に予見しうる状態を生み出せるかどうかは、その能力および意志を備えた大国間の自発的協力にかかっている。ところが一九二〇年代前半、ヨーロッパ国際秩序の中心的な担い手となるべき英仏独の間にはヴェルサイユ条約の執行をめぐって諍いが絶えず、彼らの自発的協力など芽生えそうにない状況であった。ロカルノ条約成立後に本格的に始動したイギリスの対独宥和は、単に弱体化したドイツを弱めすぎないという勢力均衡の表現を越えて、英仏独の間に大国協調の基盤を用意した点からも、ヨーロッパ国際秩序の安定化に貢献したといえるであろう。

いやしくもヨーロッパに秩序を築こうとする者であれば「ドイツ問題」、すなわち大陸の中心で豊富な人口と資源を擁する国家をいかに処遇してヨーロッパの安定を維持するかという問題から逃れることはできない。そしてパリ講和会議で連合国が出した答えとは、占領にせよ軍縮にせよ非武装化にせよ、相手の望まぬ事態を強制することでドイツの軍事的台頭を封じるというものであった。しかしそれでも大戦後のヨーロッパに平穏な日々は訪れなかった。一九二〇年代前半、ドイツの条約不履行と連合国の非難および制裁がくり返されることで、本来なら手を携えてヨーロッパ国際秩序を支えていくはずの英仏独の関係は、みるみるうちに悪化していった。

ヴェルサイユ条約をドイツに強制し続けていては大国間関係はいつまで経っても安定しないが、そうかといって条約そのものを否定すればドイツの軍事的台頭に対する歯止めが根こそぎ失われてしまう――。第一次大戦後のヨーロッパが清算できずにいた問題の本質とは対独安全保障と条約修正のジレンマに他ならず、これを仏独両国が一定程度満足できる形で解消しない限り、ヨーロッパに大国の平和的共存を可能とする国際秩序は生まれえないのであった。

一九二〇年代後半のイギリスは強制よりも誘導の論理を重視し、対ドイツ政策における後者の比重をそれまで以上に増やすことで、対独安全保障と条約修正の両立、ひいてはヨーロッパ国際秩序の安定を図った。相手の嫌がることだけでなく、それとともに相手の望みを満たすことで、自らの望む価値配分を実現しようというわけである。わずか半世紀の間に二度ヨーロッパの平和を破ったドイツも、さしあたり侵略戦争に踏み切るだけのパワーを失っていた。そこでイギリスはドイツを潜在敵として遠ざけるのでなく、現状維持のための新たな枠組みに招き入れることで彼らの侵略行動を抑制し、その上でドイツに課された諸々の制限を緩和して、フランスの対独安全保障とドイツの条約修正要求を二つながら満たそうとしたのだった。大国が一人立ちせぬよう取り囲み、次に彼らの正当な要求を容れる――。カースルレイがナポレオン戦争後のフランスとロシアに、あるいはグレイが第一次大戦前夜のドイツに行ったイギリス外交の範型を、ここにも見ることができる。

なるほど一九三〇年代後半、全面的再軍備やラインラント進駐をはじめとするナチ・ドイツの一連の政策によってヨーロッパ国際秩序が瓦解した歴史を知る現在から見れば、二〇年代後半のイギリスによる対独宥和は、いかにも取り返しのつかない失敗であったように思われる。外交は十分な軍事力に支えられてこそ効果を発揮するのであり、威嚇よりも約束に比重を置いたのではアナーキーな国際場裏で平和を維持することができないとの批判は、それ自体、全くの正論である。しかしだからといって、正論がすべての時代に妥当する普遍的命題とは限らないであろう。二〇年代後半の政策決定者たちが身を置いていた国際環境や彼らの対外認識に照らして歴史を見つめ直すと、当該期のイギリス外交について異なる評価を与えることも可能となるのではないか。

一九二〇年代後半のヨーロッパは永続的平和を確立しようとする数々の試みに彩られ、禍々しい諸力によって秩序が崩れ去る三〇年代後半とは、時代の相貌が明らかに異なっていた。ロカルノからハーグに至る四年間で、ドイツはヴェルサイユ条約により制限された主権を大幅に回復する一方、ロカルノ条約および国際連盟規約という二つの集団安全保障枠組みに組み込まれることで、ヨーロッパにおけるドイツの軍事的台頭は二重に封じられた。アメリカの呼びかけで政府間交渉が始まったパリ不戦条約では、英仏独はじめヨーロッパの主要国がお互いに「国策の手段としての」戦争を放棄した。さらに翌九月の連盟総会では、国際紛争の平和的解決手続きを仔細に定めた一般議定書も採択されている。

　このように一九二〇年代後半のヨーロッパでは、一つの大国が強すぎも弱すぎもしないという意味で勢力均衡がおおむね達成されるとともに、平時に何をしてはならないか（相互不可侵および戦争放棄）ならびに有事に何をすべきか（集団安全保障に基づく軍事制裁もしくは相互援助）に関する大国間の合意が、大戦終結以来はじめて生まれていた。

　さらに重要なことに、一九二〇年代後半のイギリス政府が向き合ったドイツとは、条約や指導者同士の合意に目もくれず、ヨーロッパの覇権へと一心不乱に突き進む国家などではなかった。当時のドイツ政府は国際秩序に責任ある大国としての自覚から、左右急進勢力による批判を受けながらも、西欧における現状維持だけでなく東欧における平和的変更の原則をも守ろうとしていたのである。

　たとえばロカルノ条約の成立からしばらく経った後、シュトレーゼマンはブリアンの名代としてドイツ外務省を訪れたフランスの政治家ボネ（Georges Bonnet）に向かい、執務室の壁に掛けられたヨーロッパの地図を指さしつつ、熱を込めてこう語ったという。ドイツ政府としては、遠く祖国を離れてダンツィヒやポーランド回廊での生活を余儀なくされている同胞を見捨てることはできず、それゆえ東欧における領土の回復をこれからも求め続けるであろう。「しかし、武力によってこれらの地域を再び手にする意図は我々にはありません。……この点をどうかブリアン氏にお伝えください」。[†3]

　国家の交際も人間のそれに似て、相手の意に反することを強いるにはそもそも限度がある。そして領土であろうと威信であろうと、戦争で失ったものを外交によって平和的に取り戻そうと努める国を、そうと知りながら軍事力を用いて抑えつけるのは、相手と持続的な関係を築くにあたり賢明な外交といえるのか。そうはいえないであろう。一九二〇年代後半のイギリスがドイツを脅威でなく仲間として捉えたのは（少なくとも短期的には）的確な観察であり、同時期のイギリスがこうした観察を基にヴェルサイユ条約の三条項を修正したことも、大国協調を促進する上でごく常識的な判断であった。

国際秩序のあり方は、時代の変化に応じて、その都度調整されねばならない。英仏独関係の文脈が対立から協調へと移りゆく中、一九二〇年代後半のイギリスはそうした時代の変化を見逃すことなく、ヨーロッパの永続的安定に向けて大陸関与に積極的姿勢を示し続けた。パリ講和会議から一〇年後の夏、対独安全保障と条約修正のジレンマはイギリスの差配により仏独双方の同意を得る形で解消され、先の大戦はようやく「清算」されたのである。「大戦の総決算」によって再編されたヨーロッパ国際秩序は、英仏独三カ国の指導者が何よりも大国間戦争の再発を拒み、外交の可能性を信じて行動する限りにおいて、保たれるはずであった。

三　未発の可能性をめぐって

国際秩序が試練を迎えるのは、外交による国際協調をあざ笑い、戦争にすべてを賭ける指導者が出現したときである。本書で見てきたように、イギリス外交は軍事力を前面に出して事態を命令的に収拾するのでなく、周旋によって紛争当事国の間に満足のゆるやかな均衡を導き出すところに本領があった。それは実に時間と手間のかかる身振りであり、一九二〇年代後半のごとく、国際および国内環境のおだやかな時代が続けば成功する公算は大きい。しかし危機の連鎖の中で、一たび各国が利益を排他的に求め始めると、仲裁者たるイギリスの政策オプションの幅は狭まる定めにあった。

換言すると、イギリス外交にとっての勝負は危機が発生してからでなく危機が発生する前、すなわち大国間関係が安定している間に、紛争の種を一つでも多く摘み取っておくことであった。そして不吉にも、「大戦の総決算」を終えた一九三〇年のヨーロッパには、大国協調の前提であるドイツの平和的な対外政策を一方的な現状打破へと導きかねない二つの課題、すなわち世界恐慌と中東欧の国境問題が顕在化しつつあった。[†4] だとすると――二〇年代後半の時点でイギリスの政策決定者がドイツにおけるヒトラーの政権掌握を予測するのは難しかったにせよ――、もしイギリスが二〇年代のうちにロカルノ条約と対独宥和の組み合わせに加え、ドイツに現状打破を思いとどまらせるための何らかの誘因を生み出していれば、ヨーロッパ国際秩序をより盤石にすることができたのかもしれない。それでは、相対的安定期のイギリス外交には一体どのような可能性が存在したのだろうか。

一つ目は、既存の国際法に則った紛争解決手続きの強化であろう。中でも本書第四章で取り上げた、事実調査の権限を備える調停委員会の構想は、西欧の現状をめぐる仏独対立を平和裏に解決するための有力な制度であるばかりか、ロカルノ条約の「明白な」侵犯を認定することで軍事制裁の発動を容易にしうる点においても、占領終結後のラインラント非武装化を保全する一つの道であった。

第二の可能性として、ドイツ問題に関し、やがて第二次大戦後に超大国として世界に君臨するアメリカおよびソ連との連携があれば、勢力均衡の観点からヨーロッパ国際秩序は実際よりずっと耐久性を増したであろう。第一次大戦後に世界随一の債権国として金融上の優越を固め、一九二〇年代後半にはヨーロッパの経済的パトロンの役割を演じるようになっていたアメリカ、そして同時期に「五カ年計画」のもと膨大な労働力を投入して工業化に邁進していたソ連の協力は、西欧諸国にとってドイツの軍事的台頭に対する頼もしい備えとなったはずだ。[†5]

最後の可能性は、一般的な平和的変更のための制度設計である。第一次大戦後の世界には国際連盟規約、ロカルノ条約、パリ不戦条約が次々に成立することで、戦争違法化の規範が実定法として着実に根を下ろしつつあった。しかし、大戦前のヨーロッパでは何世紀もの間、戦争が紛争解決のための究極的手段として国際法上容認されていた。それゆえ不戦条約によって「国策の手段としての」戦争が法的に禁止された後、現状に対する主要大国の不満をどのように扱うべきかは、国際秩序の成否を占うきわめて重要な問題だったのである。戦間期にはリップマン（Walter Lippmann）やカー（E. H. Carr）といった卓見の観察者が、国家には軍事力に訴えても守らねばならない利益や価値が存在する以上、平和を維持していくには戦争以外の手段によって国際秩序を適宜変革する必要があることを主張していた。[†6]

そして国際連盟規約第一九条には、適用不能となった条約や世界平和を脅かすような国際状況の審議について、連盟総会が加盟国に「慫慂《しょうよう》（advise）」することができると規定されていた。[†7] もちろん後にモーゲンソー（Hans J. Morgenthau）が喝破したように、連盟総会は自らの助言を紛争当事国に強制する権限もパワーも備えていなかった。[†8] しかし紛争が本格的な軍事対立に至らぬ段階で、当事国の代表が規約第一九条を法的根拠としつつ連盟の中で協議を重ねるというプロセスは、あらかじめ具体的な手続きが定められていたならば、決して空想的な筋書きではなかったはずである。ジュネーヴという普遍的な外交空間で平和的変更を手がかりに国際秩序を維持する道は、連盟理事会の中心的存在であったイギリスの前に、確かに開けていたといえるであろう。

これまで見てきたように、一九二〇年代後半のイギリスはヨーロッパに大国協調を回復するため、敗戦国ドイツへの宥和を選択した。それは未曽有の戦禍が法的に終結した後、国際秩序を再建するにあたり第一に必要とされる、旧交戦国間の政治的和解をともかくも達成したのである。だが皮肉なことに、第一次大戦後のヨーロッパは、もはや古典的な大国協調の枠組みだけでは中長期的な平和を創出しえない時代に突入していた。

すでにニューヨーク株式市場では大暴落が発生し、金融危機の高波は巨額の政府間債務を抱えるヨーロッパを目指し、大西洋を西から東へと渡りつつあった。ドイツ国内では日ごとに失業者の数が膨れ上がり、極右勢力からは大戦後にポーランドやチェコスロヴァキアに編入された領土を求める声が喧しくなっていた。国際経済危機と過熱するナショナリズム、これら二つの暗雲がヨーロッパをゆっくりと覆い始める中、二〇年代後半に形成されたヨーロッパ国際秩序はいかなる変容を遂げていったのか。また平和的変更をはじめとする相対的安定期の様々な可能性は、なぜ未発のまま終わってしまったのか——。こうした問いに答えるには、新たな一冊が必要となるであろう。それを次なる課題としつつ、本書を閉じることにしたい。

†1　*DBFP* 1A/5/358, Chamberlain to Howard (Washington), May 25, 1928.

†2　Sargent to Graham (Rome), Feb. 22, 1930, FO 371/14365/C1358/230/18.

†3　Georges Bonnet, *Vingt ans de vie politique, 1918-1938 : De Clemenceau à Daladier* (Paris: Fayard, 1969), pp. 124-125.

†4　三〇年代初頭のヨーロッパをめぐるこうした状況は、第一次大戦後の世界に訪れた構造的変容の一端をきわめて象徴的に映し出していたように思われる。その構造的変容とは、対独安全保障というヨーロッパ外交の伝統的関心に回収されえない新たな問題群の登場であった。その一つは大戦の結果として生じた賠償および戦債の処理に代表される国際金融問題であり、いま一つはウィルソン大統領の理念に触発された「民族自決」要求の世界的昂揚というイデオロギー問題である。それらはいずれも第一次大戦によってもたらされ、程度の差こそあれ第二次大戦後の世界にまで長い影を落とすという意味で、二〇世紀国際関係のアポリアでもあった。第一次大戦が国際関係にもたらした構造的変容、およびその二〇世紀的意義について示唆に富む研究として、たとえば以下を参照。Eric Hobsbawm, *The Age of Extremes: The Short Twentieth Century, 1914-1991* (London: Abacus, 1994), pp. 21-141; David Reynolds, *The Long Shadow: The Great War and the Twentieth Century* (London: Simon & Schuster, 2013); Arno J. Mayer, *Political Origins of the New Diplomacy, 1917-1918* (New York: Vintage, 1959); Charles S. Maier, *Recasting Bourgeois Europe: Stabilization in France, Germany and Italy in the Decade after World War I* (1975; repr., Princeton: Princeton UP, 2016); Mark Mazower, *Dark Continent: Europe's Twentieth Century* (London: Penguin, 1998), pp. 40-76; Niall Ferguson, "How (Not) to Pay for the War: Traditional Finance and 'Total' War," in *Great War, Total War: Combat and Mobilization on the Western Front, 1914-1918*, eds. Roger Chickering and Stig Förster (Cambridge: Cambridge UP, 2000), pp. 409-434; Erez Manela, *The Wilsonian Moment: Self-Determination and the International Origins of Anticolonial Nationalism* (Oxford: Oxford UP, 2007); 三谷太一郎「戦時体制と戦後体制」『近代日本の戦争と政治』（岩波書店、二〇一〇年）、二五－八一頁；木畑洋一「『帝国の総

力戦』としての二つの世界大戦」『イギリス帝国と帝国主義――比較と関係の視座』（有志舎、二〇〇八年）、一五一－一八九頁；佐々木毅「両大戦の意味と無意味について」樺山紘一ほか編『二〇世紀の定義（一）二〇世紀への問い』（岩波書店、二〇〇〇年）、一九一－二〇六頁；中西寛「賠償戦債問題と米欧関係 一九二一～一九二四（一）」『法學論叢』第一二三巻四号（一九八八年）、七二－九六頁；北岡伸一「賠償問題の政治力学」『門戸開放政策と日本』（東京大学出版会、二〇一五年）、四〇三－四五六頁；酒井哲哉「『英米協調』と『日中提携』」近代日本研究会編『年報・近代日本研究一一 協調政策の限界――日米関係史・一九〇五～一九六〇年』（山川出版社、一九八九年）、六一－九二頁。

†5 第一次大戦後のヨーロッパ国際秩序におけるアメリカおよびソ連の（潜在的）重要性を示唆する研究として、たとえば以下を参照。Paul Kennedy, *The Rise and Fall of the Great Powers: Economic Change and Military Conflict from 1500 to 2000* (New York: Vintage, 1987), pp. 275-343; Ludwig Dehio, *The Precarious Balance: Four Centuries of the European Power Struggle*, trans. Charles Fullman (New York: Knopf, 1962), pp. 242-246; David Reynolds, "1940: Fulcrum of the Twentieth Century?" in *From World War to Cold War: Churchill, Roosevelt and the International History of the 1940s* (Oxford: Oxford UP, 2006), pp. 23-48; Georges-Henri Soutou, "Was There a European Order in the Twentieth Century? From the Concert of Europe to the End of the Cold War," *Contemporary European History* 9, no. 3 (2000), pp. 329-353; D. C. Watt, "The Breakdown of the European Security System, 1930-1939" (paper presented at the XIV International Congress of Historical Sciences, San Francisco, CA, August 1975), pp. 1-18; G・チブラ、三宅正樹訳『世界経済と世界政治――再建と崩壊 一九二二～一九三一』（みすず書房、一九八九年）。

†6 Walter Lippmann, "The Political Equivalent of War," *Atlantic Monthly*, Aug. 1928, pp. 181-187; E. H. Carr, "The Future of the League: Idealism or Reality?" *Fortnightly* 140 (1936), pp. 385-396; idem, *The Twenty Years' Crisis, 1919-1939: An Introduction to the Study of International Relations* (1946; repr., New York: Perennial, 2001), pp. 193-223. 以下も参照。三牧聖子「『危機の二十年』（一九三九）の国際政治観――パシフィズムとの共鳴」『年報政治学』第五九巻一号（二〇〇八年）、三〇六－三二三頁；山中仁美、佐々木雄太監訳『戦争と戦争のはざまで――E・H・カーと世界大戦』（ナカニシヤ出版、二〇一七年）、一一一－一一五頁。第一次大戦末期、イギリス外務省による戦後国際秩序構想の形成に携わった外交史家ウェブスター（Charles Webster）も、まだヴェルサイユ条約が締結されて間もない一九二〇年の段階で、次のように指摘していた。時とともに

変化する世界情勢に鑑みれば、国家間で結ばれる取決めには断続的な修正が必要となるのであり、今後の課題はそうした平和的変更のための具体的手続きを確立することである、と。Charles Webster, "The Organization of the Conference," in Vol. 1 of *A History of the Peace Conference of Paris*, ed. H.W.V. Temperley (London: Henry Frowde, 1920), p. 278.

†7　国際連盟規約の原文については、以下を参照。"The Covenant of the League of Nations," http://avalon.law.yale.edu/20th_century/leagcov.asp [accessed May 12, 2018]. 以下も参照。F. P. Walters, *A History of the League of Nations* (London: Oxford UP, 1960), pp. 54-55; F. S. Northedge, *The League of Nations: Its Life and Times, 1920-1946* (Leicester: Leicester UP, 1986), pp. 61-62; 篠原初枝『国際連盟——世界平和への夢と挫折』（中公新書、二〇一〇年）。規約第一九条をめぐるイギリス政府の構想については、以下を参照。帯谷俊輔「『強制的連盟』と『協議的連盟』の狭間で——国際連盟改革論の位相」『国際政治』第一九三号（二〇一八年）、七六—九一頁。

†8　モーゲンソーは第二次大戦後に出版された主著『国際政治』の中で、武力による現状変更を阻止するための強制力を持った世界政府も、新しい現状に正統性を与える道義的コンセンサスも国家の間には存在しない以上、国際機構を主体とする平和的変更は機能不全に陥るのが関の山だと主張している。Hans J. Morgenthau, *Politics among Nations: The Struggle for Power and Peace*, 5th ed., rev. (New York: Knopf, 1978), pp. 440-447. しかしモーゲンソーが悲観的であったのは、あくまで公開外交と多数決制に基礎を置く国際機構を通じた平和的変更についてであり、既存の条約あるいは国際状況の再検討が平和の観点から必要になること自体は否定していなかった。そもそも一九二〇年代末のドイツで新進気鋭の国際法学者だったモーゲンソーは、フランクフルト大学に提出した博士論文に基づく『国際司法——その本質と限界』の中で、ヴェルサイユ条約の修正を念頭に置きつつ、国際社会における（静態的な）法と（動態的な）政治の緊張関係を解きほぐす方策として、平和的変更の問題を提起していたのである。戦間期におけるモーゲンソーの国際政治思想および知的遍歴については、以下を参照。Christoph Frei, *Hans J. Morgenthau: An Intellectual Biography* (Baton Rouge: Louisiana State UP, 2001), pp. 27-43; 宮下豊『ハンス・J・モーゲンソーの国際政治思想』（大学教育出版、二〇一二年）、二一—八三頁；長尾龍一「国際法から国際政治へ——H・J・モーゲンソーのドイツ的背景」『日本法學』第六七巻三号（二〇〇一年）、一—三二頁。第二次大戦後の国際関係論においてリアリズムの始祖に数えられるモーゲンソーとカーが、戦間期におい

て、前者はケルゼン的純粋法学への、後者はベンサム型自由主義への違和感から、国際関係に平和をもたらす解としての平和的変更に各々たどり着いていたことは興味深い問題である。この点については、以下を参照。酒井哲哉「戦後外交論の形成――『理想主義』と『現実主義』の系譜学的考察」『近代日本の国際秩序論』(岩波書店、二〇〇七年)、二九－三五頁；西平等『法と力――戦間期国際秩序思想の系譜』(名古屋大学出版会、二〇一八年)、一一九－二八一頁。

参考文献

一　一次史料

（一）　未公刊史料

〔イギリス国立公文書館（The National Archives, Kew Gardens）〕

CAB 2　内閣文書（帝国防衛委員会議事録）
CAB 4　内閣文書（帝国防衛委員会覚書）
CAB 21　内閣府文書
CAB 23　内閣文書（閣議議事録）
CAB 24　内閣文書（閣議覚書）
FO 371　外務省文書（一般）
FO 408　外務省文書（政府内配布機密文書）
FO 608　外務省文書（パリ講和会議イギリス代表団）
FO 800　外務省文書（個人）
PRO 30/69　マクドナルド関係文書
T 160　大蔵省文書（財務）
T 172　大蔵省文書（蔵相）
T 188　大蔵省文書（リース＝ロス関係文書）

WO 32　陸軍省文書（一般）
WO 106　陸軍省文書（軍事作戦情報部）
WO 155　陸軍省文書（ヴェルサイユ連合国軍事委員会）
WO 190　陸軍省文書（軍事作戦情報部）

〔イギリス政治経済学図書館（British Library of Political and Economic Science, London）〕
Hugh Dalton Papers　ドールトン関係文書
Charles Webster Papers　ウェブスター関係文書

〔イングランド銀行アーカイヴ（Bank of England Archive, London）〕
Otto Niemeyer Papers　ニーマイヤー関係文書

〔オックスフォード大学ベリオル・カレッジ・アーカイヴ（Balliol College Archives, Oxford）〕
Harold Nicolson Diaries　ニコルソン日記

〔オックスフォード大学ボドリアン図書館（Bodleian Library, Oxford）〕
Eyre Crowe Papers　クロウ関係文書
Horace Rumbold Papers　ランボルド関係文書
Walford Selby Papers　セルビー関係文書
Laming Worthington-Evans Papers　ワージントン＝エヴァンズ関係文書

〔ケンブリッジ大学チャーチル・アーカイヴ・センター（Churchill Archives Centre, Cambridge）〕
Leopold Amery Papers　エイメリー関係文書

Winston Churchill Papers　チャーチル関係文書
Maurice Hankey Papers　ハンキー関係文書
James Headlam-Morley Papers　ヘッドラム＝モーリー関係文書
Eric Phipps Papers　フィップス関係文書

〔ケンブリッジ大学図書館（Cambridge University Library, Cambridge）〕
Stanley Baldwin Papers　ボールドウィン関係文書

〔スコットランド国立図書館（National Library of Scotland, Edinburgh）〕
Crawford and Balcarres Papers　クロフォード関係文書

〔大英図書館（British Library, London）〕
Cecil of Chelwood Papers　セシル関係文書
D'Abernon Papers　ダバノン関係文書

〔バーミンガム大学図書館（University of Birmingham Library, Birmingham）〕
Austen Chamberlain Papers　チェンバレン関係文書

（二）　政府公刊史料

〔イギリス〕
Brant, Richard W. and Willoughby Maycock, eds. *British and Foreign State Papers, 1908-1909*. Vol. 102. London: His Majesty's Stationery Office, 1913.
British Documents on Foreign Affairs: Reports and Papers from the Foreign Office Confidential Print. Part II, *From the First to the Second World*

War. Series I, *The Paris Peace Conference of 1919*. Edited by Michael L. Dockrill. Vols. 1-5. Bethesda, MD: University Publications of America, 1989.

British Documents on the Origins of the War, 1898-1914. Vol. 3, *The Testing of the Entente, 1904-6*. Edited by G. P. Gooch and Harold Temperley. London: His Majesty's Stationery Office, 1928.

Documents on British Foreign Policy, 1919-1939. Series 1, *1919-1925*. Edited by E. L. Woodward and Rohan Butler. 27 vols. London: His Majesty's Stationery Office, 1947-1986.

Documents on British Foreign Policy, 1919-1939. Series 1A, *1925-1929*. Edited by W. N. Medlicott, Douglas Dakin and M. E. Lambert. 7 vols. London: His Majesty's Stationery Office, 1966-1975.

The Foreign Office List and Diplomatic and Consular Year Book. London: Harrison and Sons, 1924-1930.

Hansard, Parliamentary Debates. House of Commons. 5th Series. http://hansard.millbanksystems.com/commons/1920s [accessed July 25, 2017].

Hansard, Parliamentary Debates. House of Lords. 5th Series. http://hansard.millbanksystems.com/lords/1920s [accessed July 25, 2017].

The War Office List, 1923. London: His Majesty's Stationery Office, 1923.

The War Office List, 1927. London: His Majesty's Stationery Office, 1927.

〔フランス〕

Documents relatifs aux négociations concernant les garanties de sécurité contre une agression de l'Allemagne (10 janvier 1919 – 7 décembre 1923). Paris: Imprimerie nationale, 1924. http://gallica.bnf.fr/ark:/12148/bpt6k5613862h [accessed May 14, 2018].

Journal officiel de la République française. Débats parlementaires. Chambre des députés. http://gallica.bnf.fr/ark:/12148/cb328020951/date [accessed July 27, 2017].

Journal officiel de la République française. Débats parlementaires. Sénat. http://gallica.bnf.fr/ark:/12148/cb34363182v/date [accessed July 27, 2017].

Pacte de Sécurité, II : Documents signés ou paraphés à Locarno, le 16 octobre 1925, précédés de six pièces relatives aux négociations préliminaires

(20 juillet 1925 – 16 octobre 1925). Paris: Imprimerie des journaux officiels, 1925. http://gallica.bnf.fr/ark:/12148/bpt6k56131356 [accessed May 15, 2018].

〔ベルギー〕

Documents Diplomatiques Belges, 1920-1940. La Politique de sécurité extérieure. Tome II, *Période 1925-1931*. Brussels: Palais des Académies, 1964.

〔アメリカ〕

Papers Relating to the Foreign Relations of the United States, 1928. 3 vols. Washington: US Government Printing Office, 1942-1943.

Papers Relating to the Foreign Relations of the United States, 1929. 3 vols. Washington: US Government Printing Office, 1943-1944.

〔日本〕

『日本外交文書』昭和期Ⅰ第二部第二巻、外務省編纂（外務省、一九九二年）。

（三）　一般公刊史料

Barnes, John and David Nicholson, eds. *The Leo Amery Diaries*. Vol. 1, *1896-1929*. London: Hutchinson, 1980.

Callwell, Sir C. E., ed. *Field-Marshal Sir Henry Wilson: His Life and Diaries*. Vol. 2. London: Cassell, 1927.

Gilbert, Martin, ed. *The Churchill Documents*. Vol. 11, *The Exchequer Years, 1922-1929*. Hillsdale, MI: Hillsdale College Press, 1979.

Hancock, W. K. and Jean van der Poel, eds. *Selections from the Smuts Papers*. Vol. 3, *June 1910 – November 1918*. Cambridge: Cambridge UP, 1966.

Headlam-Morley, Agnes, Russell Bryant and Anna Cienciala, eds. *Sir James Headlam-Morley: A Memoir of the Paris Peace Conference, 1919*. London: Methuen, 1972.

Hendrick, Burton J. *The Life and Letters of Walter H. Page*. London: Heinemann, 1924.

Nicolson, Nigel, ed. *Harold Nicolson Diaries and Letters, 1907-1964*. London: Phoenix, 2004.
Petrie, Charles. *The Life and Letters of the Right Hon. Sir Austen Chamberlain*. Vol. 1. London: Cassell, 1939.
———. *The Life and Letters of the Right Hon. Sir Austen Chamberlain*. Vol. 2. London: Cassell, 1940.
Pimlott, Ben, ed. *The Political Diary of Hugh Dalton, 1918-40, 1945-60*. London: Jonathan Cape, 1986.
Rhodes James, Robert, ed. *Memoirs of a Conservative: J.C.C. Davidson's Memoirs and Papers, 1910-37*. London: Weidenfeld, 1969.
Self, Robert C., ed. *The Austen Chamberlain Diary Letters: The Correspondence of Sir Austen Chamberlain with His Sisters Hilda and Ida, 1916-1937*. Cambridge: Cambridge UP, 1995.
Sutton, Eric, ed. *Gustav Stresemann: His Diaries, Letters and Papers*. Vol. 3. New York: Macmillan, 1940.
Vincent, John, ed. *The Crawford Papers: The Journals of David Lindsay, Twenty-Seventh Earl of Crawford and Tenth Earl of Balcarres during the Years 1892 to 1940*. Manchester: Manchester UP, 1984.
Williamson, Philip, ed. *The Modernisation of Conservative Politics: The Diaries and Letters of William Bridgeman, 1904-1935*. London: Historians' Press, 1988.
Williamson, Philip and Edward Baldwin, eds. *Baldwin Papers: A Conservative Statesman, 1908-1947*. Cambridge: Cambridge UP, 2004.
Yapp, M. E., ed. *Politics and Diplomacy in Egypt: The Diaries of Sir Miles Lampson, 1935-1937*. Oxford: Oxford UP, 1997.
Young, Kenneth, ed. *The Diaries of Sir Robert Bruce Lockhart*. Vol. 1, *1915-1938*. London: Macmillan, 1973.
安達峰一郎書簡集編集委員会編『国際法にもとづく平和と正義を求めた安達峰一郎――書簡を中心にして』（安達峰一郎博士顕彰会、二〇一一年）。
P・クローデル、奈良道子訳『孤独な帝国日本の一九二〇年代――ポール・クローデル外交書簡一九二一－二七』（草思社文庫、二〇一八年）。

（四）　回顧録・当事者による論考

Allen, Henry T. *The Rhineland Occupation*. Indianapolis: Bobbs-Merrill, 1927.
Ashton-Gwatkin, Frank. "Thoughts on the Foreign Office, 1918-1939." *Contemporary Review* 188 (1955): 374-378.

Bonnet, Georges. *Vingt ans de vie politique, 1918-1938 : De Clemenceau à Daladier*. Paris: Fayard, 1969.

Butler, Rohan. "Sir Eyre Crowe." *World Review: New Series* 50 (1953): 8-13.

Cambon, Jules. "La paix (Notes inédites – 1919)." *Revue de Paris* 6, no. 21 (1937): 5-38.

Carr, E. H. "The Future of the League: Idealism or Reality?" *Fortnightly* 140 (1936): 385-396.

Chamberlain, Sir Austen. *Down the Years*. London: Cassell, 1935.

Chapman-Huston, Desmond. *The Lost Historian: A Memoir of Sir Sidney Low*. London: John Murray, 1936.

Churchill, Winston S. *Great Contemporaries*. 1937. Reprint, London: Macmillan, 1943.

Claudel, Paul. "Philippe Berthelot." In *Œuvres en prose*, edited by Jacques Petit and Charles Galpérine, 1274-1292. Paris: Gallimard, 1965.

Clemenceau, Georges. *Grandeur and Misery of Victory*. Translated by F. M. Atkinson. New York: Harcourt, 1930.

D'Abernon, Viscount. *An Ambassador of Peace: Lord D'Abernon's Diary*. Vol. 3, *The Years of Recovery, Jan. 1924 – Oct. 1926*. London: Hodder, 1930.

Dalton, Hugh. *Call Back Yesterday: Memoirs, 1887-1931*. London: Muller, 1953.

Eden, Anthony (1st Earl of Avon). *Facing the Dictators: The Eden Memoirs*. London: Cassell, 1962.

Flandin, Pierre-Étienne. *Politique française, 1919-1940*. Paris: Éditions Nouvelles, 1947.

Gladwyn, Baron. *The Memoirs of Lord Gladwyn*. London: Weidenfeld and Nicolson, 1972.

Gregory, J. D. *On the Edge of Diplomacy: Rambles and Reflections, 1902-1928*. London: Hutchinson, 1928.

Grey of Fallodon, Viscount. *Twenty-Five Years, 1892-1916*. London: Hodder & Stoughton, 1925.

Grigg, P. J. *Prejudice and Judgment*. London: Jonathan Cape, 1948.

Hankey, Lord. *Diplomacy by Conference: Studies in Public Affairs, 1920-1946*. London: Ernest Benn, 1946.

Hayter, Sir William. *A Double Life*. London: Hamilton, 1974.

Headlam-Morley, Sir James. *Studies in Diplomatic History*. London: Methuen, 1930.

Henderson, Sir Nevile. *Water under the Bridges*. London: Hodder & Stoughton, 1945.

Herriot, Édouard. *Jadis*. Vol. 2, *D'une guerre à l'autre, 1914-1936*. Paris: Flammarion, 1952.

Keynes, John Maynard. *The Economic Consequences of the Peace*. 1919. Reprint, New York: Skyhorse, 2007.

———. "The Peace of Versailles." *Everybody's Magazine* 43, no. 3 (1920), 36-41.

Kirkpatrick, Ivone. *The Inner Circle*. London: Macmillan, 1959.

Knatchbull-Hugessen, Sir Hughe. *Diplomat in Peace and War*. London: John Murray, 1949.

Laroche, Jules. *Au Quai d'Orsay avec Briand et Poincaré, 1913-1926*. Paris: Hachette, 1957.

Lawford, Valentine. *Bound for Diplomacy*. London: John Murray, 1963.

Leith-Ross, Sir Frederick. *Money Talks: Fifty Years of International Finance*. London: Hutchinson, 1968.

Lippmann, Walter. "The Peace Conference." *Yale Review* 8, no. 4 (1919): 710-721.

———. "The Political Equivalent of War." *Atlantic Monthly* (Aug. 1928): 181-187.

Lloyd George, David. *The Truth about the Peace Treaties*. London: Gollancz, 1938.

Moreau, Emile. *The Golden Franc: Memoirs of a Governor of the Bank of France: The Stabilization of the Franc (1926-1928)*. Translated by Stephen D. Stoller and Trevor C. Roberts. Boulder, CO: Westview, 1991.

Namier, Lewis B. "The Story of a German Diplomatist." In *Avenues of History*, 74-91. London: Hamilton, 1952.

Nicolson, Harold. *Peacemaking 1919: Being Reminiscences of the Paris Peace Conference*. 1933. Reprint, Safety Harbor, FL: Simon, 2001.

Nollet, Charles. *Une expérience de désarmement : Cinq ans de contrôle militaire en Allemagne*. Paris: Librairie Gallimard, 1932.

Oliphant, Sir Lancelot. *An Ambassador in Bonds*. London: Putnam, 1946.

O'Malley, Sir Owen. *The Phantom Caravan*. London: John Murray, 1954.

Onslow, Earl of. *Sixty-Three Years: Diplomacy, the Great War and Politics, with Notes on Travel, Sport and Other Things*. London: Hutchinson, 1944.

Paul-Boncour, Joseph. *Les lendemains de la victoire, 1919-1934*. Vol. 2 of *Entre deux guerres : Souvenirs sur la Troisième République*. Paris: Librairie Plon, 1945.

Recouly, Raymond. *Marshal Foch: His Own Words on Many Subjects*. Translated by Joyce Davis. London: Butterworth, 1929.

Salter, Arthur. *Personality in Politics: Studies of Contemporary Statesmen*. London: Faber, 1947.

Selby, Sir Walford. *Diplomatic Twilight, 1930-1940*. London: John Murray, 1953.

Seydoux, François. "Hier au Quai d'Orsay : Jacques Seydoux, mon père." *La revue des deux mondes*. Jan. 15, 1964.

Seydoux, Jacques. *De Versailles au plan Young : Réparations – Dettes interalliées, reconstruction européenne*. Paris: Librairie Plon, 1932.

Snowden, Philip. *An Autobiography*. Vol. 2. London: Nicholson, 1934.

Stern-Rubarth, Edgar. *Three Men Tried…: Austen Chamberlain, Stresemann, Briand and Their Fight for a New Europe*. London: Duckworth, 1939.

Strang, Lord. *Home and Abroad*. London: Andre Deutsch, 1956.

Strang, Lord and other members of the Foreign Service. *The Foreign Office*. London: Allen & Unwin, 1955.

Tardieu, André. *The Truth about the Treaty*. Indianapolis: Bobbs-Merrill, 1921.

Temperley, A. C. *The Whispering Gallery of Europe*. London: Collins, 1939.

Tilley, Sir John. *London to Tokyo*. London: Hutchinson, 1942.

Vansittart, Lord. *The Mist Procession*. London: Hutchinson, 1958.

Webster, Charles. "The Organization of the Conference." In Vol. 1 of *A History of the Peace Conference of Paris*, edited by H.W.V. Temperley, 236-278. London: Henry Frowde, 1920.

Wellesley, Sir Victor. *Diplomacy in Fetters*. London: Hutchinson, 1944.

Willert, Sir Arthur. *Washington and Other Memories*. Boston, MA: Houghton Mifflin, 1972.

安達峰一郎『欧州の近情並に世界当面の重要諸問題』（日本経済連盟会・日本工業俱楽部、一九三〇年）。

石井菊次郎『外交余録』（岩波書店、一九三〇年）。

佐藤尚武『回顧八十年』（時事通信社、一九六三年）。

杉村陽太郎『連盟十年――世界平和を築く人々』（国際連盟協会、一九三〇年）。

田中鉄三郎『今とむかし』（非売品、一九六八年）。

津島寿一『芳塘随想 第十一集　森賢吾さんのこと（上）』（芳塘刊行会、一九六三年）。

（五） その他

〔新聞〕

Daily Mail

Daily Telegraph

Manchester Guardian

New York Times

Observer

Times

〔雑誌（およびそれに準じる定期刊行物）〕

League of Nations Official Journal

Monthly Summary of the League of Nations

Survey of International Affairs. London: Oxford UP, 1925-1930.

〔パンフレット〕

Labour Party. *Labour and the Nation*. London: Transport, 1928.

League of Nations. *Arbitration and Security: Systematic Survey of the Arbitration Conventions and Treaties of Mutual Security Deposited with the League of Nations*. Geneva: League of Nations, 1927.

二　二次史料

（一） 欧米文献

Adamthwaite, Anthony. *Grandeur and Misery: France's Bid for Power in Europe, 1914-1940*. London: Arnold, 1995.

Ahamed, Liaquat. *Lords of Finance: The Bankers Who Broke the World*. New York: Penguin, 2009.【邦訳】L・アハメド、吉田利子訳『世界恐慌——経済を破綻させた4人の中央銀行総裁（上）（下）』（筑摩選書、二〇一三年）。

Albrecht-Carrié, René. *The Concert of Europe*. New York: Harper, 1968.

———. *France, Europe and the Two World Wars*. New York: Harper, 1961.

Alter, Peter. *The German Question and Europe: A History*. London: Arnold, 2000.

Andrew, Christopher. "British Intelligence and the Breach with Russia in 1927." *Historical Review* 25, no. 4 (1982): 957-964.

Aster, Sidney. "Appeasement: Before and After Revisionism." *Diplomacy and Statecraft* 19, no. 3 (2008): 443-480.

Baechler, Christian. "Une difficile négociation franco-allemande aux Conférences de La Haye : Le règlement de la question des sanctions (1929-1930)." *Revue d'Allemagne* 12, no. 2 (1980): 238-260.

———. *Gustav Stresemann (1878-1929) : De l'impérialisme à la sécurité collective*. Strasbourg: Presses universitaires de Strasbourg, 1996.

Bariéty, Jacques. "Aristide Briand et la sécurité de la France en Europe, 1919-1932." In *Deutschland und Frankreich Vom Konflikt zur Aussöhnung: Die Gestaltung der westeuropäischen Sicherheit, 1914-1963*, edited by Stephen A. Schuker, 117-134. Munich: Oldenbourg, 2000.

———. "Finances et relations internationales : À propos du 'plan de Thoiry' (septembre 1926)." *Relations internationales* 21 (1980): 51-70.

———. "Germany's Entry into the League of Nations." In *The League of Nations, 1920-1946: A Retrospective of the First International Organization for the Establishment of World Peace*, 61-65. New York: United Nations, 1996.

———. *Les relations franco-allemandes après la première guerre mondiale, 10 Novembre 1918 – 10 Janvier 1925 : De l'exécution à la négociation*. Paris: Pedone, 1977.

Barnett, Correlli. *Britain and Her Army, 1509-1970: A Military, Political and Social Survey*. New York: William Morrow, 1970.

———. *The Collapse of British Power*. 1972. Reprint, London: Faber & Faber, 2011.

Barros, Andrew. "Briand, l'Allemagne et le « pari » de Locarno." In *Aristide Briand, la Société des Nations et l'Europe, 1919-1932*, edited by

Jacques Bariéty, 160-172. Strasbourg: Presses universitaires de Strasbourg, 2007.

———. "Disarmament as a Weapon: Anglo-French Relations and the Problems of Enforcing German Disarmament, 1919-28." *Journal of Strategic Studies* 29, no. 2 (2006): 301-321.

Barros, Andrew, Talbot C. Imlay, Evan Resnick, Norrin M. Ripsman and Jack S. Levy. "Correspondence: Debating British Decisionmaking toward Nazi Germany in the 1930s." *International Security* 34, no. 1 (2009): 173-198.

Bartlett, C. J. *Castlereagh*. London: Macmillan, 1966.

———. "Castlereagh, 1812-22." In *The Makers of British Foreign Policy from Pitt to Thatcher*, edited by T. G. Otte, 52-74. Basingstoke: Palgrave, 2002.

———. *Defence and Diplomacy: Britain and the Great Powers, 1815-1914*. Manchester: Manchester UP, 1993.

———. *Peace, War and the European Powers, 1814-1914*. Basingstoke: Macmillan, 1996.

Bellon, Christophe. *Aristide Briand : Parler pour agir*. Paris: CNRS, 2016.

Bennett, G. H. "Lloyd George, Curzon and the Control of British Foreign Policy, 1919-22." *Australian Journal of Politics and History* 45, no. 4 (1999): 467-482.

Bentley, Michael. "The Liberal Party, 1900-1939: Summit and Descent." In *A Companion to Early Twentieth-Century Britain*, edited by Chris Wrigley, 23-37. Malden, MA: Blackwell, 2003.

Berstein, Serge. *Édouard Herriot ou la République en personne*. Paris: Presses de la Fondation nationale des sciences politiques, 1985.

Bessel, Richard. *Germany after the First World War*. Oxford: Clarendon, 1993.

———. "Mobilizing German Society for War." In *Great War, Total War: Combat and Mobilization on the Western Front, 1914-1918*, edited by Roger Chickering and Stig Förster, 437-451. Cambridge: Cambridge UP, 2000.

Best, Antony. *British Intelligence and the Japanese Challenge in Asia, 1914-1941*. Basingstoke: Palgrave, 2002.

———. "'We Are Virtually at War with Russia': Britain and the Cold War in East Asia, 1923-40." *Cold War History* 12, no. 2 (2012): 205-225.

Bew, John. *Castlereagh: The Biography of a Statesman*. London: Quercus, 2011.

Boemeke, Manfred F., Gerald D. Feldman and Elisabeth Glaser, eds. *The Treaty of Versailles: A Reassessment after 75 Years*. Cambridge: Cambridge UP, 1998.

Bond, Brian. "The Army between the Two World Wars, 1918-1939." In *The Oxford History of the British Army*, edited by David G. Chandler, 256-271. Oxford: Oxford UP, 1994.

———. *British Military Policy between the Two World Wars*. Oxford: Clarendon, 1980.

Bonnefous, Édouard. *Cartel des gauches et Union nationale (1924-1929)*. Vol. 4 of *Histoire politique de la Troisième République*. Paris: Presses universitaires de France, 1960.

Bowie, Robert R. "Basic Requirements of Arms Control." In *Theories of Peace and Security: A Reader in Contemporary Strategic Thought*, edited by John Garnett, 163-177. London: Macmillan, 1970.

Boyce, Robert. "Aristide Briand: Defending the Republic through Economic Appeasement." *Histoire@Politique* 16 (2012): 71-93.

———. *British Capitalism at the Crossroads, 1919-1932: A Study in Politics, Economic and International Relations*. Cambridge: Cambridge UP, 1987.

———. *The Great Interwar Crisis and the Collapse of Globalization*. Basingstoke: Palgrave, 2009.

Bretton, Henry L. *Stresemann and the Revision of Versailles: A Fight for Reason*. Stanford: Stanford UP, 1953.

Bridge, F. R. and Roger Bullen. *The Great Powers and the European States System, 1814-1914*. 2nd ed. Harlow: Pearson, 2005.

Bridgen, Paul. *The Labour Party and the Politics of War and Peace, 1900-1924*. Woodbridge, Suffolk: Boydell, 2009.

Bull, Hedley. *The Control of the Arms Race: Disarmament and Arms Control in the Missile Age*. 2nd ed. New York: Praeger, 1965.

Burk, Kathleen. "The Lineaments of Foreign Policy: The United States and a 'New World Order,' 1919-39." *Journal of American Studies* 26, no. 3 (1992): 377-391.

Burks, David D. "The United States and the Geneva Protocol of 1924: 'A New Holy Alliance'?" *American Historical Review* 64, no. 4 (1959): 891-905.

Butterfield, Herbert. "The Balance of Power." In *Diplomatic Investigations: Essays in the Theory of International Politics*, edited by Herbert Butterfield and Martin Wight, 132-148. London: Allen & Unwin, 1966.【邦訳】H・バターフィールド／M・ワイト，佐藤誠ほ

か訳『国際関係理論の探究——英国学派のパラダイム』（日本経済評論社、二〇一〇年）。
Buzinkai, Donald. "Soviet-League Relations, 1920-1923: Political Disputes." *East European Quarterly* 13, no. 1 (1979): 25-45.
Callaghan, John. *The Labour Party and Foreign Policy: A History*. London: Routledge, 2007.
Campbell, John. *F. E. Smith: First Earl of Birkenhead*. London: Jonathan Cape, 1983.
———. *Lloyd George: The Goat in the Wilderness, 1922-1931*. London: Jonathan Cape, 1977.
Caputi, Robert J. *Neville Chamberlain and Appeasement*. London: Associated UP, 2000.
Carlton, David. *MacDonald versus Henderson: The Foreign Policy of the Second Labour Government*. London: Macmillan, 1970.
Carr, E. H. *International Relations between the Two World Wars (1919-1939)*. London: Macmillan, 1948.【邦訳】E・H・カー、衛藤瀋吉・斉藤孝訳『両大戦間における国際関係史』（清水弘文堂、一九六八年）。
———. *The Russian Revolution from Lenin to Stalin, 1917-1929*. London: Macmillan, 1979.【邦訳】E・H・カー、塩川伸明訳『ロシア革命——レーニンからスターリンへ、一九一七－一九二九年』（岩波現代文庫、二〇〇〇年）。
———. *The Twenty Years' Crisis, 1919-1939: An Introduction to the Study of International Relations*. 1946. Reprint, New York: Perennial, 2001.【邦訳】E・H・カー、原彬久訳『危機の二十年——理想と現実』（岩波文庫、二〇一一年）。
Carsten, F. L. *Britain and the Weimar Republic: The British Documents*. London: Batsford, 1984.
———. *The Reichswehr and Politics, 1918-1933*. Oxford: Clarendon, 1966.
Cawood, Ian and Chris Upton, eds. *Joseph Chamberlain: International Statesman, National Leader, Local Icon*. Basingstoke: Palgrave, 2016.
Ceadel, Martin. *Pacifism in Britain, 1914-1945: The Defining of a Faith*. Oxford: Clarendon, 1980.
———. *Semi-Detached Idealists: The British Peace Movement and International Relations, 1854-1945*. Oxford: Oxford UP, 2000.
Challener, Richard D. "The French Foreign Office: The Era of Philippe Berthelot." In *The Diplomats, 1919-1939*, edited by Gordon A. Craig and Felix Gilbert, 49-85. Princeton: Princeton UP, 1953.
Chamberlain, Muriel E. *'Pax Britannica'? British Foreign Policy, 1789-1914*. London: Longman, 1988.
Chastenet, Jacques. *Les années d'illusions, 1918-1931*. Vol. 5 of *Histoire de la Troisième République*. Paris: Hachette, 1960.
Chester, D. N. and F. M. G. Willson, eds. *The Organization of British Central Government, 1914-1964*. 2nd ed. London: Allen & Unwin,

1968.
Clark, Christopher. *Kaiser Wilhelm II*. London: Routledge, 2000.
———. *The Sleepwalkers: How Europe Went to War in 1914*. London: Penguin, 2012.【邦訳】C・クラーク、小原淳訳『夢遊病者たち——第1次世界大戦はいかにして始まったか（1・2）』（みすず書房、二〇一七年）。
Clarke, Stephen V. O. *Central Bank Cooperation, 1924-31*. New York: Federal Reserve Bank of New York, 1967.
Clayton, Anthony. *The British Empire as a Superpower, 1919-39*. Athens, GA: University of Georgia Press, 1986.
Cohen, Warren I. *Empire without Tears: America's Foreign Relations, 1921-1933*. New York: McGraw-Hill, 1987.
Cohrs, Patrick O. *The Unfinished Peace After World War I: America, Britain and the Stabilisation of Europe, 1919-1932*. Cambridge: Cambridge UP, 2006.
Connell, John. *The 'Office': The Story of the British Foreign Office, 1919-1951*. New York: St Martin's, 1958.
Cook, Chris and John Stevenson. *A History of British Elections since 1689*. London: Routledge, 2014.
Cooke, Alistair. *Six Men*. London: Penguin, 1977.
Cooper, John Milton and Margaret MacMillan. "Ending the Great War: The Peace That Failed?" In *The Legacy of the Great War: Ninety Years on*, edited by Jay Winter, 123-158. Columbia, MO: University of Missouri Press, 2009.
Corp, Edward T. "Sir William Tyrrell: The *Éminence Grise* of the British Foreign Office, 1912-1915." *Historical Journal* 25, no. 3 (1982): 697-708.
Cosgrove, Richard A. "The Career of Sir Eyre Crowe: A Reassessment." *Albion: A Quarterly Journal Concerned with British Studies* 4, no. 4 (1972): 193-205.
Costigliola, Frank C. "Anglo-American Financial Rivalry in the 1920s." *Journal of Economic History* 37, no. 4 (1977): 911-934.
Craig, F.W.S., ed. *British General Election Manifestos, 1900-1974*. London: Macmillan, 1975.
Craig, Gordon A. "The British Foreign Office from Grey to Austen Chamberlain." In *The Diplomats, 1919-1939*, edited by Gordon A. Craig and Felix Gilbert, 15-48. Princeton: Princeton UP, 1953.
———. *From Bismarck to Adenauer: Aspects of German Statecraft*. Rev. ed. New York: Harper, 1965.

———. *The Politics of the Prussian Army, 1640-1945*. Oxford: Clarendon, 1955.

Cromwell, Valerie and Zara S. Steiner. "The Foreign Office before 1914: A Study in Resistance." In *Studies in the Growth of Nineteenth-Century Government*, edited by Gillian Sutherland, 167-194. London: Routledge, 1972.

———. "Reform and Retrenchment: The Foreign Office between the Wars." In *The Foreign Office, 1782-1982*, edited by Roger Bullen, 85-108. Frederick, MD: University Publications of America, 1984.

Crowe, Sibyl Eyre. "Sir Eyre Crowe and the Locarno Pact." *English Historical Review* 87, no. 342 (1972): 49-74.

Crozier, Andrew. "Appeasement." In *A Companion to International History, 1900-2001*, edited by Gordon Martel, 243-256. Malden, MA: Blackwell, 2010.

Daunton, Martin. "Churchill at the Treasury: Remaking Conservative Taxation Policy, 1924-29." *Revue belge de philologie et d'histoire* 75, no. 4 (1997): 1063-1083.

Davion, Isabelle. "La rivalité polono-tchèque et ses conséquences pour le système d'alliances français, 1919-1924." In *1918-1925 : Comment faire la paix ?* edited by Claude Carlier and Georges-Henri Soutou, 191-200. Paris: Economica, 2001.

Dehio, Ludwig. *The Precarious Balance: Four Centuries of the European Power Struggle*. Translated by Charles Fullman. New York: Knopf, 1962.

———. "Versailles after Thirty-Five Years." In *Germany and World Politics in the Twentieth Century*, translated by Dieter Pevsner, 109-123. New York: Knopf, 1959.

Derry, John W. *Castlereagh*. London: Allen Lane, 1976.

Diehl, James M. *Paramilitary Politics in Weimar Germany*. Bloomington: Indiana UP, 1977.

Dilks, David. "The British Foreign Office between the Wars." In *Shadow and Substance in British Foreign Policy, 1895-1939: Memorial Essays Honouring C. J. Lowe*, edited by B.J.C. McKercher and D. J. Moss, 181-202. Edmonton: University of Alberta Press, 1984.

Dockrill, Michael L. "Britain, the United States, and France and the German Settlement, 1918-1920." In *Shadow and Substance in British Foreign Policy, 1895-1939: Memorial Essays Honouring C. J. Lowe*, edited by B. J. C. McKercher and D. J. Moss, 203-220. Edmonton, Alberta: University of Alberta Press, 1984.

Dockrill, Michael L. and J. Douglas Goold. *Peace without Promise: Britain and the Peace Conferences, 1919-23*. London: Batsford, 1981.
Doise, Jean and Maurice Vaïsse. *Politique étrangère de la France : Diplomatie et outil militaire, 1871-1991*. Paris: Imprimerie, 1987.
Donelan, Michael. *Honor in Foreign Policy: A History and Discussion*. Basingstoke: Palgrave, 2007.
Doughty, Robert A. *The Seeds of Disaster: The Development of French Army Doctrine, 1919-1939*. Mechanicsburg, PA: Stackpole, 1985.
Dunn, J. S. *The Crowe Memorandum: Sir Eyre Crowe and Foreign Office Perceptions of Germany, 1918-1925*. Newcastle, UK: Cambridge Scholars Publishing, 2013.
Duroselle, Jean-Baptiste. *La politique extérieure de la France de 1914 à 1945*. Paris: Centre de documentation universitaire, 1968.
———. "The Spirit of Locarno: Illusions of Pactomania." *Foreign Affairs* 50, no. 4 (1972): 752-764.
Dutton, David. *Austen Chamberlain: Gentleman in Politics*. New Brunswick: Transaction, 1985.
Edwards, Peter G. "The Austen Chamberlain – Mussolini Meetings." *Historical Journal* 14, no. 1 (1971): 153-164.
———. "Britain, Mussolini and the 'Locarno-Geneva System'." *European Studies Review* 10, no. 1 (1980): 1-16.
Efremoff, Jean. "La conciliation international." In *Recueil de cours – Académie de droit international, la Haye*, 1927, III, 5-145. Paris: Hachette, 1928.
Ellis, John and Michael Cox. *The World War I Databook: The Essential Facts and Figures for All the Combatants*. London: Aurum, 2001.
Enssle, Manfred J. "Stresemann's Diplomacy Fifty Years after Locarno: Some Recent Perspectives." *Historical Journal* 20, no. 4 (1977): 937-948.
Evans, Richard J. *The Coming of the Third Reich*. London: Penguin, 2003.【邦訳】R・J・エヴァンズ、大木毅監修、山本孝二訳『第三帝国の歴史全六巻　第三帝国の到来（上・下）』（白水社、二〇一八年）。
Eyck, Erich. *A History of the Weimar Republic*. Vol. 1. Translated by Harlan P. Hanson and Robert G. L. Waite. New York: Atheneum, 1970.【邦訳】E・アイク、救仁郷繁訳『ワイマル共和国史（I・II）』（ぺりかん社、一九八三―八四年）。
Feldman, Gerald D. *The Great Disorder: Politics, Economics and Society in the German Inflation, 1914-1924*. New York: Oxford UP, 1993.
Ferguson, Niall. "How (Not) to Pay for the War: Traditional Finance and 'Total' War." In *Great War, Total War: Combat and Mobilization on the Western Front, 1914-1918*, edited by Roger Chickering and Stig Förster, 409-434. Cambridge: Cambridge UP, 2000.

———. *The Pity of War*. London: Penguin, 1998.

Ferris, John R. "'The Greatest Power on Earth': Great Britain in the 1920s." *International History Review* 13, no. 4 (1991): 726-750.

———. *Men, Money and Diplomacy: The Evolution of British Strategic Policy, 1919-26*. Ithaca, NY: Cornell UP, 1989.

———. "Treasury Control, the Ten Year Rule and British Service Policies, 1919-1924." *Historical Journal* 30, no. 4 (1987): 859-883.

Fink, Carole. "Defender of Minorities: Germany in the League of Nations, 1926-1933." *Central European History* 5, no. 4 (1972): 330-357.

———. "The Peace Settlement, 1919-39." In *A Companion to World War I*, edited by John Horne, 543-557. Malden, MA: Blackwell, 2010.

———. "Stresemann's Minority Policies, 1924-29." *Journal of Contemporary History* 14, no. 3 (1979): 403-422.

Finney, Patrick. "The Romance of Decline: The Historiography of Appeasement and British National Identity." *Electronic Journal of International History* 1 (2000). http://sas-space.sas.ac.uk/3385 [accessed Feb. 25, 2016].

Firmage, Edwin Brown. "Fact-Finding in the Resolution of International Disputes – From the Hague Peace Conference to the United Nations." *Utah Law Review* (1971): 421-473.

Fischer, Conan. *The Ruhr Crisis, 1923-1924*. Oxford: Oxford UP, 2003.

Flory, Harriette. "The Arcos Raid and the Rupture of Anglo-Soviet Relations, 1927." *Journal of Contemporary History* 12, no. 4 (1977): 707-723.

Fohlen, Claude. *La France de l'entre-deux-guerres, 1917-1939*. Paris: Casterman, 1966.

Fox, John P. "Britain and the Inter-Allied Military Commission of Control, 1925-26." *Journal of Contemporary History* 4, no. 2 (1969): 143-164.

Frank, Robert. "La France et l'Allemagne de l'épreuve de la Ruhr à l'esprit de Locarno." In *La course au moderne : France et Allemagne dans l'Europe des années vingt, 1919-1933*, edited by Robert Frank, Laurent Gervereau and Hans Joachim Neyer, 12-20. Paris: Bibliothèque de documentation internationale contemporaine, 1992.

Frei, Christoph. *Hans J. Morgenthau: An Intellectual Biography*. Baton Rouge: Louisiana State UP, 2001.

French, David. *Raising Churchill's Army: The British Army and the War against Germany, 1919-1945*. Oxford: Oxford UP, 2000.

———. "Spy Fever in Britain, 1900-1915." *Historical Journal* 21, no. 2 (1978): 355-370.

Fry, Michael G. *Illusions of Security: North Atlantic Diplomacy, 1918-22*. Toronto: University of Toronto Press, 1972.

Garton Ash, Timothy. "The New German Question." *New York Review of Books*, Aug. 15, 2013.

Gasiorowski, Zygmunt J. "Stresemann and Poland after Locarno." *Journal of Central European Affairs* 18, no. 3 (1958): 292-317.

Gatzke, Hans W. *Stresemann and the Rearmament of Germany*. New York: Norton, 1954.

George, Alexander L. "Coercive Diplomacy." In *The Use of Force: Military Power and International Politics*, 6th ed., edited by Robert J. Art and Kenneth N. Waltz, 70-93. Lanham, MD: Rowman & Littlefield, 2004.

Gerwarth, Robert, ed. *Twisted Paths: Europe, 1914-1945*. Oxford: Oxford UP, 2007.

Gibbs, N. H. *Rearmament Policy*. Vol. 1 of *Grand Strategy*. London: His Majesty's Stationery Office, 1976.

Gilbert, Martin. *Churchill: A Life*. London: Minerva, 1991.

———. *Sir Horace Rumbold: Portrait of a Diplomat, 1869-1941*. London: Heinemann, 1973.

———. *The Roots of Appeasement*. New York: Plume, 1966.

Girault, René and Robert Frank. *Turbulente Europe et nouveaux mondes, 1914-1941*. Paris: Payot, 1988.

Goldstein, Erik. "Britain and the Origins of the Cold War." In *Cold War Britain, 1945-1964: New Perspectives*, edited by Michael F. Hopkins, Michael Kandiah and Gillian Staerck, 7-14. New York: Palgrave, 2003.

———. "The British Official Mind and Europe." *Diplomacy and Statecraft* 8, no. 3 (1997): 165-178.

———. "The British Official Mind and the Lausanne Conference, 1922-23." In *Power and Stability: British Foreign Policy, 1865-1965*, edited by Erik Goldstein and B.J.C. McKercher, 185-206. London: Frank Cass, 2003.

———. "Disarmament, Arms Control, and Arms Reduction." In *War in the Twentieth Century: Reflections at Century's End*, edited by Michael A. Hennessy and B.J.C. McKercher, 45-64. Westport, CT: Praeger, 2003.

———. "The Evolution of British Diplomatic Strategy for the Locarno Pact, 1924-1925." In *Diplomacy and World Power: Studies in British Foreign Policy, 1890-1950*, edited by Michael Dockrill and Brian McKercher, 115-135. Cambridge: Cambridge UP, 1996.

———. *The First World War Peace Settlements, 1919-1925*. London: Pearson, 2002.

———. "The Versailles System." In *A Companion to International History, 1900-2001*, edited by Gordon Martel, 154-165. Malden, MA: Blackwell, 2010.

———. *Winning the Peace: British Diplomatic Strategy, Peace Planning and the Paris Peace Conference, 1916-1920*. Oxford: Clarendon, 1991.

Gomes, Leonard. *German Reparations, 1919-1932: A Historical Survey*. Basingstoke: Palgrave, 2010.

Gooch, John. *The Plans of War: The General Staff and British Military Strategy, c. 1900-1916*. London: Routledge, 1974.

Gorman, Daniel. "The Dominions and Britain in the 1920s." In *The Emergence of International Society in the 1920s*, 21-51. Cambridge: Cambridge UP, 2012.

Gorodetsky, Gabriel. *The Precarious Truce: Anglo-Soviet Relations, 1924-27*. Cambridge: Cambridge UP, 1977.

Grathwol, Robert P. "Gustav Stresemann: Reflections on His Foreign Policy." *Journal of Modern History* 45, no. 1 (1973): 52-70.

———. *Stresemann and the DNVP: Reconciliation or Revenge in German Foreign Policy, 1924-1928*. Lawrence, KS: Regents, 1980.

Grayson, Richard S. "Austen Chamberlain." In *The Makers of British Foreign Policy: From Pitt to Thatcher*, edited by T. G. Otte, 150-172. Basingstoke: Palgrave, 2002.

———. *Austen Chamberlain and the Commitment to Europe: British Foreign Policy, 1924-29*. London: Frank Cass, 1997.

Grün, George A. "Locarno: Idea and Reality." *International Affairs* 31, no. 4 (1955): 477-485.

Gruner, Wolf D. "The British Political, Social and Economic System and the Decision for Peace and War: Reflections on Anglo-German Relations, 1800-1939." *British Journal of International Studies* 6, no. 3 (1980): 189-218.

Guieu, Jean-Michel. "Les Allemands et la Société des nations (1914-1926)." *Les cahiers Irice*, no. 8 (2011): 61-90.

———. "L' « insécurité collective » : L'Europe et la Société des Nations dans l'entre-deux-guerres." *Bulletin de l'Institut Pierre Renouvin* 30 (2009): 21-43.

Guillen, Pierre. *La question allemande : 1945 à nos jours*. Paris: Imprimerie, 1996.

Habicht, Max. *Post-War Treaties for the Pacific Settlement of International Disputes*. Cambridge, MA: Harvard UP, 1931.

Hamilton, Mary Agnes. *Arthur Henderson: A Biography*. London: Heinemann, 1938.

Haslam, Jonathan. *No Virtue Like Necessity: Realist Thought in International Relations since Machiavelli*. New Haven: Yale UP, 2002.

———. *The Vices of Integrity: E. H. Carr, 1892-1982*. London: Verso, 1999.【邦訳】J・ハスラム、角田史幸・川口良・中島理暁訳『誠実という悪徳――E・H・カー 一八九二―一九八二』(現代思潮新社、二〇〇七年)。

Henig, Ruth. *The League of Nations*. London: Haus, 2010.

———. *Versailles and After, 1919-1933*. 2nd ed. London: Routledge, 1995.

Herman, Joost. "The League of Nations and Its Minority Protection Programme in Eastern Europe: Revolutionary, Unequalled and Underestimated." In *The League of Nations, 1920-1946: A Retrospective of the First International Organization for the Establishment of World Peace*, 49-54. New York: United Nations, 1996.

Hertzman, Lewis. "Gustav Stresemann: The Problem of Political Leadership in the Weimar Republic." *International Review of Social History* 5, no. 3 (1960): 361-377.

Heyck, Thomas William. *The Peoples of the British Isles: A New History from 1870 to the Present*. 3rd ed. Chicago: Lyceum, 2008.

Hinsley, F. H., ed. *British Foreign Policy under Sir Edward Grey*. Cambridge: Cambridge UP, 1977.

———. *Power and the Pursuit of Peace: Theory and Practice in the History of Relations between States*. Cambridge: Cambridge UP, 1963.【邦訳】H・ヒンズリー、佐藤恭三訳『権力と平和の模索――国際関係史の理論と現実』(勁草書房、二〇一五年)。

Hirsch, Felix E. "Gustav Stresemann: A Biographical Portrait." In *Gustav Stresemann 1878/1978*, 10-84. Bonn: Inter Nationes, 1978.

———. "Stresemann in Historical Perspective." *Review of Politics* 15, no. 3 (1953): 360-377.

Hobsbawm, Eric. *The Age of Extremes: The Short Twentieth Century, 1914-1991*. London: Abacus, 1994.【邦訳】E・ホブズボーム、大井由紀訳『二〇世紀の歴史――両極端の時代(上・下)』(ちくま学芸文庫、二〇一八年)。

Hogan, Michael J. *Informal Entente: The Private Structure of Cooperation in Anglo-American Economic Diplomacy, 1918-1928*. Chicago: Imprint, 1991.

Holborn, Hajo. *Germany and Europe: Historical Essays*. Garden City, NY: Doubleday, 1970.

———. *A History of Modern Germany, 1840-1945*. London: Eyre & Spottiswoode, 1969.

———. *The Political Collapse of Europe*. New York: Knopf, 1966.

Horne, John, ed. *A Companion to World War I*. Malden, MA: Blackwell, 2010.

Howard, Christopher. "MacDonald, Henderson and the Outbreak of War, 1914." *Historical Journal* 20, no. 4 (1977): 871-891.

Howard, John Eldred. *Parliament and Foreign Policy in France*. London: Cresset, 1948.

Howard, Michael. *The Continental Commitment: The Dilemma of British Defence Policy in the Era of the Two World Wars*. Harmondsworth, Middlesex: Penguin, 1972.

———. *The First World War: A Very Short Introduction*. Oxford: Oxford UP, 2002.【邦訳】M・ハワード、馬場優訳『第一次世界大戦』（法政大学出版局、二〇一四年）。

———. "The Legacy of the First World War." In *Paths to War: New Essays on the Origins of the Second World War*, edited by Robert Boyce and Esmonde M. Robertson, 33-54. Basingstoke: Macmillan, 1989.

———. "Reassurance and Deterrence: Western Defense in the 1980s." *Foreign Affairs* 61, no. 2 (1982): 309-324.

———. "A Thirty Years' War? The Two World Wars in Historical Perspective." *Transactions of the Royal Historical Society*, 6th ser., 3 (1993): 171-184.

Hughes, Michael. *British Foreign Secretaries in an Uncertain World, 1919-1939*. London: Routledge, 2006.

———. "The Virtues of Specialization: British and American Diplomatic Reporting on Russia, 1921-39." *Diplomacy and Statecraft* 11, no. 2 (2000): 79-104.

Huizinga, Johan. "The Task of Cultural History." In *Men and Ideas: History, the Middle Ages, the Renaissance*, translated by James S. Holmes and Hans van Marle, 17-76. New York: Meridian, 1959.【邦訳】J・ホイジンガ、里見元一郎訳『文化史の課題』（東海大学出版会、一九七八年）。

Imlay, Talbot. "Strategic and Military Planning, 1919-39." In *The Fog of Peace and War Planning: Military and Strategic Planning under Uncertainty*, edited by Talbot Imlay and Monica Duffy Toft, 139-158. London: Routledge, 2006.

———. "Total War (review article of the 5 vols. on the history of total war from the US Civil War to WWII published by Cambridge UP)." *Journal of Strategic Studies* 30, no. 3 (2007): 547-570.

Imperial War Museum. *The Occupation of the Rhineland, 1918-1929*. London: Her Majesty's Stationery Office, 1987.

Iriye, Akira. *The Globalizing of America, 1913-1945*. Vol. 3 of *The New Cambridge History of American Foreign Relations*. Cambridge: Cambridge UP, 2013.

Jackson, Peter. *Beyond the Balance of Power: France and the Politics of National Security in the Era of the First World War*. Cambridge: Cambridge UP, 2013.

———. "French Security and a British 'Continental Commitment' after the First World War: A Reassessment." *English Historical Review* 126, no. 519 (2011): 345-385.

Jacobson, Jon. "Is There a New International History of the 1920s?" *American Historical Review* 88, no. 3 (1983): 617-645.

———. "Locarno, Britain and the Security of Europe." In *Locarno Revisited: European Diplomacy, 1920-1929*, edited by Gaynor Johnson, 11-32. London: Routledge, 2004.

———. *Locarno Diplomacy: Germany and the West, 1925-1929*. Princeton: Princeton UP, 1972.

———. "Strategies of French Foreign Policy after World War I." *Journal of Modern History* 55, no. 1 (1983): 78-95.

———. *When the Soviet Union Entered World Politics*. Berkeley: University of California Press, 1994.

Jacobson, Jon and John T. Walker. "The Impulse for a Franco-German Entente: The Origins of the Thoiry Conference, 1926." *Journal of Contemporary History* 10, no. 1 (1975): 157-181.

Jaffe, Lorna S. *The Decision to Disarm Germany: British Policy towards Postwar German Disarmament, 1914-1919*. Boston: Allen & Unwin, 1985.

James, Harold. *The German Slump: Politics and Economics, 1924-1936*. Oxford: Clarendon, 1986.

Jay, Richard. *Joseph Chamberlain: A Political Study*. Oxford: Clarendon, 1981.

Jeanneson, Stanislas. "French Policy in the Rhineland." *Diplomacy and Statecraft* 16, no. 3 (2005): 475-486.

Johnson, Douglas. "Austen Chamberlain and the Locarno Agreements." *University of Birmingham Historical Journal* 8, no. 1 (1961): 62-81.

Johnson, Gaynor. "Austen Chamberlain and Britain's Relations with France, 1924-1929." *Diplomacy and Statecraft* 17, no. 4 (2006): 753-769.

———. *The Berlin Embassy of Lord D'Abernon, 1920-1926*. Basingstoke: Palgrave, 2002.

———. "British Policy towards Europe, 1919-1939." *Historical Journal* 46, no. 2 (2003): 479-492.

———. "'Diplomatic Light and Shade': Sir Eric Phipps and Anglo-French Relations, 1922-1928." In *On the Fringes of Diplomacy: Influences on British Foreign Policy, 1800-1945*, edited by John Fisher and Antony Best, 225-241. Farnham: Ashgate, 2011.

———. "Lord D'Abernon, Austen Chamberlain and the Origin of the Treaty of Locarno." *Electronic Journal of International History* 2 (2000). http://sas-space.sas.ac.uk/3386/ [accessed May 3, 2017].

———. *Lord Robert Cecil: Politician and Internationalist*. Farnham: Ashgate, 2013.

———. "Sir Austen Chamberlain, the Marquess of Crewe and Anglo-French Relations, 1924-1928." *Contemporary British History* 25, no. 1 (2011): 49-64.

———. "Sir Ronald Lindsay and Britain's Relations with Germany, 1926-1928." *Diplomacy and Statecraft* 25, no. 1 (2014): 77-93.

———. "Sir Ronald Lindsay, the British Government and the Reparation (Recovery) Act, 1927-8." In *The Foreign Office, Commerce and British Foreign Policy in the Twentieth Century*, edited by John Fisher, Effie G. H. Pedaliu and Richard Smith, 141-163. London: Palgrave, 2016.

Joll, James, ed. *Britain and Europe: Pitt to Churchill, 1793-1940*. London: Adam & Charles Black, 1961.

Jones, Larry Eugene. *German Liberalism and the Dissolution of the Weimar Party System, 1918-1933*. Chapel Hill: University of North Carolina Press, 1988.

Jordan, Nicole. "The Reorientation of French Diplomacy in the Mid-1920s: The Role of Jacques Seydoux." *English Historical Review* 117, no. 473 (2002): 867-888.

Jordan, W. M. *Great Britain, France and the German Problem, 1918-1939*. London: Frank Cass, 1943.

Keeton, Edward David. *Briand's Locarno Policy: French Economics, Politics and Diplomacy, 1925-1929*. New York: Garland, 1987.

———. "Economics and Politics in Briand's German Policy, 1925-1931." In *German Nationalism and the European Response, 1890-1945*, edited by Carole Fink, Isabel V. Hull and MacGregor Knox, 157-180. Norman, OK: University of Oklahoma Press, 1985.

Keiger, J.F.V. *France and the World since 1870*. London: Hodder, 2001.

———. *Raymond Poincaré*. Cambridge: Cambridge UP, 1997.

———. "Wielding Finance as a Weapon of Diplomacy: France and Britain in the 1920s." *Contemporary British History* 25, no. 1 (2011): 29-47.

Kennan, George F. *Soviet Foreign Policy, 1917-1941*. Malabar, FL: Krieger, 1960.

Kennedy, Paul. "Idealists and Realists: British Views of Germany, 1864-1939." *Transactions of the Royal Historical Society* 25 (1975): 137-156.

———. *The Rise and Fall of the Great Powers: Economic Change and Military Conflict from 1500 to 2000*. New York: Vintage, 1987.【邦訳】P・ケネディ、鈴木主税訳『大国の興亡——一五〇〇年から二〇〇〇年までの経済の変遷と軍事闘争（上・下）』(草思社、一九九三年)。

———. *The Rise of the Anglo-German Antagonism, 1860-1914*. Amherst, NY: Humanity, 1980.

———. "The Tradition of Appeasement in British Foreign Policy, 1865-1939." In *Strategy and Diplomacy, 1870-1945*, 15-39. London: Unwin, 1983.

Kennedy-Pipe, Caroline. *Russia and the World, 1917-1991*. London: Arnold, 1998.

Kent, Bruce. *The Spoils of War: The Politics, Economics and Diplomacy of Reparations, 1918-1932*. Oxford: Clarendon, 1989.

Kent, Marian. "Constantinople and Asiatic Turkey, 1905-1914." In *British Foreign Policy under Sir Edward Grey*, edited by F. H. Hinsley, 148-164. Cambridge: Cambridge UP, 1977.

Kershaw, Ian. *To Hell and Back: Europe, 1914-1949*. London: Penguin, 2015.【邦訳】I・カーショー、三浦元博・竹田保孝訳『地獄の淵から——ヨーロッパ史一九一四－一九四九』(白水社、二〇一七年)。

Keylor, William R. "France's Futile Quest for American Military Protection, 1919-22." In *A Missed Opportunity? 1922: The Reconstruction of Europe*, edited by Marta Petricioli and Massimiliano Guderzo, 61-80. Bern: Peter Lang, 1995.

———. "A Re-evaluation of the Versailles Peace." *Relevance: The Quarterly Journal of the Great War Society* 5, no. 3 (1996): 1-8.

Kimmich, Christoph M. *Germany and the League of Nations*. Chicago: University of Chicago Press, 1976.

———. "Germany and the League of Nations." In *The League of Nations in Retrospect: Proceedings of the Symposium*, 118-127. Berlin: Walter de Gruyter, 1983.

King, Jere Clemens. *Foch versus Clemenceau: France and German Dismemberment, 1918-1919*. Cambridge, MA: Harvard UP, 1960.

Kissinger, Henry A. “The Congress of Vienna: A Reappraisal.” *World Politics* 8, no. 2 (1956): 264-280.

———. *A World Restored: Metternich, Castlereagh and the Problems of Peace, 1812-22*. London: Weidenfeld & Nicholson, 1957.【邦訳】H・A・キッシンジャー、伊藤幸雄訳『回復された世界平和』（原書房、二〇〇九年）。

Kitchen, Martin. *A Military History of Germany from the Eighteenth Century to the Present Day*. London: Weidenfeld and Nicolson, 1975.

Kocho-Williams, Alastair. *Russian and Soviet Diplomacy, 1900-39*. Basingstoke: Palgrave, 2012.

LaFeber, Walter. *The American Age: United States Foreign Policy at Home and Abroad*. 2nd ed. New York: Norton, 1994.【邦訳】W・ラフィーバー、久保文明ほか訳『アメリカの時代——戦後史のなかのアメリカ政治と外交』（芦書房、一九九二年）。

La Gorce, Paul-Marie de. *The French Army: A Military-Political History*. Translated by Kenneth Douglas. New York: George Braziller, 1963.

Langhorne, Richard. “Anglo-German Negotiations concerning the Future of the Portuguese Colonies, 1911-1914.” *Historical Journal* 16, no. 2 (1973): 361-387.

———. *The Collapse of the Concert of Europe: International Politics, 1890-1914*. London: Macmillan, 1981.

Lauren, Paul Gordon. *Diplomats and Bureaucrats: The First Institutional Responses to Twentieth-Century Diplomacy in France and Germany*. Stanford: Hoover Institution Press, 1976.

———. “Theories of Bargaining with Threats of Force: Deterrence and Coercive Diplomacy.” In *Diplomacy: New Approaches in History, Theory and Policy*, edited by Paul Gordon Lauren, 183-211. New York: Free Press, 1979.

Lauren, Paul Gordon, Gordon A. Craig and Alexander L. George. *Force and Statecraft: Diplomatic Challenges of Our Time*. 5th ed. New York: Oxford UP, 2014.【邦訳】P・G・ローレン／G・クレイグ／A・ジョージ、木村修三ほか訳『軍事力と現代外交——現代における外交的課題［原書第四版］』（有斐閣、二〇〇九年）。

Lee, Marshall M. and Wolfgang Michalka. *German Foreign Policy, 1917-1933: Continuity or Break?* Leamington Spa: Berg, 1987.

Leffler, Melvyn P. *The Elusive Quest: America's Pursuit of European Stability and French Security, 1919-1933*. Chapel Hill: University of North Carolina Press, 1979.

———. “Herbert Hoover, the ‘New Era’ and American Foreign Policy, 1921-29.” In *Herbert Hoover as Secretary of Commerce: Studies in*

New Era Thought and Practice, edited by Ellis W. Hawley, 148-182. Iowa City: University of Iowa Press, 1981.

Lentin, Antony. "Lloyd George, Clemenceau and the Elusive Anglo-French Guarantee Treaty, 1919: 'A Disastrous Episode'?" In *Anglo-French Relations in the Twentieth Century: Rivalry and Cooperation*, edited by Alan Sharp and Glyn Stone, 104-119. New York: Routledge, 2000.

———. *The Versailles Peace Settlement: Peacemaking with Germany*. London: Historical Association, 1991.

Leventhal, F. M. *Arthur Henderson*. Manchester: Manchester UP, 1989.

Lewis, Terrance L. *A Climate for Appeasement*. New York: Peter Lang, 1991.

L'Huillier, Fernand. "Allemands et Français au temps du Locarno : Accords, dialogues et malentendus (1924-1929)." *Revue d'Allemagne* 4, no. 3 (1972): 558-568.

Liddell Hart, B. H. *A History of the First World War*. London: Pan, 1934.【邦訳】リデル・ハート、上村達雄訳『第一次世界大戦（上・下）』（中央公論新社、二〇〇〇－二〇〇一年）。

Liebmann, George W. *Diplomacy between the Wars: Five Diplomats and the Shaping of the Modern World*. London: Tauris, 2008.

Long, David and Peter Wilson, eds. *Thinkers of the Twenty Years' Crisis: Inter-War Idealism Reassessed*. Oxford: Clarendon, 1995.【邦訳】D・ロング／P・ウィルソン編著、宮本盛太郎・関静雄監訳『危機の二〇年と思想家たち――戦間期理想主義の再評価』（ミネルヴァ書房、二〇〇二年）。

Louis, Wm. Roger. *British Strategy in the Far East, 1919-1939*. Oxford: Clarendon, 1971.

———. *In the Name of God, Go! Leo Amery and the British Empire in the Age of Churchill*. New York: Norton, 1992.

Lowe, C. J. and Michael L. Dockrill. *The Mirage of Power*. Vol. 2, *British Foreign Policy, 1914-22*. London: Routledge, 1972.

Luard, Evan. "Conciliation and Deterrence: A Comparison of Political Strategies in the Interwar and Postwar Periods." *World Politics* 19, no. 2 (1967): 167-189.

Lynch, Cecelia. *Beyond Appeasement: Interpreting Interwar Peace Movements in World Politics*. Ithaca: Cornell UP, 1999.

MacMillan, Margaret. *Peacemakers: The Paris Conference of 1919 and Its Attempt to End War*. London: John Murray, 2001.【邦訳】M・マクミラン、稲村美貴子訳『ピースメイカーズ――一九一九年パリ講和会議の群像（上・下）』（芙蓉書房出版、二〇〇七

年)。
———. *The War That Ended Peace: How Europe Abandoned Peace for the First World War*. London: Profile, 2013.【邦訳】M・マクミラン、真壁広道訳、滝田賢治監修『第1次世界大戦——平和に終止符を打った戦争』(えにし書房、二〇一六年)。
Magee, Frank. "'Limited Liability'? Britain and the Treaty of Locarno." *Twentieth Century British History* 6, no. 1 (1995): 1-22.
Maier, Charles S. *Recasting Bourgeois Europe: Stabilization in France, Germany and Italy in the Decade after World War I*. 1975. Reprint, Princeton: Princeton UP, 2016.
———. "The Truth about the Treaties?" *Journal of Modern History* 51, no. 1 (1979): 56-67.
Maisel, Ephraim. *The Foreign Office and Foreign Policy, 1919-1926*. Brighton: Sussex Academic Press, 1994.
Manela, Erez. *The Wilsonian Moment: Self-Determination and the International Origins of Anticolonial Nationalism*. Oxford: Oxford UP, 2007.
Mannheim, Karl. "The Problem of Generations." In *Essays on the Sociology of Knowledge*, edited by Paul Kecskemeti, 276-320. London: Routledge, 1952.【邦訳】K・マンハイム、鈴木広訳「世代の問題」樺俊雄監修『マンハイム全集三　社会学の課題』(潮出版社、一九七六年)。
Manning, Charles A. W., ed. *Peaceful Change: An International Problem*. London: Macmillan, 1937.
Marès, Antoine. "Locarno et la Tchécoslovaquie : le rôle d'Edvard Beneš." In *Aristide Briand, la Société des Nations et l'Europe, 1919-1932*, edited by Jacques Bariéty, 130-147. Strasbourg: Presses universitaires de Strasbourg, 2007.
Marías, Julián. *Generations: A Historical Method*. Translated by Harold C. Raley. University, AL: University of Alabama Press, 1970.
Marks, Sally. *The Illusion of Peace: International Relations in Europe, 1918-1933*. 2nd ed. Basingstoke: Palgrave, 2003.
Marsh, Peter T. *Joseph Chamberlain: Entrepreneur in Politics*. New Haven: Yale UP, 1994.
Martin, Benjamin F. "Of Noctambulists, Russian Bonds and the Shooting of Tigers." In *France and the Après Guerre, 1918-1924: Illusions and Disillusionment*, 11-56. Baton Rouge: Louisiana State UP, 1999.
Mayer, Arno J. *Political Origins of the New Diplomacy, 1917-1918*. New York: Vintage, 1959.【邦訳】A・J・メイア、斉藤孝・木畑洋一訳『ウィルソン対レーニン——新外交の政治的起源 一九一七－一九一八年(I・II)』(岩波現代選書、一九八三

年)。
Mazower, Mark. *Dark Continent: Europe's Twentieth Century*. London: Penguin, 1998.【邦訳】M・マゾワー、中田瑞穂・網谷龍介訳『暗黒の大陸――ヨーロッパの二〇世紀』(未來社、二〇一五年)。

――――. *Governing the World: The History of an Idea, 1815 to the Present*. New York: Penguin, 2012.【邦訳】M・マゾワー、依田卓巳訳『国際協調の先駆者たち――理想と現実の二〇〇年』(NTT出版、二〇一五年)。

――――. "Minorities and the League of Nations in Interwar Europe." *Daedalus* 126, no. 2 (1997): 47-63.

McDonough, Frank. *Neville Chamberlain, Appeasement and the British Road to War*. Manchester: Manchester UP, 1998.

McDougall, Walter A. *France's Rhineland Diplomacy, 1914-1924: The Last Bid for a Balance of Power in Europe*. Princeton: Princeton UP, 1978.

――――. "Political Economy versus National Sovereignty: French Structures for German Economic Integration after Versailles." *Journal of Modern History* 51, no. 1 (1979): 4-23.

McKercher, B.J.C. "*Anschluss*: The Chamberlain Government and the First Test of Appeasement, February – March 1938." *International History Review* 39, no. 2 (2017): 274-294.

――――. "Austen Chamberlain and the Continental Balance of Power: Strategy, Stability and the League of Nations, 1924-29." In *Power and Stability: British Foreign Policy, 1865-1965*, edited by Erik Goldstein and B.J.C. McKercher, 207-236. London: Frank Cass, 2003.

――――. "Austen Chamberlain's Control of British Foreign Policy, 1924-1929." *International History Review* 6, no. 4 (1984): 570-591.

――――. "'The Deep and Latent Distrust': The British Official Mind and the United States, 1919-1929." In *Anglo-American Relations in the 1920s: The Struggle for Supremacy*, edited by B.J.C. McKercher, 209-238. Edmonton: University of Alberta Press, 1990.

――――. "The Last Old Diplomat: Sir Robert Vansittart and the Verities of British Foreign Policy, 1903-30." *Diplomacy and Statecraft* 6, no. 1 (1995): 1-38.

――――. "The League of Nations and the Problem of Collective Security, 1919-1939." In *The League of Nations, 1920-1946: A Retrospective of the First International Organization for the Establishment of World Peace*, 66-73. New York: United Nations, 1996.

――――. "Of Horns and Teeth: The Preparatory Commission and the World Disarmament Conference, 1926-1934." In *Arms Limitation and Disarmament: Restraints on War, 1899-1939*, 173-201. Westport, CT: Praeger, 1992.

———. "Old Diplomacy and New: The Foreign Office and Foreign Policy, 1919-1939." In *Diplomacy and World Power: Studies in British Foreign Policy, 1890-1950*, edited by Michael Dockrill and B.J.C. McKercher, 79-114. Cambridge: Cambridge UP, 1996.

———. *The Second Baldwin Government and the United States, 1924-1929: Attitudes and Diplomacy*. Cambridge: Cambridge UP, 1984.

———. *Transition of Power: Britain's Loss of Global Pre-eminence to the United States, 1930-1945*. Cambridge: Cambridge UP, 1999.

Merrills, J. G. *International Dispute Settlement*. 5th ed. Cambridge: Cambridge UP, 2011.

Messerschmidt, Manfred. "German Military Effectiveness between 1919 and 1939." In *Military Effectiveness*, vol. 2, *The Interwar Period*, new ed., edited by Allan R. Millett and Williamson Murray, 218-255. Cambridge: Cambridge UP, 2010.

Michel, Bernard. "La Tchécoslovaquie et la paix (1918-1925)." In *1918-1925 : Comment faire la paix?* edited by Claude Carlier and Georges-Henri Soutou, 145-156. Paris: Economica, 2001.

Middlemas, Keith and John Barnes. *Baldwin: A Biography*. New York: Macmillan, 1969.

Miquel, Pierre. *Poincaré*. Paris: Fayard, 1984.

Mombauer, Annika. *Helmuth von Moltke and the Origins of the First World War*. Cambridge: Cambridge UP, 2001.

———. "Sir Edward Grey, Germany and the Outbreak of the First World War: A Re-Evaluation." *International History Review* 38, no. 2 (2016): 301-325.

Mommsen, Hans. *The Rise and Fall of Weimar Democracy*. Translated by Elborg Forster and Larry Eugene Jones. Chapel Hill: University of North Carolina Press, 1996.【邦訳】H・モムゼン、関口宏道訳『ヴァイマール共和国史――民主主義の崩壊とナチスの台頭』（水声社、二〇〇一年）。

Morgenthau, Hans J. *Politics among Nations: The Struggle for Power and Peace*. 5th ed., revised. New York: Knopf, 1978.【邦訳】H・モーゲンソー、原彬久監訳『国際政治――権力と平和（上・中・下）』（岩波文庫、二〇一三年）。

Moulton, Harold G. and Leo Pasvolsky. *War Debts and World Prosperity*. Vol. 1. 1932. Reprint, Port Washington, NY: Kennikat, 1971.

Mowat, Charles Loch. *Britain between the Wars, 1918-1940*. London: Methuen, 1968.

Mulligan, William. *The Great War for Peace*. New Haven: Yale UP, 2014.

Murray, Robert K. *The Harding Era: Warren G. Harding and His Administration*. Minneapolis: University of Minnesota Press, 1969.

Namier, Lewis B. "After Vienna and Versailles." In *Conflicts: Studies in Contemporary History*, 19-33. London: Macmillan, 1942.

Neiberg, Michael S. *The Treaty of Versailles: A Concise History*. Oxford: Oxford UP, 2017.

Neilson, Keith. *Britain and the Last Tsar: British Policy and Russia, 1894-1917*. Oxford: Clarendon, 1995.

————. *Britain, Soviet Russia and the Collapse of the Versailles Order, 1919-1939*. Cambridge: Cambridge UP, 2006.

————. "'Control the Whirlwind': Sir Edward Grey as Foreign Secretary, 1906-16." In *The Makers of British Foreign Policy: From Pitt to Thatcher*, edited by T. G. Otte, 128-149. Basingstoke: Palgrave, 2002.

————. "Orme Sargent, Appeasement and British Policy in Europe, 1933-39." *Twentieth Century British History* 21, no. 1 (2010): 1-28.

————. "'Pursued by a Bear': British Estimates of Soviet Military Strength and Anglo-Soviet Relations, 1922-1939." *Canadian Journal of History* 28, no. 2 (1993): 190-221.

Neilson, Keith and T. G. Otte. *The Permanent Under-Secretary for Foreign Affairs, 1854-1946*. London: Routledge, 2009.

Nelson, Harold I. *Land and Power: British and Allied Policy on Germany's Frontiers, 1916-19*. London: Routledge, 1963.

Néré, Jacques. *The Foreign Policy of France from 1914 to 1945*. London: Routledge, 1975.

Neville, Peter. *Hitler and Appeasement: The British Attempt to Prevent the Second World War*. London: Continuum, 2006.

Nicolson, Harold. *The Congress of Vienna: A Study in Allied Unity, 1812-1822*. London: Constable, 1946.

————. *First Lord Carnock: A Study in the Old Diplomacy*. 1930. Reprint, London: Faber, 2010.

————. *King George the Fifth: His Life and Reign*. London: Constable, 1952.

Northedge, F. S. *The League of Nations: Its Life and Times, 1920-1946*. Leicester: Leicester UP, 1986.

————. *The Troubled Giant: Britain among the Great Powers, 1916-1939*. New York: Praeger, 1966.

Orde, Anne. *British Policy and European Reconstruction after the First World War*. Cambridge: Cambridge UP, 1990.

————. *Great Britain and International Security, 1920-1926*. London: Royal Historical Society, 1978.

O'Riordan, Elspeth Y. *Britain and the Ruhr Crisis*. Basingstoke: Palgrave, 2001.

————. "British Policy and the Ruhr Crisis, 1922-24." *Diplomacy and Statecraft* 15, no. 2 (2004): 221-251.

———. "The British Zone of Occupation in the Rhineland." In *After the Versailles Treaty: Enforcement, Compliance, Contested Identities*, edited by Conan Fischer and Alan Sharp, 21-36. London: Routledge, 2007.

———. "Rethinking Britain's Foreign Policy and the Occupation Zone in Germany, 1945-1947: Questions of Structural and Functional Continuity in British Foreign Policy-Making." *International History Review* 39, no. 5 (2017): 885-902.

Ortega y Gasset, José. "The Method of the Generations in History." In *Man and Crisis*, translated by Mildred Adams, 50-66. New York: Norton, 1958.

Otte, T. G. "'Almost a Law of Nature'? Sir Edward Grey, the Foreign Office and the Balance of Power in Europe, 1905-12." In *Power and Stability: British Foreign Policy, 1865-1965*, edited by Erik Goldstein and B.J.C. McKercher, 77-118. London: Frank Cass, 2003.

———. "Détente 1914: Sir William Tyrrell's Secret Mission to Germany." *Historical Journal* 56, no. 1 (2013): 175-204.

———. "Eyre Crowe and British Foreign Policy: A Cognitive Map." In *Personalities, War and Diplomacy: Essays in International History*, edited by T. G. Otte and Constantine A. Pagedas, 14-37. London: Frank Cass, 1997.

———. *The Foreign Office Mind: The Making of British Foreign Policy, 1865-1914*. Cambridge: Cambridge UP, 2011.

———. "'Knavery or Folly'? The British 'Official Mind' and the Habsburg Monarchy, 1856-1914." In *A Living Anachronism? European Diplomacy and the Habsburg Monarchy*, edited by Lothar Höbelt and T. G. Otte, 119-156. Vienna: Böhlau, 2010.

———. "Old Diplomacy: Reflections on the Foreign Office before 1914." In *The Foreign Office and British Diplomacy in the Twentieth Century*, edited by Gaynor Johnson, 31-52. London: Routledge, 2005.

———. "'A Very Internecine Policy': Anglo-Russian Cold Wars before the Cold War." In *Britain in Global Politics*, Vol. 1, edited by Christopher Baxter, Michael L. Dockrill and Keith Hamilton, 17-49. Basingstoke: Palgrave, 2013.

———. "'What we desire is confidence': The Search for an Anglo-German Naval Agreement, 1909-1912." In *Arms and Disarmament in Diplomacy*, edited by Keith Hamilton and Edward Johnson, 33-52. London: Vallentine Mitchell, 2008.

Oudin, Bernard. *Aristide Briand*. Paris: Perrin, 1987.

Overy, Richard J. *The Inter-War Crisis, 1919-1939*. 2nd ed. Harlow: Pearson, 2007.

Oxford Dictionary of National Biography Online.

Parker, R.A.C. *Chamberlain and Appeasement: British Policy and the Coming of the Second World War*. New York: St. Martin's, 1993.

Pawley, Margaret. *The Watch on the Rhine: The Military Occupation of the Rhineland, 1918-1930*. London: Tauris, 2007.

Peden, G. C. "The Burden of Imperial Defence and the Continental Commitment Reconsidered." *Historical Journal* 27, no. 2 (1984): 405-423.

———. "The Treasury as the Central Department of Government, 1919-1939." *Public Administration* 61, no. 4 (1983): 371-385.

Peukert, Detlev J. K. *The Weimar Republic: The Crisis of Classical Modernity*. Translated by Richard Deveson. London: Penguin, 1991.【邦訳】D・ポイカート、小野清美・田村栄子・原田一美訳『ワイマル共和国——古典的近代の危機』(名古屋大学出版会、一九九三年)。

Pitts, Vincent J. *France and the German Problem: Politics and Economics in the Locarno Period, 1924-1929*. New York: Garland, 1987.

Poidevin, Raymond and Jacques Bariéty. *Les relations franco-allemandes, 1815-1975*. 2nd ed. Paris: Armand Colin, 1977.

Pollard, Sidney. *The Development of the British Economy, 1914-1990*. 4th ed. London: Edward Arnold, 1992.

Redvaldsen, David. "'Today is the Dawn': The Labour Party and the 1929 General Election." *Parliamentary History* 29, no. 3 (2010): 395-415.

Renouvin, Pierre. "Les buts de guerre du gouvernement français, 1914-1918." *Revue historique* 235, no. 1 (1966): 1-38.

———. *Le traité de Versailles*. Paris: Flammarion, 1969.

Reynolds, David. "1940: Fulcrum of the Twentieth Century?" In *From World War to Cold War: Churchill, Roosevelt and the International History of the 1940s*, 23-48. Oxford: Oxford UP, 2006.

———. *Britannia Overruled: British Policy and World Power in the Twentieth Century*. 2nd ed. Harlow: Pearson, 2000.

———. "The Cost of Geography: Europe's International History between the Wars, 1918-1939." *Contemporary European History* 21, no. 2 (2012): 273-286.

———. *The Long Shadow: The Great War and the Twentieth Century*. London: Simon & Schuster, 2013.

Richardson, Adam. "Orme Sargent, Ernest Bevin and British Policy towards Europe, 1946-1949." *International History Review* (2018). https://doi.org/10.1080/07075332.2018.1454492 [accessed June 11, 2018].

Richie, Alexandra. *Faust's Metropolis: A History of Berlin*. New York: Carroll & Graf, 1998.

Ripsman, Norrin M. and Jack S. Levy. "Wishful Thinking or Buying Time? The Logic of British Appeasement in the 1930s." *International Security* 33, no. 2 (2008): 148-181.

Robbins, Keith. *Appeasement*. 2nd ed. Oxford: Blackwell, 1997.

———. *Sir Edward Grey: A Biography of Lord Grey of Fallodon*. London: Cassell, 1971.

Roberts, Adam. "What Is a Military Occupation?" *British Year Book of International Law* 55 (1984): 249-305.

Röhl, John C. G. *Kaiser Wilhelm II, 1859-1941: A Concise Life*. Translated by Sheila de Bellaigue. Cambridge: Cambridge UP, 2014.

Roi, M. L. and B.J.C. McKercher. "'Ideal' and 'Punch-Bag': Conflicting Views of the Balance of Power and Their Influence on Interwar British Foreign Policy." *Diplomacy and Statecraft* 12, no. 2 (2001): 47-78.

Roper, Michael. *The Records of the War Office and Related Departments, 1660-1964*. Kew: PRO Publications, 1998.

Röpke, Wilhelm. *The Solution of the German Problem*. Translated by E. W. Dickes. New York: Putnam, 1946.

Rose, Kenneth. *King George V*. London: Macmillan, 1983.

Rose, Norman. *Harold Nicolson*. London: Pimlico, 2005.

Roskill, Stephen. *Hankey: Man of Secrets*. Vol. 2, *1919-1931*. London: Collins, 1972.

Rowe, Michael. *From Reich to State: The Rhineland in the Revolutionary Age, 1780-1830*. Cambridge: Cambridge UP, 2003.

Rowley, Anthony. "Le Trésor britannique pendant l'entre-deux-guerres : « An Economic Policy Maker »." *Histoire, économie et société* 1, no. 4 (1982): 621-632.

Rüger, Jan. "Revisiting the Anglo-German Antagonism (review article)." *Journal of Modern History* 83, no. 3 (2011): 579-617.

Rupieper, Hermann J. *The Cuno Government and Reparations, 1922-1923: Politics and Economics*. The Hague: Martinus Nijhoff, 1979.

Sakwa, George. "The Franco-Polish Alliance and the Remilitarization of the Rhineland." *Historical Journal* 16, no. 1 (1973): 125-146.

Salmon, Patrick. "Reluctant Engagement: Britain and Continental Europe, 1890-1939." *Diplomacy and Statecraft* 8, no. 3 (1997): 139-164.

Salzmann, Stephanie C. *Great Britain, Germany and the Soviet Union: Rapallo and After, 1922-1934*. London: Royal Historical Society, 2002.

Sauvy, Alfred. *Histoire économique de la France entre les deux guerres*. Vol. 1. Paris: Fayard, 1965.

Schliephake, Hanfried. *The Birth of the Luftwaffe*. London: Ian Allan, 1971.

Schoenbaum, David. "The Art of the Impossible: German Military Policy between the Wars." In *Ideas into Politics: Aspects of European History, 1880-1950*, edited by R. J. Bullen, H. Pogge von Strandmann and A. B. Polonsky, 95-105. London: Croom Helm, 1984.

Schroeder, Paul W. "Munich and the British Tradition." *Historical Journal* 19, no. 1 (1976): 223-243.

———. *Systems, Stability and Statecraft: Essays on the International History of Modern Europe*. Edited by David Wetzel, Robert Jervis and Jack S. Levy. New York: Palgrave, 2004.

Schuker, Stephen A. *American "Reparations" to Germany, 1919-33: Implications for the Third-World Debt Crisis*. Princeton, NJ: International Financial Section, Department of Economics, Princeton University, 1988.

———. *The End of French Predominance in Europe: The Financial Crisis of 1924 and the Adoption of the Dawes Plan*. Chapel Hill: University of North Carolina Press, 1976.

———. "France and the Remilitarization of the Rhineland, 1936." *French Historical Studies* 14, no. 3 (1986): 299-338.

———. "The Rhineland Question: West European Security at the Paris Peace Conference of 1919." In *The Treaty of Versailles: A Reassessment after 75 Years*, edited by Manfred F. Boemeke, Gerald D. Feldman and Elisabeth Glaser, 275-312. Cambridge: Cambridge UP, 1998.

Schuman, Frederick L. *War and Diplomacy in the French Republic: An Inquiry into Political Motivations and the Control of Foreign Policy*. New York: Whittlesey House, 1931.

Sharp, Alan. "Adapting to a New World? British Foreign Policy in the 1920s." In *The Foreign Office and British Diplomacy in the Twentieth Century*, edited by Gaynor Johnson, 74-86. London: Routledge, 2005.

———. *Consequences of Peace: The Versailles Settlement: Aftermath and Legacy, 1919-2010*. London: Haus, 2010.

———. "The Foreign Office in Eclipse, 1919-22." *History* 61, no. 202 (1976): 198-218.

———. "Mission Accomplished? Britain and the Disarmament of Germany, 1918-1923." In *Arms and Disarmament in Diplomacy*, edited by Keith Hamilton and Edward Johnson, 73-90. London: Vallentine, 2008.

———. *The Versailles Settlement: Peacemaking After the First World War, 1919-1923*. 2nd ed. Basingstoke: Palgrave, 2008.

Sharp, Alan and Keith Jeffery. "'Après la Guerre finit, Soldat anglais partit …': Anglo-French Relations, 1918-25." In *Power and Stability: British Foreign Policy, 1865-1965*, edited by Erik Goldstein and B.J.C. McKercher, 119-138. London: Frank Cass, 2003.

Shore, William I. *Fact-Finding in the Maintenance of International Peace*. New York: Oceana, 1970.

Shuster, Richard J. *German Disarmament after World War I: The Diplomacy of International Arms Inspection, 1920-1931*. London: Routledge, 2006.

Sieburg, Heinz-Otto. "Les entretiens de Thoiry (1926) : Le sommet de la politique de rapprochement franco-allemand à l'époque Stresemann – Briand." *Revue d'Allemagne* 4, no. 3 (1972): 520-546.

Silverstone, Scott A. "The Legacy of Coercive Peace Building: The Locarno Treaty, Anglo-French Grand Strategy and the 1936 Rhineland Crisis." In *The Challenge of Grand Strategy: The Great Powers and the Broken Balance between the World Wars*, edited by Jeffrey W. Taliaferro, Norrin M. Ripsman and Steven E. Lobell, 65-92. Cambridge: Cambridge UP, 2012.

Skidelsky, Robert. *Politicians and the Slump: The Labour Government of 1929-1931*. London: Macmillan, 1967.

Smith, Richard. "Sir Edward Grey: The Private Life of a Foreign Secretary." *International History Review* 38, no. 2 (2016): 339-355.

Snyder, Glenn H. "Crisis Bargaining." In *International Crises: Insights from Behavioral Research*, edited by Charles F. Hermann, 217-256. New York: Free Press, 1972.

Soutou, Georges-Henri. "L'alliance franco-polonaise (1925-1933) ou comment s'en débarrasser?" *Revue d'histoire diplomatique* 95, no. 2-4 (1981): 295-348.

———. "Le deuil de la puissance, 1914-1958." In *Histoire de la diplomatie française de 1815 à nos jours*, 285-376. Paris: Perrin, 2005.

———. "La France et les Marches de l'Est, 1914-1919." *Revue historique* 260, no. 2 (1978): 341-388.

———. "La France et la problématique de la sécurité collective à partir de Locarno : Dialectique juridique et impasse géostratégique." In *Nation und Europa: Studien zum internationalen Staatensystem im 19. und 20. Jahrhundert*, edited by Gabriele Clemens, 133-152. Stuttgart: Franz Steiner, 2001.

———. *La grande illusion : Quand la France perdait la paix, 1914-1920*. Paris: Tallandier, 2015.

———. “Was There a European Order in the Twentieth Century? From the Concert of Europe to the End of the Cold War.” *Contemporary European History* 9, no. 3 (2000): 329-353.

Spitzer, Alan B. “The Historical Problem of Generations.” *American Historical Review* 78, no. 5 (1973): 1353-1385.

Steiner, Zara. “Beyond the Foreign Office Papers: The Making of an International Historian.” *International History Review* 39, no. 3 (2017): 546-570.

———. “Elitism and Foreign Policy: The Foreign Office before the Great War.” In *Shadow and Substance in British Foreign Policy, 1895-1939: Memorial Essays Honouring C. J. Lowe*, edited by B.J.C. McKercher and D. J. Moss, 19-55. Edmonton: University of Alberta Press, 1984.

———. *The Foreign Office and Foreign Policy, 1898-1914*. London: Ashfield, 1969.

———. “Foreign Office Views, Germany and the Great War.” In *Ideas into Politics: Aspects of European History, 1880-1950*, edited by R. J. Bullen, H. Pogge von Strandmann and A. B. Polonsky, 36-50. London: Croom Helm, 1984.

———. *The Lights That Failed: European International History, 1919-1933*. Oxford: Oxford UP, 2005.

———. “The Treaty of Versailles Revisited.” In *The Paris Peace Conference, 1919: Peace without Victory?* edited by Michael Dockrill and John Fisher, 13-33. Basingstoke: Palgrave, 2001.

Steiner, Zara and Keith Neilson. *Britain and the Origins of the First World War*. 2nd ed. Basingstoke: Palgrave, 2003.

Steinert, Marlis and Georges-Henri Soutou. “Ordre européen et construction européenne : XIXe – XXe siècles.” *Relations internationales* 90 (1997): 127-143.

Stevenson, David. *1914-1918: The History of the First World War*. London: Penguin, 2004.

———. “Britain, France and the Origins of German Disarmament, 1916-19.” *Journal of Strategic Studies* 29, no. 2 (2006): 195-224.

———. “France at the Paris Peace Conference: Addressing the Dilemmas of Security.” In *French Foreign and Defence Policy, 1918-1940: The Decline and Fall of a Great Power*, edited by Robert Boyce, 10-29. London: Routledge, 1998.

———. *French War Aims against Germany, 1914-1919*. Oxford: Clarendon, 1982.

———. *With Our Backs to the Wall: Victory and Defeat in 1918*. London: Penguin, 2011.

Stirk, Peter M. R. *The Politics of Military Occupation*. Edinburgh: Edinburgh UP, 2009.

Strohn, Matthias. *The German Army and the Defence of the Reich: Military Doctrine and the Conduct of the Defensive Battle, 1918-1939*. Cambridge: Cambridge UP, 2011.

Suarez, Georges. *Briand : Sa vie – Son œuvre avec son journal et de nombreux documents inédits*. Vol. 6, *L'Artisan de la paix, 1923-1932*. Paris: Librairie Plon, 1952.

Sweet, D. W. "Great Britain and Germany, 1905-1911." In *British Foreign Policy under Sir Edward Grey*, edited by F. H. Hinsley, 216-235. Cambridge: Cambridge UP, 1977.

Tanner, Duncan. "The Politics of the Labour Movement, 1900-1939." In *A Companion to Early Twentieth-Century Britain*, edited by Chris Wrigley, 38-55. Malden, MA: Blackwell, 2003.

Taylor, A.J.P. *The Origins of the Second World War*. New York: Simon & Schuster, 1961.【邦訳】A・J・P・テイラー、吉田輝夫訳『第二次世界大戦の起源』(講談社学術文庫、二〇一一年)。

————. *The Struggle for Mastery in Europe, 1848-1918*. Oxford: Clarendon, 1954.

————. *The Trouble Makers: Dissent over Foreign Policy, 1792-1939*. London: Hamish Hamilton, 1957.【邦訳】A・J・P・テイラー、真壁広道訳『トラブルメーカーズ——イギリスの外交政策に反対した人々 一七九二—一九三九』(法政大学出版局、二〇〇二年)。

————. "The War Aims of the Allies in the First World War." In *Essays Presented to Sir Lewis Namier*, edited by Richard Pares and A.J.P. Taylor, 475-505. London: Macmillan, 1956.

Temperley, Harold and Charles Webster. "The Congress of Vienna 1814-15 and the Conference of Paris 1919." In *From Metternich to Hitler: Aspects of British and Foreign History, 1814-1939*, edited by W. N. Medlicott, 1-24. London: Routledge, 1963.

Thimme, Annelise. "Stresemann and Locarno." In *European Diplomacy between Two Wars, 1919-1939*, edited by Hans W. Gatzke, 73-93. Chicago: Quadrangle, 1972.

Thompson, Kenneth and Robert J. Myers, eds. *Truth and Tragedy: A Tribute to Hans J. Morgenthau*. New Brunswick: Transaction, 1984.

Thorpe, Andrew. "The 1929 General Election and the Second Labour Government." In *Britain's Second Labour Government, 1929-31: A*

Reappraisal, edited by John Shepherd, Jonathan Davis and Chris Wrigley, 16-36. Manchester: Manchester UP, 2011.

Tilley, Sir John and Stephen Gaselee. *The Foreign Office*. London: Putnam, 1933.

Toffolo, Julia. *The Lost Palace: The British Embassy in Berlin*. Kibworth: Book Guild, 2017.

Tomes, Jason. *Balfour and Foreign Policy: The International Thought of a Conservative Statesman*. Cambridge: Cambridge UP, 1997.

Tooze, Adam. *The Deluge: The Great War and the Remaking of Global Order, 1916-1931*. London: Penguin, 2014.

Tournoux, Paul-Émile. *Haut commandement, gouvernement et défense des frontières du nord et de l'est, 1919-1939*. Paris: Nouvelles éditions latines, 1960.

Towle, Philip. *Enforced Disarmament: From the Napoleonic Campaigns to the Gulf War*. Oxford: Clarendon, 1997.

———. "Taming or Demonising an Aggressor: The British Debate on the End of the Locarno System." In *Locarno Revisited: European Diplomacy, 1920-1929*, edited by Gaynor Johnson, 178-198. London: Routledge, 2004.

Trachtenberg, Marc. *Reparation in World Politics: France and European Economic Diplomacy, 1916-1923*. New York: Columbia UP, 1980.

———. "Versailles Revisited." *Security Studies* 9, no. 3 (2000): 191-205.

Tucker, William Rayburn. *The Attitude of the British Labour Party towards European and Collective Security Problems, 1920-1939*. Geneva: University of Geneva, 1950.

Turner, Henry Ashby, Jr. "Continuity in German Foreign Policy? The Case of Stresemann." *International History Review* 1, no. 4 (1979): 509-521.

———. *Stresemann and the Politics of the Weimar Republic*. Princeton: Princeton UP, 1963.

Ulam, Adam B. *Expansion and Coexistence: Soviet Foreign Policy, 1917-73*. 2nd ed. New York: Holt, 1974.【邦訳】A・B・ウラム、鈴木博信訳『膨張と共存——ソヴィエト外交史（一・二・三）』（サイマル出版会、一九七八－七九年）。

Unger, Gérard. *Aristide Briand*. Paris: Fayard, 2005.

United States, Department of State. *The Treaty of Versailles and After: Annotations of the Text of the Treaty*. New York: Greenwood, 1968.

Vaïsse, Maurice. "La ligne stratégique du Rhin (1919-1930) : De la réalité au mythe." In *Problèmes de la Rhénanie, 1919-1930*, 1-13. Metz: Centre de recherches relations internationales de l'Université de Metz, 1975.

Verheyen, Dirk. *The German Question: A Cultural, Historical and Geopolitical Exploration*. Boulder, CO: Westview, 1991.

Vickers, Rhiannon. *The Evolution of Labour's Foreign Policy, 1900-51*. Vol. 1 of *The Labour Party and the World*. Manchester: Manchester UP, 2003.

Walters, F. P. *A History of the League of Nations*. London: Oxford UP, 1960.

Wandycz, Piotr S. *France and Her Eastern Allies, 1919-1925: French-Czechoslovak-Polish Relations from the Paris Peace Conference to Locarno*. Minneapolis: University of Minnesota Press, 1962.

Warman, Roberta M. "The Erosion of Foreign Office Influence in the Making of Foreign Policy, 1916-1918." *Historical Journal* 15, no. 1 (1972): 133-159.

Waterfield, Gordon. *Professional Diplomat: Sir Percy Loraine of Kirkharle Bt., 1880-1961*. London: John Murray, 1973.

Watt, D. C. "America and the British Foreign-Policy-Making Élite from Joseph Chamberlain to Anthony Eden, 1895-1956." In *Personalities and Policies: Studies in the Formulation of British Foreign Policy in the Twentieth Century*, 19-52. London: Longman, 1965.

———. "The Breakdown of the European Security System, 1930-1939." Paper presented at the XIV International Congress of Historical Sciences, San Francisco, CA, August 1975.

———. "The Nature of the Foreign-Policy-Making Élite in Britain." in *Personalities and Policies: Studies in the Formulation of British Foreign Policy in the Twentieth Century*, 1-15. London: Longman, 1965.

Webster, Andrew. "An Argument without End: Britain, France and the Disarmament Process, 1925-34." In *Anglo-French Defence Relations between the Wars*, edited by Martin S. Alexander and William J. Philpott, 49-71. Basingstoke: Palgrave, 2002.

———. "From Versailles to Geneva: The Many Forms of Interwar Disarmament." *Journal of Strategic Studies* 29, no. 2 (2006): 225-246.

Webster, Sir Charles. *The Foreign Policy of Castlereagh, 1812-1815: Britain and the Reconstruction of Europe*. London: Bell & Sons, 1963.

Weill-Raynal, Étienne. *Les réparations allemandes et la France*. Vol. 3, *L'application du plan Dawes, le plan Young et la liquidation des réparations (Avril 1924-1936)*. Paris: Nouvelles éditions latines, 1947.

Weinberg, Gerhard L. "The Defeat of Germany in 1918 and the European Balance of Power." *Central European History* 2, no. 3 (1969): 248-260.

———. "The Politics of War and Peace in the 1920s and 1930s." In *The Shadows of Total War: Europe, East Asia and the United States, 1919-1939*, edited by Roger Chickering and Stig Förster, 23-34. Cambridge: Cambridge UP, 2003.

Whalen, Robert Weldon. *Bitter Wounds: German Victims of the Great War, 1914-1939*. Ithaca: Cornell UP, 1984.

Whaley, Barton. "Covert Rearmament in Germany, 1919-1939: Deception and Misperception." *Journal of Strategic Studies* 5, no. 1 (1982): 3-39.

Wheeler-Bennett, John W. *The Nemesis of Power: The German Army in Politics, 1918-1945*. 2nd ed. London: Macmillan, 1964.【邦訳】J・ウィーラー＝ベネット、山口定訳『権力のネメシス――国防軍とヒトラー』（みすず書房、一九八四年）。

Wheeler-Bennett, John W. and Hugh Latimer, eds. *Information on the Reparation Settlement*. London: Allen & Unwin, 1930.

Williamson, Philip. "The Conservative Party, 1900-1939: From Crisis to Ascendancy." In *A Companion to Early Twentieth-Century Britain*, edited by Chris Wrigley, 3-22. Malden, MA: Blackwell, 2003.

———. "'Safety First': Baldwin, the Conservative Party and the 1929 General Election." *Historical Journal* 25, no. 2 (1982): 385-409.

Wilson, Keith M. "The Question of Anti-Germanism at the Foreign Office before the First World War." In *Empire and Continent: Studies in British Foreign Policy from the 1880s to the First World War*, 50-72. London: Mansell, 1987.

———. "Sir Eyre Crowe on the Origin of the Crowe Memorandum of 1 January 1907." *Bulletin of the Institute of Historical Research* 56, no. 134 (1983): 238-241.

Winkler, Henry R. "Arthur Henderson." In *The Diplomats, 1919-1939*, edited by Gordon A. Craig and Felix Gilbert, 311-343. Princeton: Princeton UP, 1953.

———. *British Labour Seeks a Foreign Policy, 1900-1940*. New Brunswick: Transaction, 2005.

———. "The Emergence of a Labour Foreign Policy in Great Britain, 1918-1929." *Journal of Modern History* 28, no. 3 (1956): 247-258.

———. *Paths Not Taken: British Labour and International Policy in the 1920s*. Chapel Hill: University of North Carolina Press, 1994.

Winter, Jay, ed. *The Cambridge History of the First World War*. 3 vols. Cambridge: Cambridge UP, 2014.

Wolfers, Arnold. *Britain and France between Two Wars: Conflicting Strategies of Peace from Versailles to World War II*. New York: Norton, 1966.

Wolff, Stefan. *The German Question since 1919: An Analysis with Key Documents*. Westport, CT: Praeger, 2003.

Wright, Jonathan. “Gustav Stresemann: Liberal or Realist?” In *Personalities, War and Diplomacy: Essays in International History*, edited by T. G. Otte and Constantine A. Pagedas, 81-104. London: Frank Cass, 1997.

———. *Gustav Stresemann: Weimar's Greatest Statesman*. Oxford: Oxford UP, 2002.

———. “Stresemann and Locarno.” *Contemporary European History* 4, no. 2 (1995): 109-131.

Wright, Jonathan and Julian Wright. “One Mind at Locarno? Aristide Briand and Gustav Stresemann.” In *Mental Maps in the Era of Two World Wars*, edited by Steven Casey and Jonathan Wright, 58-76. Basingstoke: Palgrave, 2008.

Wurm, Clemens. “Germany and Disarmament in the 1920s.” In *A Missed Opportunity? 1922: The Reconstruction of Europe*, edited by Marta Petricioli and Massimiliano Guderzo, 223-230. Bern: Peter Lang, 1995.

Yearwood, Peter J. *Guarantee of Peace: The League of Nations in British Policy, 1914-1925*. Oxford: Oxford UP, 2009.

Young, Robert J. “Preparations for Defeat: French War Doctrine in the Inter-War Period.” *Journal of European Studies* 2, no. 2 (1972): 155-172.

Young, Wayland. “The Problem of Verification.” In *Theories of Peace and Security: A Reader in Contemporary Strategic Thought*, edited by John Garnett, 199-209. London: Macmillan, 1970.

Zebel, Sydney H. *Balfour: A Political Biography*. Cambridge: Cambridge UP, 1973.

Zmierczak, Maria. “La Pologne et Locarno.” In *Aristide Briand, la Société des Nations et l'Europe, 1919-1932*, edited by Jacques Bariéty, 117-129. Strasbourg: Presses universitaires de Strasbourg, 2007.

（二）　欧米未公刊博士論文

Greene, Fred. “French Military Leadership and Security against Germany, 1919-1940.” PhD diss., Yale University, 1950.

Shepard, Carl E. “Germany and The Hague Conferences, 1929-1930.” PhD diss., Indiana University, 1964.

（三）　邦語文献

秋田茂『イギリス帝国とアジア国際秩序――ヘゲモニー国家から帝国的な構造的権力へ』（名古屋大学出版会、二〇〇三年）。

飯田洋介『ビスマルク――ドイツ帝国を築いた政治外交術』（中公新書、二〇一五年）。

石田淳「外交における強制の論理と安心供与の論理――威嚇型と約束型のコミットメント」鈴木豊編『ガバナンスの比較セクター分析――ゲーム理論・契約理論を用いた学際的アプローチ』（法政大学出版局、二〇一〇年）。

石田勇治『ヒトラーとナチ・ドイツ』（講談社現代新書、二〇一五年）。

板橋拓己「新しい『ドイツ問題』――ドイツとヨーロッパ統合の関係を歴史的に振り返る」『学際』第三号（二〇一七年）。

――『アデナウアー――現代ドイツを創った政治家』（中公新書、二〇一四年）。

井上正也『日中国交正常化の政治史』（名古屋大学出版会、二〇一〇年）。

猪木正道「自由主義者シュトレーゼマン――党派政策か、国民協同体か」『国際政治の展開』（有信堂、一九五六年）。

今井宏昌『暴力の経験史――第一次世界大戦後ドイツの義勇軍経験 一九一八〜一九二三』（法律文化社、二〇一六年）。

入江昭『二十世紀の戦争と平和［増補版］』（東京大学出版会、二〇〇〇年）。

岩崎好成「ワイマール共和国における準軍隊的組織の変遷」広島大学『史学研究』第一五三号（一九八一年）。

H・A・ヴィンクラー、後藤俊明・奥田隆男・中谷毅・野田昌吾訳『自由と統一への長い道I――ドイツ近現代史 一七八九―一九三三年』（昭和堂、二〇〇八年）。

植田隆子『地域的安全保障の史的研究――国際連盟時代における地域的安全保障制度の発達』（山川出版社、一九八九年）。

海野芳郎『国際連盟と日本』（原書房、一九七二年）。

榎本珠良編著『国際政治史における軍縮と軍備管理 一九世紀から現代まで』（日本経済評論社、二〇一七年）。

大井孝『欧州の国際関係 一九一九―一九四六――フランス外交の視角から』（たちばな出版、二〇〇八年）。

大内宏一「グスタフ・シュトレーゼマンの防禦の外交について」『西洋史学』第九二号（一九七三年）。

大久保明「イギリス外交とヴェルサイユ条約――条約執行をめぐる英仏対立、一九一九―一九二〇年」『法学政治学論究』第九四号（二〇一二年）。

――「イギリス外交と英仏同盟交渉の破綻、一九一九―一九二二年」『法学政治学論究』第九六号（二〇一三年）。

――『大陸関与と離脱の狭間で――イギリス外交と第一次世界大戦後の西欧安全保障』（名古屋大学出版会、二〇一八年）。

――「ロカルノ条約の起源とイギリス外交、一九二四―一九二五年」『法学政治学論究』第一〇三号（二〇一四年）。

岡義武『国際政治史』（岩波現代文庫、二〇〇九年）。

帯谷俊輔「『強制的連盟』と『協議的連盟』の狭間で――国際連盟改革論の位相」『国際政治』第一九三号（二〇一八年）。

カエサル、近山金次訳『ガリア戦記』（岩波文庫、一九四二年）。

蔭山宏「ベルリン――都市文化論の試み　いくつかの『回想録』への注釈」『甲南法学』第五七巻三・四号（二〇一七年）。

――『崩壊の経験――現代ドイツ政治思想講義』（慶應義塾大学出版会、二〇一三年）。

唐渡晃弘「ロカルノ外交――ヨーロッパの安全とフランスの政策（一）」『法學論叢』第一二五巻四号（一九八九年）。

――「ロカルノ外交――ヨーロッパの安全とフランスの政策（二）」『法學論叢』第一二五巻五号（一九八九年）。

――「ロカルノ外交――ヨーロッパの安全とフランスの政策（三）」『法學論叢』第一二五巻六号（一九八九年）。

――「ロカルノ外交――ヨーロッパの安全とフランスの政策（四）」『法學論叢』第一二六巻一号（一九八九年）。

北岡伸一『門戸開放政策と日本』（東京大学出版会、二〇一五年）。

北村厚『ヴァイマル共和国のヨーロッパ統合構想――中欧から拡大する道』（ミネルヴァ書房、二〇一四年）。

――「シュトレーゼマンの価値観外交――戦争責任とマイノリティ問題を中心に」『社会と倫理』第二九号（二〇一四年）。

木畑洋一『イギリス帝国と帝国主義――比較と関係の視座』（有志舎、二〇〇八年）。

――「イギリスの対ドイツ『宥和政策』と東南欧 一九三八―一九三九」『歴史学研究』第三九三号（一九七三年）。

君塚直隆『近代ヨーロッパ国際政治史』（有斐閣、二〇一〇年）。

――『女王陛下のブルーリボン――ガーター勲章とイギリス外交』（ＮＴＴ出版、二〇〇四年）。

――『ジョージ五世――大衆民主政治時代の君主』（日本経済新聞出版社、二〇一一年）。

――『ベル・エポックの国際政治――エドワード七世と古典外交の時代』（中央公論新社、二〇一二年）。

――「ヨーロッパ協調から世界大戦へ 一八一五―一九一四年――『不実の白い島（アルビオン）』の呪縛」細谷雄一編『イギリスとヨーロッパ――孤立と統合の二百年』（勁草書房、二〇〇九年）。

木村和男編著『イギリス帝国と二〇世紀 第二巻　世紀転換期のイギリス帝国』（ミネルヴァ書房、二〇〇四年）。

木村靖二「ヴァイマル共和国」成瀬治・山田欣吾・木村靖二編『世界歴史大系 ドイツ史三 一八九〇年～現在』（山川出版社、一九九七年）。

――『第一次世界大戦』（ちくま新書、二〇一四年）。

熊本史雄『大戦間期の対中国文化外交――外務省記録にみる政策決定過程』（吉川弘文館、二〇一三年）。

W・D・グルーナー、丸畠宏太・進藤修一・野田昌吾訳『ヨーロッパのなかのドイツ 一八〇〇～二〇〇二』（ミネルヴァ書房、二〇〇八年）。

P・ゲイ、亀嶋庸一訳『ワイマール文化』（みすず書房、一九九九年）。

高坂正堯「国際関係における異質論」『法學論叢』第一二六巻四・五・六号（一九九〇年）。

――『古典外交の成熟と崩壊Ⅰ』（中公クラシックス、二〇一二年）。

――『古典外交の成熟と崩壊Ⅱ』（中公クラシックス、二〇一二年）。

――「集団安全保障と同盟の変遷――理念と現実」『国際問題』第二五八号（一九八一年）。

――「ドイツ統一と『ドイツ問題』」『法學論叢』第一二八巻四・五・六号（一九九一年）。

国際法学会編『国際関係法辞典　第二版』（三省堂、二〇〇五年）。

後藤春美『国際主義との格闘――日本、国際連盟、イギリス帝国』（中公叢書、二〇一六年）。

――『上海をめぐる日英関係 一九二五―一九三二年――日英同盟後の協調と対抗』（東京大学出版会、二〇〇六年）。

斉藤孝『戦間期国際政治史』（岩波現代文庫、二〇一五年）。

――『第二次世界大戦前史研究』（東京大学出版会、一九六五年）。

齊藤壽彦『近代日本の金・外貨政策』（慶應義塾大学出版会、二〇一五年）。

酒井哲哉「『英米協調』と『日中提携』」近代日本研究会編『年報・近代日本研究一一 協調政策の限界――日米関係史・一九〇五～一九六〇年』（山川出版社、一九八九年）。

――――『近代日本の国際秩序論』（岩波書店、二〇〇七年）。

坂井秀夫『近代イギリス政治外交史三　スタンリ・ボールドウィンを中心として』（創文社、一九七四年）。

佐々木毅「両大戦の意味と無意味について」樺山紘一ほか編『二〇世紀の定義（一）二〇世紀への問い』（岩波書店、二〇〇〇年）。

佐々木雄一『帝国日本の外交　一八九四―一九二二――なぜ版図は拡大したのか』（東京大学出版会、二〇一七年）。

佐々木雄太『三〇年代イギリス外交戦略――帝国防衛と宥和の論理』（名古屋大学出版会、一九八七年）。

佐々木雄太編著『イギリス帝国と二〇世紀　第三巻　世界戦争の時代とイギリス帝国』（ミネルヴァ書房、二〇〇六年）。

佐々木雄太・木畑洋一編『イギリス外交史』（有斐閣アルマ、二〇〇五年）。

篠原一「国内政治家としてのシュトレーゼマン――適応と不適応との間」篠原一・横山信編『近代国家の政治指導――政治家研究Ⅰ』（東京大学出版会、一九六四年）。

――――『ヨーロッパの政治――歴史政治学試論』（東京大学出版会、一九八六年）。

篠原初枝『国際連盟――世界平和への夢と挫折』（中公新書、二〇一〇年）。

――――「国際連盟と少数民族問題――なぜ、誰が、誰を、誰から、どのようにして、保護するのか」『アジア太平洋討究』第二四号（二〇一五年）。

――――『戦争の法から平和の法へ――戦間期のアメリカ国際法学者』（東京大学出版会、二〇〇三年）。

下斗米伸夫『ソビエト連邦史一九一七―一九九一』（講談社学術文庫、二〇一七年）。

白鳥潤一郎『「経済大国」日本の外交――エネルギー資源外交の形成一九六七～一九七四年』（千倉書房、二〇一五年）。

菅原健志「イギリスの対ドイツ外交一八九四―一九一四年――協調から対立、そして再び協調へ？」『軍事史学』第五〇巻三・四号（二〇一五年）。

杉原高嶺『国際法学講義　第二版』（有斐閣、二〇一三年）。

関静雄『ミュンヘン会談への道――ヒトラー対チェンバレン外交対決三〇日の記録』（ミネルヴァ書房、二〇一七年）。

田岡良一「国際調停の意義」『国際法外交雑誌』第三八巻二号（一九三九年）。

高橋進『ドイツ賠償問題の史的展開――国際紛争および連繫政治の視角から』（岩波書店、一九八三年）。

竹中亨『ヴィルヘルム二世――ドイツ帝国と命運を共にした「国民皇帝」』（中公新書、二〇一八年）。

田所昌幸「『名誉』の政治史」『アステイオン』第六三号（二〇〇五年）。

――「ロイヤル・ネイヴィーとイギリス外交」田所昌幸編『ロイヤル・ネイヴィーとパクス・ブリタニカ』（有斐閣、二〇〇六年）。

田中孝彦「国際政治の秩序転換とヨーロッパ――衝突・和解・寛容」田中孝彦・青木人志編『〈戦争〉のあとに――ヨーロッパの和解と寛容』（勁草書房、二〇〇八年）。

田中正人「二つの大戦のあいだで」柴田三千雄・樺山紘一・福井憲彦編『世界歴史大系 フランス史三 一九世紀なかば～現在』（山川出版社、一九九五年）。

谷一巳「イギリス外交と英仏協商交渉、一九〇三―一九〇四年――モロッコに関する秩序の構築」『法学政治学論究』第一〇三号（二〇一四年）。

田野大輔・柳原伸洋編著『教養のドイツ現代史』（ミネルヴァ書房、二〇一六年）。

田畑茂二郎『国際法新講（上）』（東信堂、一九九〇年）。

――『国際法新講（下）』（東信堂、一九九一年）。

R・タルマン、長谷川公昭訳『ヴァイマル共和国』（白水社、二〇〇三年）。

千葉功『旧外交の形成――日本外交 一九〇〇～一九一九』（勁草書房、二〇〇八年）。

G・チブラ、三宅正樹訳『世界経済と世界政治――再建と崩壊 一九二二～一九三一』（みすず書房、一九八九年）。

土山實男「国際危機と危機管理――現代国際政治の縮図」『安全保障の国際政治学――焦りと傲り』（有斐閣、二〇〇四年）。

筒井若水編集代表『国際法辞典』（有斐閣、一九九八年）。

富永幸生「シュトレーゼマン再評価をめぐって」『独ソ関係の史的分析 一九一七―一九二五』（岩波書店、一九七九年）。

――「ドイツの再軍備問題とロカルノ条約」『歴史評論』第一一一号（一九五九年）。

永井陽之助「政治的人間」『柔構造社会と暴力』（中公叢書、一九七一年）。

長尾龍一「国際法から国際政治へ――H・J・モーゲンソーのドイツ的背景」『日本法學』第六七巻三号（二〇〇一年）。

中島琢磨『沖縄返還と日米安保体制』(有斐閣、二〇一二年)。

中谷直司『強いアメリカと弱いアメリカの狭間で――第一次世界大戦後の東アジア秩序をめぐる日米英関係』(千倉書房、二〇一六年)。

中西寛「再臨、あるいは失われた可能性の時代」『アステイオン』第八〇号(二〇一四年)。

――「二十世紀国際関係の始点としてのパリ講和会議――若き指導者たちの国際政治観(一)」『法學論叢』第一二八巻二号(一九九〇年)。

――「二十世紀国際関係の始点としてのパリ講和会議――若き指導者たちの国際政治観(二)」『法學論叢』第一二九巻二号(一九九一年)。

――「賠償戦債問題と米欧関係　一九二一〜一九二四(一)」『法學論叢』第一二三巻四号(一九八八年)。

――「賠償戦債問題と米欧関係　一九二一〜一九二四(二)」『法學論叢』第一二三巻六号(一九八八年)。

中西寛・石田淳・田所昌幸『国際政治学』(有斐閣、二〇一三年)。

西平等『法と力――戦間期国際秩序思想の系譜』(名古屋大学出版会、二〇一八年)。

野田宣雄「シュトレーゼマン外交とヴァイマル共和政の安定」『史林』第四四巻五号(一九六一年)。

橋川文三「歴史と世代」『橋川文三著作集 四』(筑摩書房、一九八五年)。

秦野貴光「ロバート・セシル卿の国際平和機構観――国家主権・世論・平和的変革」『国際政治』第一九三号(二〇一八年)。

濱口學「トワリー会談の意義」東京大学教養学部社会科学科編『社会科学紀要』第二三集(一九七四年)。

――「両大戦間期フランスの外交指導――不安定の中の安定」東京大学教養学部社会科学科編『社会科学紀要』第二〇―二一集(一九七一年)。

――「ロカルノ体制成立の端緒――第一次エリオ内閣とラインラント安全保障問題」『國學院大學紀要』第一八巻(一九八〇年)。

林健太郎「シュトレーゼマンの人物」『林健太郎著作集 第三巻　ドイツの歴史と文化』(山川出版社、一九九三年)。

――『ワイマル共和国――ヒトラーを出現させたもの』(中公新書、一九六三年)。

坂野正高『現代外交の分析——情報・政策決定・外交交渉』（東京大学出版会、一九七一年）。

平井正・岩村行雄・木村靖二『ワイマール文化——早熟な《大衆文化》のゆくえ』（有斐閣、一九八七年）。

平島健司『ワイマール共和国の崩壊』（東京大学出版会、一九九一年）。

藤原辰史編『第一次世界大戦を考える』（共和国、二〇一六年）。

O・フリードリク、千葉雄一訳『洪水の前——ベルリンの一九二〇年代』（新書館、一九八五年）。

A・ベスト、武田知己訳『大英帝国の親日派——なぜ開戦は避けられなかったか』（中公叢書、二〇一五年）。

J＝J・ベッケール／G・クルマイヒ、剣持久木・西山暁義訳『仏独共同通史第一次世界大戦（上・下）』（岩波書店、二〇一二年）。

V・ベルクハーン、鍋谷郁太郎訳『第一次世界大戦一九一四―一九一八』（東海大学出版部、二〇一四年）。

A・ベルトラン／P・グリゼ、原輝史訳『フランス戦間期経済史』（早稲田大学出版部、一九九七年）。

細谷雄一「『新しいヨーロッパ協調』からシューマン・プランへ一九一九―五〇年」細谷雄一編『イギリスとヨーロッパ——孤立と統合の二百年』（勁草書房、二〇〇九年）。

——『外交による平和——アンソニー・イーデンと二十世紀の国際政治』（有斐閣、二〇〇五年）。

——『国際秩序——一八世紀ヨーロッパから二一世紀アジアへ』（中公新書、二〇一二年）。

——『戦後国際秩序とイギリス外交——戦後ヨーロッパの形成一九四五年～一九五一年』（創文社、二〇〇一年）。

——『大英帝国の外交官』（筑摩書房、二〇〇五年）。

牧野雅彦『ヴェルサイユ条約——マックス・ウェーバーとドイツの講和』（中公新書、二〇〇九年）。

——『ロカルノ条約——シュトレーゼマンとヨーロッパの再建』（中公叢書、二〇一二年）。

舛添要一「安全と強制——フランスの安全とブリアン（一九二一年一月～一九二二年一月）」東京大学教養学部社会科学科編『社会科学紀要』第二六集（一九七七年）。

益田実・小川浩之編著『欧米政治外交史一八七一～二〇一二』（ミネルヴァ書房、二〇一三年）。

松井道昭『普仏戦争——籠城のパリ一三二日』（春風社、二〇一三年）。

松戸清裕『ソ連史』（ちくま新書、二〇一一年）。

三谷太一郎『ウォール・ストリートと極東――政治における国際金融資本』(東京大学出版会、二〇〇九年)。

――『近代日本の戦争と政治』(岩波書店、二〇一〇年)。

三牧聖子「『危機の二十年』(一九三九)の国際政治観――パシフィズムとの共鳴」『年報政治学』第五九巻一号(二〇〇八年)。

――『戦争違法化運動の時代――「危機の二〇年」のアメリカ国際関係思想』(名古屋大学出版会、二〇一四年)。

宮下豊『ハンス・J・モーゲンソーの国際政治思想』(大学教育出版、二〇一二年)。

村上宏昭『世代の歴史社会学――近代ドイツの教養・福祉・戦争』(昭和堂、二〇一二年)。

村瀬興雄「ワイマール共和制とドイツ国防軍」『思想』第四〇〇号(一九五七年)。

室潔『ドイツ軍部の政治史一九一四～一九三三[増補版]』(早稲田大学出版部、二〇〇七年)。

柳原正治・篠原初枝編『安達峰一郎――日本の外交官から世界の裁判官へ』(東京大学出版会、二〇一七年)。

山口定『ヒトラーの抬頭――ワイマール・デモクラシーの悲劇』(朝日文庫、一九九一年)。

山中仁美、佐々木雄太監訳『戦争と戦争のはざまで――E・H・カーと世界大戦』(ナカニシヤ出版、二〇一七年)。

山室信一・岡田暁生・小関隆・藤原辰史編『現代の起点第一次世界大戦(全四巻)』(岩波書店、二〇一四年)。

山本草二『国際法　新版』(有斐閣、一九九四年)。

横手慎二『スターリン――「非道の独裁者」の実像』(中公新書、二〇一四年)。

M・レヴィ＝ルボワイエ、中山裕史訳『市場の創出――現代フランス経済史』(日本経済評論社、二〇〇三年)。

あとがき

本書は、二〇一七年九月に慶應義塾大学大学院法学研究科に提出した博士学位論文「イギリスの対独『宥和』、一九二四－一九三〇年――ドイツをめぐるヨーロッパ国際秩序の再編」を加筆修正したものである。本書の一部はすでに論文として以下の通り公刊しているが、それらについても本書の執筆過程で少なからず書き改めた。

第二章　「連合国ラインラント占領をめぐるイギリス外交、一九二四－一九二七年」『法学政治学論究』第一〇九号（二〇一六年）。

第三章　「ヴェルサイユ条約対独軍縮をめぐるイギリス外交、一九二四－一九二七年」『法学政治学論究』第一〇四号（二〇一五年）。

＊＊＊

二〇歳の秋、ふとしたことから戦間期のイギリス外交に魅了され、学問の道へ進むことになった。そして今、三〇を少し出た私は、幸運にも初の単著を世に送り出そうとしている。全てはあっという間だった気もするし、果てしない時間を重ねてきたようでもある。本書の刊行まで何とかたどり着くことができたのは、手を差し伸べて下さった方々のおかげに他ならない。紙幅の許す限り、御礼を申し上げたい。

真っ先にお名前を挙げるのは、指導教授の田所昌幸先生である。師匠には学部の頃より一〇年にわたり、研究者に必要なあらゆることを叩き込んでいただいた。学問は全力投球で楽しむべしとおっしゃる田所先生のゼミは、一秒たりとも気の抜けない、文字通り真剣勝負の場であった。論旨の混乱や準備の手抜かりには容赦のない一方、通説や直感を裏切る実証研究になると身を乗り出して聞き入る先生の姿は、今も瞼の裏に焼きついて、私の規範となっている。いかに稚拙な草稿でも必ず一つ、ご自身が面白く感じた箇所を示して下さったことは、常に大きな励みとなった。

もしかすると田所先生との思い出は、キャンパスを離れた風景の方が多いかもしれない。新国立劇場で観た『コジ・ファン・トゥッテ』、青葉茂れるセントラルパークの散策、そして大雪の降る夜、留学先のボストンからかけた長距離電話。途方に暮れた時、頼りにするのは決まって師匠だった。面と向かっては憎まれ口ばかりの私だが、紙の上なら少しだけ素直になれる。今まで大切に育てていただいたことに、心から御礼を申し上げたい。

すべての始まりは、大学二年の秋に履修した、細谷雄一先生の演習だった。第一次大戦の戦後処理に関する文献を輪読するうち、高校の教科書では数行で済まされる出来事の裏に、濃密な人間の営みがあるのを知ることになった。初めての面談で戦間期イギリス外交を研究したいと切り出す私に、細谷先生はさりげなくいわれた。「藤山君なら、楽しくやって行かれると思いますよ」。今でも心をかすめる言葉である。

細谷先生のご指導はいつでも厳しかった。この研究には国際政治学としてどんな意義があるのか、この時代のヨーロッパ外交の本質とは何か。先生から矢継ぎ早に出される問いに、私はまともに答えられた試しがない。けだし細谷先生が求められたのは、厳密な実証だけに満足せず、一つの時代の輪郭を骨太に描き切ることだったと思う。本書は今の私にできる最大限の、細谷先生への返答である。

博士論文の審査に加わって下さった、君塚直隆先生との出会いも大いなる幸運だった。平易な語りを守りつつ、歴史の平原を縦横に駆けめぐる君塚先生の著作は、いつしか読者をヨーロッパ外交の深奥へと誘う。読むことはそれ自体が愉悦である以上、歴史は一つの「物語」として提出されねばならないことを、私は君塚先生から教わった。先生の数えきれないご助言と励ましがなければ、ここにはたどり着けなかっただろう。いつの日か『近代ヨーロッパ国際政治史』のような戦間期の通史を書き、君塚先生の学恩に報いることが私の目標である。

慶應義塾大学は研究者としての自己を形成した、まさしくホームグラウンドであった。大石裕先生には政治学のいろはと文章作法をくり返し教わった。岡山裕、玉井清、ギャレン・ムロイ、横手慎二の諸先生は、私の生意気な発言に辛抱強く耳を傾け、実りある対話になるよう導いて下さった。添谷芳秀、宮岡勲の両先生から合同論文発表会でいただいたアドバイスは、本書の枠組みに大いに活かされている。明石欽司先生は、正確かつ明晰な言葉遣いを心がけるよう、マンツーマンで拙稿にご指導下さった。いずれも感謝の念に堪えない。

母校の大学院ではまた先輩・同期・後輩との充実した日々が待っていた。林晟一、白鳥潤一郎、合六強、小林弘幸、大久保明、大久保きよみ、五十嵐元道ら諸先輩は、今も昔も私の良き手本である。早く同じ土俵で勝負できるようにと、彼らの話題にする論文を必死に読むことが、修士課程の頃から続く習慣となった。わけても年の近い兄貴分である白鳥・五十嵐両氏には、拙稿へのコメントから研究会へのお誘い、また楽しいお酒の席に至るまで、ひとかたならぬお世話になった。

厳しい修業時代には、学部の同期であった石田智範、大学院で同期となった赤川尚平、伊藤真衣子、大野知之、中村哲也の各氏が道行きの友となってくれた。彼らと語り合う時、研究に関する心地良い刺激とともに、私はつかの間の安らぎをもらっていた。伊藤頌文を筆頭に、谷一巳、坂本正樹、川波竜三、粕谷真司、鈴木悠史、田島知樹、マルツェラ・ペリチ、鈴木志野、澤野智、早崎成都ら後輩各氏から、研究報告のたびに鋭い質問をぶつけてもらったことが、本書の完成に不可欠だったのは言うまでもない。

学部時代に同じ志を抱いた戦友、帯谷俊輔氏の主催する国際連盟研究会で、樋口真魚、早丸一真、番定賢治、小野坂元の各氏と学年差を越えて、戦間期国際関係に関する議論を重ねたことも嬉しい思い出である。樋口氏は本書の元になった博士論文に対し、論旨の不明瞭な点のみならず本研究の発展可能性をも指摘する、誠に温かいコメントを寄せて下さった。

また慶應のキャンパス外でお目にかかった先生方のご厚誼によって、私の研究生活はいっそう実りあるものとなった。飯田洋介先生がドイツ史の、前田亮介先生が日本史の観点から博士論文にお目通し下さり、改善すべき点とともに示唆に富む部分まで詳しくご教示いただいたのは感激の至りである。上原良子、柄谷利恵子、等松春夫、渡邉昭夫の諸先生は学会および研究会の席で、私の不慣れな報告を司会あるいは討論者として見守り、次のステップに進むための鍵となる質問を投げて下さった。青野利彦、島村直幸、中嶋啓雄、永野隆行、水本義彦、山口育人、吉留公太の諸先生は、経験の乏しい私が戦間期の英米関係を描くことになった際、落胆されるどころか激励の言葉で迎えて下さった。山中仁美先生のご生前に本書を読んでいただけなかったことが悔やまれてならない。

思い返せば二〇一一年九月からの二年間、日本を飛び出して門を叩いたアメリカのボストン大学大学院で、エリック・ゴールドスティン先生から教わったものの大きさには圧倒される。何でも話しに来いというボスの言葉を鵜呑みにした私は、ほとんどすべてのオフィスアワーに押しかけ、時にはご自宅で、外務省文書の読み方から主要官僚のサイン判読法、公文書館の規則に至るまで、イギリス外交史家に求められる基礎能力をじっくりと授けていただいた。文献や史料を読み漁ることも大事だが、ある段階に来たら頭を休め、「精製（distillation）」の時間を取るべしとの教えは、特に忘れ難い。入念な史料批判と簡潔な表現で、職人芸を思わせる先生の著作が生み出される秘訣を垣間見た気がしている。

ボストンでの修士課程は、私の想像を絶する苛酷な日々だった。一二人いた歴史学専攻の同期のうち、イギリス史家も外交史家も（おまけに外国人も）私だけであり、山と積まれたコースワークの文献を前に、ただ独り呆然としたものである。異国での孤闘に耐えきれず殺気立つ私に、それでも多くの方が手を貸して下さった。ロバート・ジャクソンをはじめ、ウィリアム・キーラー、デイヴィッド・フロムキン、イゴール・ルークス、トマス・バーガー、バーバラ・ディーフェンドルフ、アリアンヌ・チャーノックの諸先生、マーク・クキス、マシュー・プレスマン、鎌江一平、植田麻記子の各氏がいなかったら、私は何らかの形で破綻していたに違いない。さらに留学中には、英語圏を代表する国際関係史家のデイヴィッド・スティーヴンソン、ゲイナー・ジョンソン、ピーター・ジャクソンの諸先生から有益な研究上のヒントを得ることもできた。

二〇一八年四月からは日本学術振興会特別研究員として、京都大学大学院法学研究科にお世話になっている。中西寛先生のゼミでは、新参者も古巣にいるかのように伸び伸びと議論ができる。中西先生は私の粗野な着想を丁寧にすくい取り、それを理論や歴史の広い文脈に置くことで、思いもよらない含意をいつも引き出して下さる。本書の最終原稿に隅々まで目を通していただいた西村真彦氏をはじめ、張帆、デイヴィッド・アデバー、董悦明、王天、篠本創ら中西門下諸氏との対話から知的刺激を得つつ、新たな研究に取り組む毎日である。人間・環境学研究科の齋藤嘉臣先生ならびに細川真由氏には、本書を仕上げる段階で貴重なコメントを頂戴した。

本書の基礎を成す各種一次史料の調査は、慶應義塾大学小泉信三記念大学院特別奨学金および文部科学省科学研究費（特別研究員奨励費）の支援、また貴重な文書へのアクセスを認めていただいたアーカイヴ関係者各位の協力があって初めて可能となった。本書の出版に際しては、慶應義塾学術出版基金（第四一回）の助成を受けた。

そして、慶應義塾大学出版会の乗みどり氏には多忙を極める中で本書の編集をお引き受けいただき、私の博士論文はようやく日の目を見ることになった。学術書としての精度を失うことなく、少しでも多くの読者に手に取ってもらうにはどうしたらよいか。出版という初めての経験に右往左往する私に乗氏が下さったアドバイスは、今後も立ち返るかけがえのない指針となるだろう。本書の完成にお力添えいただいたすべての方に、改めて御礼を申し上げたい。

そもそも（祖母の細川ちか子には申し訳ないことに）新劇よりも歌舞伎・新派で育った私は、長らく新聞か雑誌の演劇記者となり、ゆくゆくは劇評家として一人立ちすることを夢見ていた。劇場に通うのと同じくらい熱烈に、劇評を読みふける子供だった。図書館に眠る古い記事を探し出しては、三宅周太郎や戸板康二といった見巧者の言葉から、名優の舞台を思い浮かべて遊んでいたのである。

今や劇場から史料館へと、足しげく通う場所は移った。しかし結局のところ、現在に残された言葉から過去をたぐり寄せることが、私の人生のモティーフであるらしい。不思議なめぐり合わせには驚くばかりである。

最後に、これまで私を物心両面で支えてくれた両親に格別の感謝を伝え、筆を擱く。

二〇一九年二月　侘助の咲く朝に

藤山　一樹

〈写真出典一覧〉

p.33　Sir (Joseph) Austen Chamberlain（National Portrait Gallery, London）
p.34　Arthur Henderson（同上）
p.35　William George Tyrrell, 1st Baron Tyrrell（同上）
p.37　Ronald Lindsay（Alamy Limited）
p.38　Sir (Harold) Orme Garton Sargent（National Portrait Gallery, London）
p.70　Aristide Briand and Gustav Stresemann（Alamy Limited）
p.118　Aristide Briand, Dr. Gustav Stresemann und Sir Austen Chamberlain beim Gipfeltreffen 1928 im Hotel Splendid in Lugano（Public Domain）
p.180　The First Hague Conference, 1929（Alamy Limited）

慶應義塾大学出版会

第一次世界大戦への道
—破局は避けられなかったのか

ウィリアム・マリガン著／赤木完爾・今野茂充訳　大国間の平和維持メカニズムはなぜ崩壊したのか。各国の国内情勢、外交の諸相、指導者の言動、軍部の計画や認識、世論の動向などの分析を通じて明快に解き明かす。大国が世界規模で複雑に交錯する現代にこそ、学ぶべき「歴史の教訓」がちりばめられた一冊。　◎3,200円

国連と帝国
—世界秩序をめぐる攻防の 20 世紀

マーク・マゾワー著／池田年穂訳　覇権を争う帝国の為政者たちは、国連に何を託したのか。20 世紀ヨーロッパ史の大家マゾワーが描く、「『逆説』の理想的国際平和機構論」。解説＝渡邊啓貴　◎2,800円

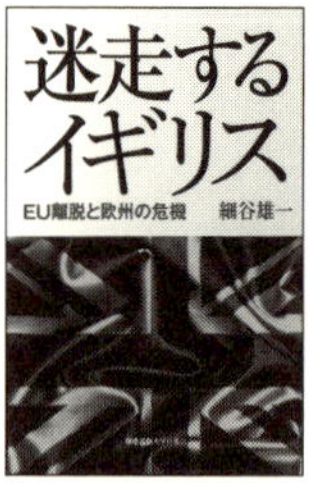

迷走するイギリス
—EU 離脱と欧州の危機

細谷雄一著　国民投票によるイギリスの EU 離脱という結果は世界の政治経済を震撼させた。孤高の道を歩むイギリスがめざす方向は？　イギリス外交史・国際政治の第一人者がヨーロッパ統合の歴史的背景からイギリス政治社会とヨーロッパを展望する。　◎1,800円

表示価格は刊行時の本体価格（税別）です。

藤山 一樹（ふじやま かずき）
日本学術振興会特別研究員。
1986年生まれ、慶應義塾大学大学院法学研究科後期博士課程修了、博士（法学）。
主要業績：『イギリスとアメリカ――世界秩序を築いた四百年』（共著、勁草書房、2016年）、デイヴィッド・A・ウェルチ『苦渋の選択――対外政策変更に関する理論』（共訳、千倉書房、2016年）、「英米戦債協定の成立とイギリス外交、一九二〇－一九二三年」（『国際政治』180号、2015年3月）ほか。

イギリスの対独「宥和」 一九二四－一九三〇年
――ヨーロッパ国際秩序の再編

2019年4月15日　初版第1刷発行

著　者――――藤山一樹
発行者――――依田俊之
発行所――――慶應義塾大学出版会株式会社
〒108-8346　東京都港区三田2-19-30
TEL〔編集部〕03-3451-0931
〔営業部〕03-3451-3584〈ご注文〉
〔　〃　〕03-3451-6926
FAX〔営業部〕03-3451-3122
振替　00190-8-155497
http://www.keio-up.co.jp/
装　丁――――土屋光（Perfect Vacuum）
組　版――――株式会社キャップス
印刷・製本――萩原印刷株式会社
カバー印刷――株式会社太平印刷社

©2019 Kazuki Fujiyama
Printed in Japan ISBN978-4-7664-2595-6

索　引

【人名】

ア行

アスキス，ハーバート・ヘンリー（Herbert Henry Asquith, later 1st Earl of Oxford and Asquith）　8, 34, 174
安達峰一郎　150, 178
石井菊次郎　118
イマンス，ポール（Paul Hymans）　98, 150, 153, 178, 181–183, 186, 187
ヴァンシッタート，ロバート（Robert Vansittart, later Sir）　39
ヴァンデルヴェルデ，エミール（Émile Vandervelde）　118
ウィルソン，ウッドロウ（Woodrow Wilson）　7, 30
ヴィルト，ヨーゼフ（Joseph Wirth）　178, 183, 184, 188
ウィルヘルミナ（Queen Wilhelmina）　189
ヴィルヘルム二世（Kaiser Wilhelm II）　40, 41, 148, 158
ウォーカプ，アーサー（Arthur Wauchope）　60, 115, 117
エイメリー，レオポルド（Leopold Amery）　102, 111, 162
エリオ，エドゥアール（Édouard Herriot）　59, 62, 98, 100, 109
エルツベルガー，マティアス（Matthias Erzberger）　10
オッティ，T・G（T. G. Otte）　16
オリオダン，エルスペス（Elspeth O'Riordan）　57, 58

カ行

カー，E・H（E. H. Carr）　227
カー，フィリップ（Philip Kerr）　108, 109
カースルレイ子爵（Viscount Castlereagh, later 2nd Marquess of Londonderry）　106, 109, 142, 219, 223
カーズン侯爵（1st Marquess Curzon of Kedleston）　10, 30, 102, 104, 220
カヴァン伯爵（10th Earl of Cavan）　66
唐渡晃弘　138
カルティエ，エミール・ド（Émile de Cartier de Marchienne）　142
クーシェンダン男爵（1st Baron Cushendun）　146, 147, 149–156
クルー侯爵（1st Marquess of Crewe）　67, 70, 76, 109, 112, 113, 117, 144
クルティウス，ユリウス（Julius Curtius）　178
グレイ，エドワード（Sir Edward Grey, later 1st Viscount Grey of Fallodon）　35–37, 41–44, 223
グレイソン，リチャード（Richard Grayson）　14, 58, 95
クレマンソー，ジョルジュ（Georges Clemenceau）　6
クロウ，エア（Sir Eyre Crowe）　30, 34–36, 39, 40, 43, 57, 61, 98, 148

コーズ，パトリック（Patrick Cohrs） 14, 58, 138
ゴールドスティン，エリック（Erik Goldstein） 16

サ行

サージェント，オーム（Orme Sargent） 38–40, 43, 69, 75, 116, 117, 159–161, 163, 166, 167, 169, 175–178, 183, 191, 218, 221
シアロヤ，ヴィットーリオ（Vittorio Scialoja） 118, 150
シーズ，ウィリアム（William Seeds） 157–160
ジェイコブソン，ジョン（Jon Jacobson） 13, 14, 138, 139
シャスター，リチャード・J（Richard J. Shuster） 95, 96
ジャスパール，アンリ（Henri Jaspar） 178, 179, 186, 188, 189
シャハト，ヒャルマル（Hjalmar Schacht） 171
シューベルト，カール・フォン（Carl von Schubert） 98, 144
シュターマー，フリードリヒ（Friedrich Sthamer） 99, 115, 145, 146
シュトレーゼマン，グスタフ（Gustav Stresemann） 68, 70, 71, 74, 95, 96, 110, 116, 118, 119, 138–141, 143–145, 149, 151, 164, 178, 179, 181, 183, 186, 187, 189, 220, 224
ジョインソン＝ヒックス，ウィリアム（Sir William Joynson-Hicks, later 1st Viscount Brentford） 73
スタイナー，ザラ（Zara Steiner） 14, 95, 137
スノードン，フィリップ（Philip Snowden） 173, 178, 184–186, 188
ゼークト，ハンス・フォン（Hans von Seeckt） 117
セシル子爵（1st Viscount Cecil of Chelwood） 103, 104, 111, 220
セルビー，ウォルフォード（Walford Selby） 147, 148, 159
ソールズベリ侯爵（第3代）（3rd Marquess of Salisbury） 41
ソールズベリ侯爵（第4代）（4th Marquess of Salisbury） 162

タ行

ダバノン男爵（1st Baron D'Abernon） 63, 99, 101, 110, 111
タルデュー，アンドレ（André Tardieu） 6
タレーラン，シャルル＝モーリス・ド（Charles-Maurice de Talleyrand-Périgord） 36
チェンバレン，オースティン（Sir Austen Chamberlain） 14, 15, 32–34, 37, 38, 40, 44, 58, 61–65, 67, 69–76, 78, 79, 95–101, 103–113, 115–121, 138, 139, 141–149, 155, 157, 159, 163–170, 173–175, 181, 191, 218–221
チェンバレン，ジョゼフ（Joseph Chamberlain） 32
チャーチル，ウィンストン（Winston Churchill） 73, 101, 102, 104, 155, 163, 220
ティルピッツ，アルフレート・フォン（Alfred von Tirpitz） 40
ティレル，ウィリアム（Sir William Tyrrell, later 1st Baron Tyrrell of Avon） 35–37, 40, 43, 75, 111, 116, 119, 159, 165–167

ナ行

ニールソン，キース（Keith Neilson） 16
ニコルソン，ハロルド（Harold Nicolson） 61, 160, 161, 176, 177
ネイミア，ルイス（Lewis Namier） 36

ハ行

バーカンヘッド伯爵（1st Earl of Birkenhead） 73
ハースト，セシル（Sir Cecil Hurst） 165-169
ハーディング，ウォレン（Warren G. Harding） 11
ハーディング男爵（1st Baron Hardinge of Penshurst） 8, 43
パラウン，ヴィクター（Victor Perowne） 147, 159
バルフォア，アーサー（Arthur Balfour, later 1st Earl of Balfour） 8, 33, 102, 104, 111, 220
ハワード，マイケル（Michael Howard） 14
ハワード・スミス，チャールズ（Charles Howard Smith） 147
ハンキー，モーリス（Sir Maurice Hankey） 178, 179
ビスマルク，オットー・フォン（Otto von Bismarck） 40, 148
ヒトラー，アドルフ（Adolf Hitler） 183, 226
フーゲンベルク，アルフレート（Alfred Hugenberg） 183
フォックス，ジョン・P（John P. Fox） 95
フォッシュ，フェルディナン（Ferdinand Foch） 6, 94
フライ，マイケル・グレアム（Michael Graham Fry） 16
ブリアン，アリスティド（Aristide Briand） 65, 67, 69-71, 74, 76, 98, 109, 110, 112-114, 116-120, 138, 141, 143, 144, 147, 149-155, 178-181, 183, 184, 186-188, 190, 224
フリードリヒ二世（King Friedrich II） 177
フルリオ，エメ＝ジョゼフ・ド（Aimé-Joseph de Fleuriau） 168
ブロックラント，フランス・ベーレルツ・ファン（Frans Beelaerts van Blokland） 179
フロマジョ，アンリ（Henri Fromageot） 187
ヘッドラム＝モーリー，ジェームズ（James Headlam-Morley） 61, 106
ベネシュ，エドヴァルド（Edvard Beneš） 98
ベルトロ，フィリップ（Philippe Berthelot） 69
ヘンダーソン，アーサー（Arthur Henderson） 32-34, 40, 44, 139, 173-176, 178-181, 183, 184, 186-188, 190, 191, 219
ボールドウィン，スタンリー（Stanley Baldwin） 15, 58-60, 62, 65, 74, 75, 77-79, 96, 100, 104, 117, 121, 146, 163, 173, 219, 220
ポール＝ボンクール，ジョゼフ（Joseph Paul-Boncour） 140
ボナ・ロー，アンドリュー（Andrew Bonar Law） 8
ボネ，ジョルジュ（Georges Bonnet） 224
ポワンカレ，レイモン（Raymond Poincaré） 69, 72, 74, 100, 143

ポンソンビ，アーサー（Arthur Ponsonby）　75

マ行

マークス，サリー（Sally Marks）　13, 14
マクドナルド，ラムジー（Ramsay MacDonald）　30, 33, 34, 75, 100, 171, 173-175, 185, 219
マクニール，ロナルド（Ronald McNeill, later 1st Baron Cushendun）
→クーシェンダン男爵も参照　61, 97
マゴーワン，ジョン・H（John H. Magowan）　156-158, 160
マシグリ，ルネ（René Massigli）　69, 113
マッカーチャー，B・J・C（B.J.C. McKercher）　14, 16, 58
マルクス，ヴィルヘルム（Wilhelm Marx）　68, 99
ミュラー，ヘルマン（Hermann Müller）　143, 145, 149-155, 183
ムッソリーニ，ベニト（Benito Mussolini）　164
メッテルニヒ，クレメンス・フォン（Klemens von Metternich）　36, 219
モーゲンソー，ハンス・J（Hans J. Morgenthau）　227

ヤ行

ヤング，オーウェン・D（Owen D. Young）　171

ラ行

ラーテナウ，ヴァルター（Walther Rathenau）　10
ランズダウン侯爵（5th Marquess of Lansdowne）　41
ランプソン，マイルズ（Miles Lampson, later Sir）　38, 40, 43, 61, 69, 98, 115, 116
ランボルド，ホレス（Sir Horace Rumbold）　166, 167
リップマン，ウォルター（Walter Lippmann）　227
リンジー，ロナルド（Sir Ronald Lindsay）　36, 37, 40, 43, 145, 159-161, 163, 168, 169, 175, 191, 221
ルター，ハンス（Hans Luther）　110
レーニン，ウラジーミル（Vladimir Lenin）　30
レジェ，アレクシ（Alexis Léger）　76
ロイド・ジョージ，デイヴィッド（David Lloyd George）　7, 8, 12, 30, 34, 108
ローフォード，ヴァレンタイン（Valentine Lawford）　39

ワ行

ワージントン＝エヴァンズ，レミング（Sir Laming Worthington-Evans）　65, 66, 102, 104, 108, 162, 220
ワット，D・C（D. C. Watt）　16

【事項】

ア行

カ行

サ行

タ行

ナ行

ハ行

マ行

ヤ行

ラ行

ワ行